沿月待芳菲

YAN YUE DAI FANGFEI

吴素红　陈庆宾　著

浙江工商大学出版社
ZHEJIANG GONGSHANG UNIVERSITY PRESS
·杭州·

图书在版编目（CIP）数据

沿月待芳菲 / 吴素红，陈庆宾著 . — 杭州：浙江
工商大学出版社，2021.8
ISBN 978-7-5178-4636-9

Ⅰ . ①沿… Ⅱ . ①吴… ②陈… Ⅲ . ①大学生－学生
生活 Ⅳ . ① G645.5

中国版本图书馆 CIP 数据核字（2021）第 167389 号

沿月待芳菲
YAN YUE DAI FANGFEI

吴素红　陈庆宾 著

责任编辑	王　琼
封面设计	林朦朦
责任校对	李远东
责任印制	包建辉
出版发行	浙江工商大学出版社
	（杭州市教工路 198 号　邮政编码 310012）
	（E-mail：zjgsupress@163.com）
	（网址：http：//www.zjgsupress.com）
	电话：0571-88904980，88831806（传真）
排　　版	杭州市拱墅区冰橘平面设计工作室
印　　刷	杭州全能工艺美术印刷有限公司
开　　本	710mm×1000mm　1/16
印　　张	20
字　　数	238 千
版 印 次	2021 年 8 月第 1 版　2021 年 8 月第 1 次印刷
书　　号	ISBN 978-7-5178-4636-9
定　　价	58.00 元

自　序

2016 年，我的微信公众号"半个月亮爬上来"开始运营。最初，这个平台只用于记录和分享自己关于学习、工作和生活的感悟与思考。那个时候的我并没有想到，这个网络平台在四年后能够成为梳理、总结工作所得，输出对此思考的重要场地，并逐渐成为与青年学生对话的重要平台，以及开展网络思想政治教育实践的重要阵地。

而赋予这个看似毫无情感的网络平台以多重内涵和多种意义的，是我的职业。

2012 年研究生毕业后，我成为一名高校辅导员。来不及做更多的准备，心怀对这个职业的一知半解和惶恐，也带着对学生的热爱和对这个职业的热情，我开始了与学生打交道的职业生涯。社会对于辅导员这个职业的评价有很多。"良心活""5+2""白加黑"都是对辅导员"忙"的有趣解说。我们在事务性工作和育人之间比拼起了耐力、战斗力和生命力。

时代在发展，学生在变化。老师与学生交流的平台从最初的短信、飞信、博客，到今天的微信、微博、朋友圈……与学生的交流方式、话语体系也发生了很大的变化。学生不再只是单纯受教，而是能够接触到更加多元的信息，也会通过网络平台输出自己的观点。这一方面满足了学生更为多元的需求，另一方面也给思想政治教育工作的开展带来了更大的挑战。比如，如何把学生工作做到学生的心坎上，如何打破老师与学生之间的无形心墙？

要回答好这些问题，最根本的解决办法是因事而化、因时而进、因势而新。如果我们停滞不前，不仅会面临与学生脱节的困境，还会影响工作职责的履行和育人效果的实现。学生在哪里，哪里就应该成为我们的工作场域。基于此思考，我注册了"半个月亮爬上来"微信公众号，自学新媒体运营，以原创网文的形式开展与青年学生的对话，开始了网络育人的探索和实践。

四年来，我一直在思考：作为一名高校辅导员，应该如何更好地开展工作，如何引领和影响学生，如何提升育人工作的实效？带着这些问题，我通过撰写文章、在平台上解答学生的疑问、回应学生的困惑、解决学生的需求，拉近与学生之间的心理距离，探索、构建与学生共学、共话、共成长的交互网络育人模式。

所以,当您翻开这本书时,您会发现这里既有辅导员与青年大学生的对话,也有为大学生答疑解惑的内容及传递嘱托与祝福的肺腑之言,还有对于辅导员职业发展和学生工作的初步思考。这是我作为一名思想政治教育工作者历时四年的网络育人的工作记录,是自身成长和思考的积累,更是陪伴青年学生共同成长的有益尝试。

我希望通过这样的尝试去引领和影响更多的青年学生,陪伴他们更好地成长。教育工作者不仅要关注学生现在的需求和困惑,也要关心其未来发展的无限可能,尽己所能,持续尝试更为积极地陪伴青年学子成长的行动。

这本书既是前期探索实践的阶段性总结,也是谋划新发展、再出发的起点。

我期待翻开这本书的每一位读者的眼前都能呈现出一幅富有新时代气息的大学景象,能感受到青春向下扎根与向上生长的力量,更期待这本书能伴您开启一段有所思、有所悟的青春旅程。

吴素红

2021 年 5 月 31 日

目　录

079   解惑，如月皎洁

159　感悟，如月清朗

227   思考，如月静谧

275　心语，如月融融

大学，

如月无边

愿你的大学，每一天都是第一天

在上大学之前，我们会问：大学是什么样的？进入大学以后，我们又会问：我的大学会是什么样的？我觉得，1992 年，时任斯坦福大学校长的卡斯帕尔（Casper）对大学的描述可以很好地回答这个问题。他说："大学的每一天都是第一天。"大学是什么样的，步入大学校门后就会有初步的了解；你的大学是什么样的，则需要用四年时间进行描绘。

新生入学后，学生手册就是大家进入大学后读到的第一本书。尽管只是一本看起来不太起眼的小册子，但我还是想要提出这样的建议：请把学生手册作为你大学期间的"枕边书""口袋书"。有的同学可能会问：只是一本学生手册而已，有必要如此重视吗？答案是肯定的。不仅如此，随着学习应用的深入，你会发现，你们理解当中觉得枯燥乏味的规章制度，原来用起来也可以如此清新脱俗。

"学生手册涵盖了学校教学管理诸多规定，将是你成长成才的制度导航。"——这句话写在我们的学生手册扉页上。我们可以把学生手册当中涉及的制度大致分为：学生管理与教育、能力发展与素质提升、学生综合事务管理，细则如专业学习、奖助贷、书院、第二课堂及纪律处分等，每一类型下面都有具体的规章制度。这些规章制度将陪伴大家并对整个大学四年产生影响。那么，这些制度到底有什么影响？应该如何把学生手册助力成长成才的功效发挥到最佳？

学生手册助力学霸养成

有目标、有计划、有执行，或许你就是下一个学霸。学生手册提醒我们要守住学业的底线。2018 年 9 月 5 日，《人民日报》刊载了一则教育部发出的通知，给大学生合理"增负"，要求全面整顿本科教育教学秩序，严格过程管理，具体实践体现在：清除"水课"、加大过程考核及取消清考制度。"60 分万岁""只要不挂科，就能毕业"的说法再无立足之地，期末考前临考抱佛脚就能过，似乎也不再可能。实际上，在浙江工商大学杭州商学院（以下简称"杭商院"），一个学生如果没有修满规定的课程，达不到毕业的要求，是不能拿到毕业证的。杭商院在学籍管理制度中长期坚持学分加权平均分 70 分以上才有资格申请学位证书，而且学生手册第九页第三十四条明确规定：不及格课程累计 12 学分，予以学业警告；累计 24 学分，予以退学警告；达到 36 学分，予以退学。开学季，我们迎来了 2000 多个希望，但是也同样面临了一些希望破灭的悲伤。因为那些不及格课程的学分已经累计达到或濒临退学的学生会被退学或由其主动提出退学申请。所以，当我面对对自己的孩子着实无能为力的家长，在心痛的同时也在反思，我们如何更好地育人。曾有一位 2015 级的学生问辅导员："老师，交了学费就可以拿到毕业证吗？"这位大四学生不及格课程的学分累计达到了 34 分。我们可以判断该学生存在两个问题：第一，该生没有守住自己学业的底线，濒临退学；第二，作为一名大学生，不清楚毕业的基本要求。所以，进入大学首先要把握的就是我们的学业底线。

学生手册助力攀登学业更高峰

学校为每位同学的专业学习和发展提供了非常多的机会和强有力的制度保障。学有余力的同学可以考虑辅修双专业，有志于更广阔平台的同学可以考虑国外、境外知名大学的对外学习交流活动，专业成绩优异的同学可以冲刺人才"立交桥"……只要敢想，有目标、有计划，并付诸行动，总有一项适合。每个学期加权平均分85分、考取国内外知名院校研究生……这些都不是梦想，自己或许就是下一个别人眼中的学霸。丰厚且覆盖面极广的奖学金，能让我们成为更加优秀的自己。每年在奖学金评比的时候就会发现，身边有许多对学生手册中奖学金相关制度如数家珍的同学。他们非常清楚评比学业奖学金、能力奖学金的条件，对于各类加分估算精准。杭商院有多种类型的奖学金，国家奖学金、省政府奖学金、万元特等奖学金、学业奖学金、能力奖学金、单项奖学金、对外交流奖学金、书院奖学金、考研奖学金等。有的同学四年间奖学金拿到手软，一个寝室四年间获得的奖学金可以有十几万。如果我们细细翻看奖学金的评比细则，就会发现拿奖学金并不难。诚然，获得奖学金好像很重要，但更重要的是，在此过程中，我们努力地成就了更优秀的自己。

学生手册助力自律养成

规则不应该成为我们的对立面，规则可以让我们更加自由。

市场经济的核心要义是什么，从英国经济学家亚当·斯密（Adam Smith）的《国民财富的性质和原因的研究》（简称《国富论》）开始，很多经济学家都对其有着自己的理解，并在社会实践中加以应用。在我看来，尤为值得推崇的是法治精神与自由意志。法治精神，不仅仅包含立法、执法、守法，更重要的是每一个社会成员内心所认可的契约精神。孟德斯鸠说，自由就是做法律所许可的一切事情的权利。学生手册既明确了学生在大学期间作为受教育者所拥有的权利，也规定了学生所需要履行的义务。此前中国科学院大学22名学生因课程论文抄袭被判零分的事件引发了关注。在该课程授课老师给学生们发的一封邮件中，提到"凡抄袭者，一经查实，不问考勤，皆黜落，以儆效尤"。此举一出引起无数反响。以往有的同学对此非常不在意，但是当问题出现的时候，老师听到最多的一条理由就是，我不知道、不清楚这样做会被处分，会有这样的后果。自由有度，规矩并行。杭商院作为一所商科学校，我们作为商学院的学生，校训"诚毅勤朴"中的诚，是诚信、诚实，彰显的正是这份契约精神。学习之，领悟之，践行之，从今天开始塑造杭商院的品格。

学生手册助力机会创造

机会总是留给有准备的人。在杭商院，除了专业学习以外，第二课堂能力的拓展就是使我们的生活精彩、充实的源泉之一。什么是第二课堂能力？就是指同学们通过学校教育培养，在成长中体现出个性化的各项能力，包括学科竞赛、科研立项、科技成果、文体竞赛、综合实践、职业技能认证等几个方面。这些内容为我们适应大学、融入大学、提升自我创设了非常多的契机。有人说大学精彩、充实，有人说大学无趣、使人颓废。认为大学精彩、充实的人，考各类资格证书，有与专业相关的，也有外语的；参加各种学科竞赛，写论文；参加校内外各种文体竞赛和社会实践、实习……如果你仔细观察，就会发现校园里有一群人忙碌于各种实践活动竞赛，各类证书拿到手软，他们享受这个努力投入的过程。我曾经问过一个同学：你身兼数职，这么忙，累吗？她回答我说：累，但最害怕的是无所事事。认为大学无趣、使人颓废的人，打网络游戏、宅在宿舍、吃饭靠外卖、作息黑白颠倒；也曾试过加入某个组织，但似乎无法调动自己的兴趣，于是作罢，重回网络游戏的怀抱。大学的日子也就这样一天天被消耗下去。我看过大学生艺术团的同学为了比赛连日彩排，也共享过他们获奖之后激动人心的喜悦；我见证过参加省赛的同学泡在教室里进行小组讨论，却从无抱怨；我还见证过那些为了一场活动，通宵达旦做策划、修改方案的同学的艰辛……就是在一场场竞赛、活动、考试、实践中，自我得到了提升。

大学是梦想开始的地方。进一所名牌大学，特别是顶尖大学，几乎是每个人心灵深处的梦想。但是，这样的梦想并非人人都能实现，甚至残酷地说，绝大多数人的这一梦想根本无法实现。《纽约时报》专栏作家弗兰克·布鲁尼（Frank Bruni）针对世界500强企业的前100名开展了调查研究，得出一个结论：你去哪里上大学，并不意味着你将成为什么样的人。究其缘由，人的价值并非由大学所决定。在接受高等教育的过程中，一个人的勇气和梦想、毅力与勤奋才决定了他的价值。

一位已经毕业的学生曾对我说："老师，我们打算'十一'过后回一趟学校再逛逛，回味下学生时代。"2018级新生报到的那两天，我就在他们的班级群里留言："你们怎么还不来报到啊，我在等你们。"有同学说："来了来了马上到！"有同学说："心一直都在。"有同学说："都开学了吗，看来只能逃课了。"还有同学说："等我扣完这个篮我就去上课。"毕业以后听这些同学说得最多的就是"还是在学校好，还是当学生好"。所以有同学说："人在曹营，心在汉。天天扛砖，思母校。"还有同学说："麻烦素红姐帮我向单位请个假，我随后就来报到。"我一时也十分感慨。

　　1971—1991 年任哈佛大学校长的德里克·博克（Derek Bok）就认为大学中"有两个事物总是新的，就是青春和对知识的追求"。我们的学生洋溢青春活力，满怀对知识的渴求，所以大学的每一天都是新的，都是第一天。而你的大学会是什么样，一张空白的画纸和一盒水彩笔已经放到了你的面前，现在开始由你来描绘。祝愿经过四年的描绘，你的画卷绚烂多彩！

大学阶段需要坚守的五条底线

每年新生入学，新生主题班会都是非常重要的一个入学教育环节。它不仅能让来自五湖四海的新生有一场意义非凡的初见，也能让新生对大学生的角色及大学生活有初体验。在 2020 级专升本的新生班会上，我们共同探讨了大学需要严守的五条底线。

第一条底线是安全底线

犹记得在新生家长会上，当提到学生在校安全问题时，有家长发出如是感慨："家长最关心的，就是孩子在校的安全和健康。"安全底线应该成为同学们进入大学后首要关注的底线。我曾听闻有不法分子以派送快递为由实施诈骗，导致有同学产生了钱财损失。同学们身边发生的比较常见的安全问题，比如因兼职、网络借贷被骗导致钱财损失，个人物品被盗，寝室用电安全问题，等等，都是我们需要特别注意与防范的。骗子之所以能够得逞，往往是因为同学们安全意识薄弱，容易轻信他人。守住安全底线的第一关需要同学们提高自我防范意识和能力：凡事多问一个为什么，涉及钱财的先确定是否真实，绷紧安全这根弦。2020年，由于新冠肺炎疫情，同学们每日进出校园的管理方式发生了变化。后来相较于以往的准封闭式管理有了较大的自由度。"解封"成了同学们口中的高频词。在常态化疫情防控形势下，防控仍然不能掉以轻心。我们倡导同学们"非必须不请假"，并将此作为个人自觉、自律的要求，外出做好个人防护，始终将生命安全放在首位。守住了安全底线，后续的一切才有开始的可能。

第二条底线是规则底线

每一届新生入学，都能拿到一本崭新的学生手册。这是一本可以帮助同学们更快适应大学生活、明确个人努力方向的册子。学生手册从学业、第二课堂、书院管理等各方面帮助同学们规范在校的学习生活行为，也对如何完成大学学业、实现个人发展和规范个人言行提出了具体的要求。学生手册用得好就是一个宝藏，就好像奖学金评比的时候，有的同学能够对其中的加分项如数家珍，能够以其中的考证、竞赛加分标准为参照，始终督促自己认真努力。学生手册对于不遵守规则的行为也明确了具体的处理办法。比如，旷课、在宿舍使用大功率电器……哪些事情可以做，哪些事情不该做，学生手册中写得也很明白。这些基本的规则底线守住了，才能在大学里自由飞翔。

第三条底线是诚信底线

说到规则，必须要提到息息相关的一个内容，那就是考场规则。每年的期末考试季，我们都会开展诚信教育，通过主题班会等形式倡导诚信应考，提醒大家务必严格遵守考场规则。但遗憾的是，每年的期末考试都会有考试作弊行为发生。以身犯险的同学将此行为归结为一时糊涂、太看重成绩、没有复习好等。考试作弊的后果很严重，不仅会背上留校察看的处分，还会因此无法正常取得学位。但即便处罚如此之重，仍有同学铤而走险。我们常说，诚信是做人之本、立德之源。对于大学生而言，诚信更是道德规范的基本要求。考试需要诚信，研究需要诚信，为人需要诚信。守住了诚信的底线，相当于在取得学历敲门砖时，又多了一张通行证，一个帮助我们更好地承担社会责任的宝贵品质。

第四条底线是学业底线

当违反考场纪律、触犯诚信底线时，学业底线也失守了。在我给新生上第一次课时，有同学表达了他的困惑：大学里好忙，还不能睡懒觉。再追问，原来他受"上了大学就好了"的说法的"迷惑"，想象着进入大学就可以睡懒觉、没有学业压力。这里要给有这种想法的同学们提个醒：大学里并不是"60 分万岁"，因为加权平均分达不到 70 就无法正常取得学位；大学也不是"非得要挂科才算完整"，因为重学门数太多会影响学位，如果不及格课程的学分过多甚至可能会被退学。在大学，学业的压力依然存在。在大学学业这场长跑中，老师不再是领跑人，而是引路人，学生才是这场长跑的真正主角。所以，坚守学业底线，最为重要，也最基本。这条底线就是好好上课、认真复习、通过考核，学会自主学习、思考和提问。

第五条底线是自律底线

从安全到规则，从诚信到学业，虽然每条底线都有各自的侧重点，但相互之间有一条隐形的纽带串联着，那就是自律。在新生报到的两天时间里，我们走访了许多新生寝室，发现一个有趣的现象。男生寝室内东西挺少，但是书桌上的电脑已经开启，处于游戏状态；女生寝室中则有不少同学在看剧。我"斗胆"问了一句："刚来报到就开始打游戏啦？"答曰："没事儿做，太无聊了。"因为无聊、不知道该做什么，于是将时间花费在看剧、打游戏、刷手机上，沉湎于简单、即时的娱乐中，缺了几分自己的思考，少了一点对未来的把握。想学习，发现学习太累；想做作业，发现题目太难；想认真听讲，发现老师讲的都听不懂；想要减掉因为懒散而增加的体重，但一个学期过去了，体重不降反增……这些都是因为没能坚守住自律的底线。要自律，不妨从现在开始，走出寝室，走进图书馆、自习室、操场，用知识充实自己，用运动强健体魄。

今天，我们站在大学的开端。对于我们而言，坚守安全底线是开始新征程的基础，坚守规则底线是获得自由的基础。

守住底线，稳住基础，以诚信立身，以自律塑己，以恒心为学，识大学之业，习学识之术。

关于大学四年怎么过的几条小经验

　　党员发展对象答辩是党员发展工作中非常重要的一项考察和考核。在其中，发展对象有表现突出者，也有表现一般者。

　　某年的答辩工作中，让我印象最深刻的是这样一位大二的男生：他是班长，同时还担任书院辅导员助理，担任国旗仪仗队教官……可以说是身兼数职。现场所有的问题他都回答得非常好。答辩的最后，他谈及个人的大学规划，希望能够用个人努力实现通过人才"立交桥"直升本部学习的目标。前期的学业成绩已符合要求，他目前处于最关键的阶段——本学期的成绩直接决定了他能否实现自己的目标。所以他现在非常努力，丝毫不敢松懈。尽管在当时看来，一切似乎都充满不确定性，但是这位男生的回答里充满了坚定。他深知：只有朝着自己的目标一直坚持和努力，一切才有可能朝着自己预想的方向发展。

　　我们曾面向大一的同学开展访谈。有同学表示：大学和自己想象的并不一样。问及哪里不一样，同学们对此的回答也较为集中。比如每天都很忙，经常忙到半夜，有时忙组织工作，有时忙课程作业，并不比高中轻松多少。还有的同学觉得自己课上跟不上老师的节奏，对于需要小组合作完成的作业，也有一点困难，因为一个小组中有多位同学，每个人的性格不一样，处事方式也不同，短时间内难以将大家有效地凝结成一个真正的团队。面临以上诸多现实和困难，多数人眼里流露出的都是茫然，对于把握自己的大学节奏这件事情似乎没有信心。

大学，有人忙碌充实，有人忙乱无措。一样是大学，却过成了截然不同的样子。不论成功与失败，走出这一步，时间就过去了，不会再有回头路。所以把握当下才是最应该做的事情。如何把握当下？我们不妨从以下几条经验着手尝试。

做自己想做的事情，多尝试，并坚持不懈。在我们平台开展的"有话说"栏目中，有一期嘉宾是一位热爱音乐的学长。他对音乐非常专注、投入。他活跃在校园里各大文艺活动的现场。有了音乐，他的世界充满无限希望和力量。所以，在大学阶段，我们需要找到自己真正热爱的东西，不论是阅读、旅游还是运动、养生，沉下心来坚持下去，改掉自己的急躁、拖延，慢慢地，就会发现自己的另一个世界。

找到志同道合的朋友，大学这条路会走得更稳。平时经常有同学会拿着申请调换寝室的单子来签字，问及调换寝室的理由，"作息不合""性格不合"占了很大的原因。一旦触发寝室矛盾，睡觉睡不好、寝室冷冰冰，传说中的"冷暴力"也会出现，从此一人孤独神伤，还影响了学习与工作。若能走出寝室，通过各类活动结识志同道合的朋友，且不说多了能够相互扶持走到终点的伙伴，至少失意的时候也能多一个倾诉的对象，能够让我们在大学中获得更多的温暖和归属感。在毕业那一刻，回首逝去的大学时光，与同窗建立的深厚情谊能让我们的心一直是温暖的。

参加学科竞赛，以赛促学，提升自己的专业能力、团队协作能力，体验一群人为了一个目标共同努力的成就感。一位2011级"风云班长"在学科竞赛省赛中喜获二等奖，为个人大学期间的学科竞赛生涯画上了圆满句点。这四年，她一步一步坚定走来，即便在身体状况最糟糕的情况下，也依然在自习室里认真准备竞赛。到底是什么原因支持这位同学坚持下来？我们没有就此问题进行过探讨。但我想除了热爱以外，对自我的不断挑战与完善应该也是重要的驱动力。

学会为自己设立短期、中期和长期目标，学会管理自己的时间。四年时间说长不长、说短不短。只有在每个阶段给自己设立一些切实可行的目标，并进行长期规划，才能对自己的大学生活做到心中有数、不慌乱。有规划后还需要自律，需要自觉抵制无休止玩网游、看剧、聊天等诱惑。比如在答辩工作中表现出色的同学，不仅能够让自己有事可做，而且在多项事情之间也能合理安排自己的时间，巧妙应对忙碌，在繁忙中茁壮成长。

学会正确看待挫折与得失。大学阶段会遇到很多挫折：挂科、拿不到自己理想中的奖项或名次、评优评先落选、干部竞聘失败等。对于未能得到自己想得到的，不同的学生有不同的心态，有人一笑而过，有人却从此一蹶不振。我在大学时也曾因为奖学金评比落泪，不是因为我没评上奖学金，而是因为我从一位同学的语言里感受到了她对得失的洒脱与自信。失利是暂时的而非永久的，走过这个关口，下一站的风景说不定更加美好。

身体状态不佳的时候，或许会后悔当初没有好好锻炼；失利、失意的时候，或许会责怪自己当初不够努力；大学四年的学习与生活内容竟填不满一份 A4 纸简历的时候，或许会无奈于时间不可追……而现实其实比我们想的要更加美好，无数的尝试中潜藏着许多机遇。

从此刻起，走出寝室，多参加一些活动和讲座，多看看外面的世界，多充电，结识更多的人……这样或许会让我们的大学生活很忙，但是一定能够使我们更加充实和自信，且收获良多。

轻松拥有精彩大学生活的"三步走战略"

　　走进大学校门的那一刻，很多学生都怀揣这样一种美好期望：我想要拥有精彩的大学生活。但是，现实和期望存在一定的差距，"迷茫"成为学生口中的高频词。有的学生开始质疑一些规定工作的意义，开始临难而退和抱怨，甚至有了自我放弃的念头。有的学生在个人网络平台上发表激烈的言辞，以发泄怨气。只是怨气发泄完了，大学的意义还是没有找到，迷茫的状态也没有改变，生活的境遇依然如故。

　　当然，青春可以有迷茫，但青春不应该一直迷茫。我们如何告别迷茫，拥有精彩的大学生活？这既需要扎实的基础，也需要切实的行动，还需要有克服困难的信念。我们不妨将此视为轻松拥有精彩大学生活的"三步走战略"。

第一步，夯实基础

　　你的带头作用的发挥源自你的优秀，你的优秀源自你对自己的高要求。一个人受到个人的信仰或理想或利益的驱动时，会为实现个人目标尝试各种方式。目标的实现可以带来成就感和自我满足感。从步入大学开始，我们就有一个共同目标：做一些对他人、对学校、对社会有影响的事情，以获得自我价值、寻求自我实现。而没有能力，一切理想信念都是空谈，因为目标实现的可能性微乎其微。如何通过提升个人能力，提高目标实现的可能性？我们需要做好三个方面。

首先，学习是基础。不要止步于专业学习，期末考试并不是衡量大学所得的唯一标尺。我曾看到一所高校的公众号推送了他们学校最高奖学金获得者的风采展，这些获奖者的荣誉从国家级到省级不等，校院级别的少之又少，他们个人在各类期刊上发表了多篇学术论文。我发现，我们在评选国家奖学金、省政府奖学金的时候，有一个很残酷的现实问题，我们的附加分很低，因为有竞赛、科研加分的同学太少。专业学习是基础，在学习之上的是逻辑思维、创新科研的能力及专业素养，所以除了专业学习以外，还应该多多参加各种学科竞赛、撰写论文、考取一些专业方面的技能证书，提高自己的综合专业素养。

其次，实践是试金石，也是磨刀石。学校里有很多社会实践活动，大家本着各种心态和目的参加。比如，因为有工时、创新学分、第二课堂能力分而参加。参加了之后，也没有多么开心，因为并没有发自真心地认同活动本身，所以很难全身心投入。这里讲的实践，并不仅仅局限于学校的活动项目，还包括走出校门、走向社会的各类志愿服务、素质拓展、实习实践活动。活动的背后是什么神秘力量在支撑呢？是平台，一个可以让你锻炼和提升能力的平台，以及可以检验你能力和水平的平台。所以，尽可能多地利用现有平台和挖掘潜在平台，为提升个人综合能力做充分的准备。

最后，自律。北大教授钱理群有一句话在网上盛传："我们的大学正在培养一大批'精致的利己主义者'，他们高智商、世俗、老道，善于表演，懂得配合，更善于利用体制达到自己的目的。"其实，我们也是"利己主义者"，当然这不是指钱教授所说的。这个想法最根本的出发点就是，我们需要积蓄力量、提升自我，才有去做服务和贡献的能力。所以当我们面临选择的时候，会用"我能从中获取什么"来权衡得失。很可惜的是，我们有一部分同学不仅没有这种"利己"的意识，甚至懒得去好好考虑面临的选择。

第二步，紧抓落实

依托组织，更能发光发热。一个人的力量很薄弱，想要扩大个人的影响，那么组织和团队是最坚强的支柱。对于学生来说，有了能力基础，还应该充分利用好班级、书院、各学生组织等平台，在这些组织和平台里，我们有更多的机会展示自己的才能，能够更好地服务他人。每个学生党支部都有自己的服务品牌活动。服务无小事，称其为品牌，则这个活动必然要求具有一定的传承性和生命力。当前各个学生党支部的服务品牌活动主要有三个结合：其一，结合专业特色，利用专业优势开展服务活动；其二，结合年级特征，高低年级学业任务、发展重心不尽相同；其三，结合实际问题，从面临的实际问题出发，以问题解决为导向，开展服务品牌活动。活跃在这些活动中的同学们就从身边小事做起、从自己做起，积极开展服务活动。

第三步，克服困难

践行承诺，远比想象中的要难，而且难很多。我们总是很忙，忙着上课，忙着参加各种活动，忙着去做更加有趣的事情。我们的身份有时反倒成了身上的一层枷锁，许多要求和条件成了一种束缚，从而让我们感受到了被迫和无奈，就像被一种力量牵动着，被动往前，艰难挪步。承诺从来都不是轻而易举就可以做出的，要践行自己的承诺更是难上加难。这个问题的症结，在于我们没有或者较少发挥出自己的主观能动性。没有主观能动性、少有积极投入，对一件事情或者一项工作付出得越少，那么对它的认同和情感体验就越少。这和追求一个人和被一个人追求是同样的道理。所以，要克服实践当中的困难，自己的主观能动性就是一把利剑。兴趣是可以培养的，关键在于我们想不想给它一个发芽成长的机会。

我所带的学生很快就要走出校门去实习，我向他们讲解了企业招聘相关事宜，同时告诉他们：找工作，目标要放长远，不能仅仅将关注点放在现有的薪资水平上，最主要的是要看到岗位和企业的发展前景。同学们却并不以为意。后期，我又带同学们到企业实地交流。交流结束，在回来的车上，我问他们：今天交流有收获吗？基本上每一位同学都给出了肯定的答复。有同学说：老师，我们之前对企业、对就业、对社会的了解都停留在理想的阶段，平时很少主动去接触。还有同学说：我在实习的时候，觉得能够坐在学校里是一件多么幸福的事情，对于现在的我们来说，能拿多少工资不是最关键的，最关键的是能学到什么、能发展到什么程度。

所以，这就是经验之谈和亲身经历所带来感受的最大差异。在学校里，师长会结合自己的经验告诉我们什么是对的，什么是错的，用制度来规范我们的行为，减少犯错的可能，让我们少走一些弯路。我们可能嫌烦了，可能觉得自己追求独立和自由的权利被剥夺了。但是一旦我们投入社会，它不会给我们悔过和改错的机会，我们只能逼迫自己以最快的速度成长和强大起来。

人生可以选择的路有很多，没有对错之分，但是只有适合自己的才是最好的。我们只有尽可能走出去，看看杭商院之外的世界，看看杭商院之外的人们都在如何努力地成为更好的自己，才能慢慢摸索并找到最适合自己的大学成长之路，拥有精彩大学生活。

如果你的选择不是你喜欢的

"我不喜欢这个学校""我不喜欢这个专业"……每年都能听到一些同学类似怨气颇深的不满。面对自己不喜欢但已做出的选择，我们应该如何应对？这个问题困扰着不少同学。

一次培训帮助我探索了这个问题的答案。一位学员与大家分享了她前一阶段职业生涯中的选择与人职匹配。从学校的选择、专业的选择到最后工作的选择，"不喜欢"三个字贯穿始终。因为年代的特殊背景，她在家长的建议下选择了自己不喜欢的专业和学校，又出于现实的考虑，从事了一份自己并不是那么喜欢的工作。但是，在这位学员从教的第一个十年里，她作为教龄最小的老师拿下了那个阶段教师能拿的所有奖项和荣誉。我没有在这位学员开门见山的"不喜欢"里看到半点不甘愿和经年累月的怨气，反而在她身上看到一种万事都融合得刚刚好的云淡风轻。

"当一切都不是你自己能选择的，也不是你喜欢的，你又该如何创造你的人生？"这是个人分享结束后，老师抛给我们的问题。这不由得让我想起此前批阅学生作业的情景。

此前在批阅作业时，我看到一些同学在作业中痛陈自己来到这个学校是多么无奈：高考发挥失常，无法进入心仪高校，在没有更好选择的情况下，只能随便填报了一个志愿。学校不是自己喜欢的，专业不是自己喜欢的，环境和人际也不是自己喜欢的……似乎一切都那么不如人意。所以有了"我不得不"来到这个学校，"我不得不"读这个专业，"我不得不"接受父母的安排……

但凡套上"我不得不"，多半就将自己置于一个"被害者"的角色。这些又成了一蹶不振、自我放弃的正当理由：你看，真的不是我不想好好学习，而是这个选择根本就不是我自己做的，更不是我喜欢的，这都是别人造成的。仿佛所有的消极面对都是情有可原的，都是合理的。对任何事情都提不起兴趣、旷课、挂科、学业亮起红灯、在班级和团队中始终边缘化自己、迷茫困惑而又丧失主动求助的意愿……总之，大学的一切都糟糕透了，所有的一切都是因为当初这个学校并不是我的选择，并不是我喜欢的。多么"掷地有声"的理由，让一切逃避都显得冠冕堂皇。

不同的是，同样是自己不喜欢的，有人重整旗鼓，调整目标，奋起直追，通过"2+2"人才"立交桥"直升本部学习；通过考研实现专业与学校的二次选择；通过学科竞赛、活动实践丰富自己的个人简历，提升自己的能力。

能力、兴趣与能否自由选择，这三者之间的匹配往往会出现以下几种情况。

第一种：你有做出各种人生选择的自由，你的能力与你的选择相匹配，那么你是幸福的，你的兴趣在很大程度上可以主导你的选择。

第二种：你有做出选择的自由，也可以遵循个人兴趣，但是你的能力无法匹配你的选择。

第三种：你没有自由选择的机会，可能无法做自己喜欢的事情，但是你依然保持自己的兴趣，慢慢累积自己的能力。

第四种：主观不想做出任何选择和改变。

无论哪一种匹配，都是一种选择，都会有一个结果呈现。

在培训现场，与我们分享的那位学员最后道出了她的感悟：即便所有的现实条件都不是她所喜欢的，但她依然能够认清自己的优势，在一份自己并不是那么喜欢的工作中，找到兴趣与现实的平衡点，尽可能发挥个人专长，慢慢收获成就并且迅速成长。在她微笑着说出这一切的时候，她就已经具备了足够的能力和现实条件来更换工作，去从事自己真正感兴趣的职业，做一些自己想要做的事情。

人的一生会面对许多不同的选择，选择一所学校、一个专业，从事某一个职业，选择某一种生活方式……选择很重要，做出不同的选择，人生会有不同的可能。但生活并不会因为我们不做选择或者选择了却没有行动就停滞不前，一直等在原地。所以，在能够选择的时候不妨大胆选择，在已经做出选择或者被动做出选择的时候不妨坚持选择，在小心求证选择的人生路途中学会不断调整自己的选择，持之以恒，这样即便多走几道弯路，最终也能达成所愿。

近期我曾听闻有新生说起，杭商院并不是自己的首选，进入杭商院是父母的要求，也有自己高考失利的原因，谈及此处心中多有不甘。与其未来两年或者四年抱着"不得不"的不情愿，还不如以一个建设性的方式为自己的未来做一个长线的规划和选择。所以，放下来杭商院的不情愿和不甘心，既来之则安之，这时新的选择和机会已经在孕育中。

大学，不能只要"我觉得"

工作多年，我发现有一个现象屡禁不止，那就是自习早退。一天早上，我走访早自习班级。走到教学楼下，几位同学远远看见我，转身拔腿就跑。我从其中一位同学的衣着辨认出了人，就发了个消息问他为何看见我就跑。"畏惧。"——简单却饱含情绪的回答。我想起2019级的同学们早自习早退，被我凑巧撞见时，也是这样的情景。时间变了、场地变了、人变了，但是早退依然还在。

有同学来找我谈心，诉说自己这么多年来一直都生活得很压抑：按照社会的期望、父母的要求，以分数为指挥棒，磨平了自己的锐气，到大学后就只剩下无欲无求的学习和生活状态。

"我现在什么都不想了。"看似轻描淡写的一句话，却藏着一个20岁青年的失望和平静。

从早自习的早退到大学里的无欲无求，其下是隐藏着的激烈的冲突。比如，规章制度下学习的强制要求和被迫学习的不情愿，迎合世俗要求的自我放弃和"垂死挣扎"的不甘。焦虑无措、无所适从……我们是自己大学的主人，但大学却并没有按照"我觉得"的方向运转，而是在制度规章、老师意见、家长期望挤压之下被动往前推移。这大学过得越发索然无味，比起早起自习、晚间自习，在宿舍里玩手机倒更显得有趣了。

然而，大学生才是自己的大学生活的主体和主导者。在如何更好地度过大学阶段这个问题上，同学们的"我觉得"与师长们的"我觉得"相去甚远。师长作为过来人，会从长远角度给出经验建议，同学们则有活在当下的自主意识。脱离了高中高强度的学习，学生进入大学之后倍感轻松，只想好好享受大学生活；老师的许多建议都与未来相关，但未来还太远，暂时不想考虑……一方面，满足现状，不愿跳出舒适区；另一方面，又不时陷入对现实的不满中，产生想要改变但又难以改变的无力感。

在迷茫彷徨之下，如果大学航向出现了偏差，应该如何将它导向正轨？

勇敢跳出目前所处的舒适区

舒适区理论主张把人的生存环境区分为舒适区、延展区和恐慌区。为何我们在舒适区中觉得状态最松弛？是因为这个区域里的一切都是我们所熟悉的，让我们有一切尽在掌控中的感觉。我们要成长，就必须走出舒适区，主动进入延展区，通过学习和行动提升自己的能力，扩大舒适区的范围。但当我们习惯了待在舒适区时，一些突如其来的外力很容易打破这种平衡，跳过延展区，直接进入恐慌区。比如，晃晃悠悠一个学期，临近期末发现自己完全没有复习，原本的享受成了一种负累，感受到考试的压力，于是开始恐慌和焦虑；毕业要找工作了，发现简历上没有拿得出手的内容，除了体重外，四年大学生活似乎颗粒无收……为了使自己免于从舒适区突然跳跃到恐慌区，需要跳出得心应手、倍感熟悉的舒适区，经常花时间学习和接受新知识、新事物，让自己处于不断的成长和进步之中。

克服无力感

　　进入大学不久，教室、宿舍、聊天、打游戏、看剧的单调生活很快就会打破我们原先对于大学生活的向往和憧憬：原来大学也不过如此，如此单调乏味、周而复始。跟不上老师上课的节奏，期末考试状态很糟糕，这些都让我们身心俱疲，一直都想要改变这样的局面，但是好像又做不了什么。无力感往往就在此时开始蔓延：对任何事情都提不起兴趣，难以开始新的学习，更难以坚持学习。想要克服这种无力感，关键不在他人，也不在环境，全在于自己。行动是打破无力感局面的最直接力量。我们不妨选择一个简单、好操作又具体的任务，方便每天坚持，比如阅读、写日记、学英语……以阅读和写作为例，每天阅读 30 分钟到 1 小时，一周差不多能读完一本书；每天写作 30 分钟，一周也能写出三篇左右的推送……所以行动不在于每次都要实现突破，而在于点滴积累。长此以往坚持，最终总能找到一个勇于改变、实现改变的自己，相信大学也会因此而有所不同。

用长线的眼光看待问题

　　身处大学校园，我们在漫不经心之间就习得了大学的生存法则和游戏规则，这给我们带来了安全感，因此可能自我感觉良好，也更愿意待在舒适区内。在做一些与未来有关的决策时，我们容易将眼光聚集在大学这个空间场域，将时间仅仅聚焦在眼前，却忘记了未来的不确定性和随时在发生的变化。曾有人分析了现代人的两个切肤之痛：在无关小事上分散太多注意力和在关键大事上缺乏行动力。有时一个人的身上可能同时背负了这两个切肤之痛。所以，用长线的眼光思考和看待问题、看待个人的成长和发展，才能够驱使我们及时行动，去探索、去成长。

当我们深陷于舒适区后，伴随着的是难以改变的无力感。我们很少去问自己：我喜欢什么，我擅长什么，未来几年有什么规划，想要过什么样的生活。有同学曾言，"大学就是试错"，且将试错与犯错两者相提并论，这样就会慢慢失去再试的勇气。而真正的生活，只有行动起来、亲身体验，才有可能深入其中，真正了解难点、痛点，才能知道如何取舍、如何坚持，带着问题找到通往未来之路。

早晨经过图书馆时，我总能看到图书馆门前排着队，一些同学边看书边等候图书馆开门，那份等待和坚持里承载着他们对于未来的希望。那些同学都很清楚自己未来要做什么吗？我想未必。但至少他们已经开始积极行动、主动探索，并在渐渐靠近自己的目标。这就是一个好的开始。

🖋 大学，就是一个探寻自己想要什么的过程

"你想要什么？"我们在孩提时就经常被大人们问及这个问题。随着年龄渐长，这个问题依然存在，而我们慢慢地竟开始不知道自己想要什么。

近期我与两位学生进行交流，带给我一些新的启发。这两位学生，一位刚结束研究生考试，一位带着对自媒体短视频创作的想法前来。

第一位同学

这位同学曾找过我。他自觉复习效率不高，且心情比较烦躁，自我调整"有心无力"，所以不知道应该怎么办。由于安排冲突，我没有及时回复他。原本约了他第二天再来找我，但是他没有赴约。在这次面谈中，他轻松地说起，就在他联系我的当天，他的状态很糟糕。但因为我没有时间，他在简单的自我调节后，认为自己已经恢复状态，便重新投入紧张的复习中。说到这儿的时候，一方面，我对自己没有及时回应求助感到愧疚；另一方面，我也为这位同学强大的复原能力感到惊喜。而对于刚结束一场重要考试的同学来说，他会聊什么？我带着这份好奇和这位同学开启这次面谈。

"其实我也不知道我想聊什么。"这位同学显出几分洒脱。就像是一

个仪式，来见我一面，随便聊聊，正式宣告考研这个痛苦阶段已经结束。尽管如此，我却从此次交流中觉察到了困扰他已久的一个问题。

"考完试，我给我妈打了一个电话。其实我觉得自己考得不好，我挺难过的，我希望她能安慰我。但是没有，她只是督促我去做其他事情。"说到这里，他无奈地笑了，"我知道我妈对我很好，但是……"一个简单的"但是"却成了这位同学的一个心结。

"你有没有直接告诉你的妈妈，你其实需要她的鼓励和安慰？"我问。

"没有。"他摇摇头。

"你如果不说，那么她怎么能真正知道你现在想要什么呢？"

谈话最后，我给这位同学留了一个作业：和妈妈换一种交流方式，更加明确地告诉妈妈，你真正想要的是什么。谈论到学习这个话题时，我询问他考研这段旅程带给他的收获。他的回答是"让自己变得更谦虚了"。这个回答其实有一些背景。他曾一度认为自己很优秀，不愿意去学习。但是在备考的过程中，他真正看到并感受到了自己和优秀之间的差距，所以他表示自己会认真学习。如果他真能做到虚心求学、求教，我想这份收获应该足以让他受益终身。

第二位同学

这位同学刚参加了学院的荣誉盛典，并且领回了一个奖杯，他是年度荣誉星青年。他拥有世俗眼中的优秀：获得过国家级、省级、校级的许多奖项，是一名身兼数职的学生干部，参加过许多实践活动……但他似乎轻松地就把这些优秀给否定了："我并不认为自己优秀，我认为我唯一的优点就是学东西快。"就是这样一位"学东西快"的年轻人，也在不到三年的大学生活里经历了五次崩溃。这些崩溃时刻发生在他参与竞赛、团队协作等过程中。

"在你觉得崩溃的这些时候，你有向谁倾诉过吗？"

"没有。"

"所以你就独自消化了这些情绪？"

说到这里，他笑了，一脸的云淡风轻。

即便将国家级、省级奖项收入囊中，他还是一直在追求更高的突破。拿了三等奖之后希望能拿二等奖，拿了二等奖之后希望能拿一等奖。当真正拿下一等奖时，奖项似乎已经不再重要。他开始探寻所看到的表象及个体表面背后的价值和意义。所以这场谈话已经超出了原本预设的关于自媒体短视频的探讨，而是由此延展到个人的努力与坚持、追求的价值与意义。在我们的交流过程中，我感受到了这位同学眼里所透露出的光与内心的坚定。

2020年12月30日，堪称杭商院一年一度"神仙打架"的特等奖学金竞评大会如约而至。在现场24位同学精彩的展示中，我捕捉到了"青春、奋斗、坚持、拼搏、梦想、竞赛"等关键词。和第二位同学一样，他们都是在追求梦想的路上一直努力向前奔跑的人，一直在探索自己的价值和意义的人。

在大学的时光里，他们凭借自己的踏实勤勉、坚持不懈收获了许多精彩，也展现出了向上生长的力量。他们就像一棵茁壮成长的树木，向下扎根、向上生长。

前文中与我一对一面谈的两位同学都不是我直接带的学生，都是因机缘巧合而结缘。我曾将"我的学生"定义为自己所带班级的学生。但随着时间的推移，当我在日常工作中发现原来自己能够帮助和影响更多学生的时候，我意识到自己原先过于狭隘了。

　　大学之大，包容做人、做事、做学问；为人师者，包容精业、育人、怀爱。为人师者，哪有"我的"和"不是我的"学生之分？

你可以成为一个优秀的人

　　和同学们交流的时候，不时能听到他们对于身边榜样的惊叹——"真优秀"，继而对自己不如人的现实有些难以接受。优秀从来缺乏客观、统一的标准，所以一人的优秀和突出并不能说明另一人不优秀。追根究底，首先还是要明白什么是优秀，才能找到成长为更优秀的人的方向。我们需要梳理清楚与优秀有关的三个内容。

优秀在于细节

　　一位毕业班的同学到学校与学弟、学妹们进行交流分享，分享开始前他们在办公室里闲聊。这位同学在律师事务所（下称"律所"）实习，实习期间专业技能获得了律所的肯定，将在毕业后正式加入律所。但是这位同学自认不优秀，说"优秀的人都去考研了，不优秀的人才不去考研"。

　　我还与一位毕业班同学打电话，听完对方的表达，我不由自主地脱口而出："你很优秀"。她却笑着说："老师，对比您在公众号中写的那些同学，我实在不够优秀。我没有参加过什么比赛，也没有获得过什么大奖……"这位同学是党员之家宣传中心的前任干部，有新闻专业对社会热点、时代发展独有的敏锐和犀利，更有在新闻宣传方面的技术特长。在我看来，这些都足以说明这是一个专业过硬的新闻专业学生。

在 2019 年底特等奖学金评审现场，当竞评学子站在主席台上将自己的成绩和成果一一展现的时候，我不时能听到后排传来"哇"的惊呼，有同学当场表示，这些选手实在太优秀。他们的优秀非常具体：拿了数万奖学金、雅思考了 7.5、获得十余项竞赛大奖、参加了许多志愿服务活动……一系列的数字把他们的优秀都做了具体的量化，给了现场观众极大的冲击：用数据说话，优秀是真的优秀！

还有一次，有一位同学把他的简历拿给我修改。上面除了个人信息以外，只有大学四年参加的课程，没有实践任职经历，也没有获奖经历。一张 A4 纸显得特别空荡，最后是一段自我评价和个人兴趣爱好填补了尾端的空白。我对着那张纸笑了，他也挠挠头笑了。对照上述能够量化的优秀，这位同学显然"不够优秀"。

那么，优秀是什么？优秀真的只能靠数据说话吗？不考研、大学期间从未拿过一次奖项的人就不优秀吗？这些问题随着近期考研学习风采展的系列展出冒了出来。有同学问我：老师，我觉得自己很平凡，该如何成为一个优秀的人？

优秀是过程，不是结果

我们在做比较的时候，往往会把别人看得见的成果和自己缺乏成绩的现实做对比。他有，我没有，高低自现，自己不优秀的事实似乎明明白白。这些拥有许多成果的人有一个持续努力的动态过程，不断靠近自己设立的目标。在这个过程中，优秀是一种为了实现目标而锲而不舍的坚持。

朋友圈中学习英语后打卡的人很多，有背单词、练习阅读和听力的，还有练口语的。在我的朋友圈中，打卡时间最久的是一位在百词斩上已坚持 804 天的朋友。我们羡慕能说出一口流利英语的人，也羡慕他们漂亮的美式发音或英式发音；我们羡慕琴棋书画样样精通的人，也羡慕他们身上所散发的优雅的气质……这些我们所羡慕的能力都源自平日的积累与坚持。有人说，我今年要学好英语，结果下了学习 App，只用了几天就放弃了；有人说，我要开始减肥，但管不住嘴，又不能坚持迈开腿，春去秋来，身上的赘肉依然紧紧相随；有人说，我要考出某个证书，考试时间到了，却发现书没看几页，只能裸考，自嘲是积累经验……当你还在筹划做某件事时，优秀的人已经妥帖地安排上了；当你刚迈出第一步时，优秀的人已经走了很远……

用数据堆砌起来的成果是优秀的一种直观体现，只能代表阶段性的努力和能力；而在经年累月的坚持下，优秀会成为一种浸润全身的习惯，与成长相伴。

优秀是自我突破和提升

"我觉得自己很平凡"，但是"我想成为一个优秀的人"。有同学在校园小范围的对比中，发现自己毫无优势：能力平平、缺乏专长、长相一般……放在人堆里实在很普通。看着别人拿奖拿到手软，默默在心里给自己贴上了"不优秀"的标签，不仅影响了自己的积极性，也干扰了自己正常的前进进度。每个人努力的目标不尽相同，个人能力和优势也有差异：别人在某个领域轻而易举就能拿到的奖项，可能你需要花费数倍的努力；别人花三天时间就能完成的任务，可能你需要一周甚至更多时间……

与他人进行横向对比，确实存在技不如人的情况；但若与自己人生进度进行纵向比较，你会发现每一个阶段的自己都会有所不同，今天积累了 20 个单词，一周后能够听懂慢速英语新闻，一个月后可能熟练掌握了书本中的理论知识……你不停积累、巩固和提升自己，在某一天，你发现曾经羡慕别人拥有的那些技能或品质在不经意间自己也拥有了，而且在这个自我突破和提升的过程中，你始终保持愉悦和享受的心态，从外行到专业，从自我提升到能助人提升，慢慢地，想要的一切自然而然地得到了。

有一位同学曾与我预约当晚九点半电话沟通。我准时接到她的电话。她告诉我，因为单位里面有一个内部的选拔面试，她可能无法参加学校这边安排的一些活动。这是一个她非常珍惜的机会，因为她很有可能被公司提拔。对比参评特等奖学金的学生，她可能拿不出让人惊叹的数据，但在实际的工作中，她以优秀的工作表现为自己赢得了内部提前选拔面试的机会。她的优秀从守时、提前做好安排的细节中就能感受到。

能力出众、成绩斐然必然为众人所称道；而若将优秀视为坚持，并在努力的过程中不断实现自我突破和提升，这个过程本身也是一种优秀的表现。"你若盛开，清风自来。"然而，盛开、绽放的过程漫长又清苦，不是所有人都能坚持的。最终坚持下来的人，往往就是我们眼中、口中优秀的人。

从奖学金评定看三条大学进阶之道

一年一度的奖学金评比正在如火如荼进行。班级群里发布了奖学金评比的初稿，学业奖学金、能力奖学金、优秀学生干部及三好学生被相应各项排名靠前的同学收入囊中。其中不乏同时包揽了学业和能力奖学金，又一举拿下优秀学生干部或者三好学生荣誉的同学。与学业奖学金不同，获得能力奖学金或者同时获得学业和能力奖学金的同学都有出众的第二课堂能力成绩。

有同学或许会问，什么是第二课堂能力？根据学生手册的规定，第二课堂能力和品德素质、学业成绩、身体素质共同组成了素质评价体系。学业成绩指的是专业学习成绩；第二课堂能力则是学生在校期间，"通过学校教育培养，所体现出的个性化的各项能力，具体包括学科竞赛、科研立项、科研成果、文体竞赛、综合实践、职业技能认证等方面"。

简单来讲，专业学习是主业，即第一课堂；第二课堂则与我们大学生活的丰富程度密切相关。第二课堂能力分高的同学，或者积极参加学科竞赛、发表学术论文，或者热衷于文体活动、投入社会实践，还有的利用课余时间充实自己的专业技能，考取与专业相关的技能证书。不论是学科竞赛、文体活动还是社会实践，都赋予了学生全面提升自己的机会，为今后继续深造或步入职场做了一定的准备。从这个角度讲，那些投入了个人休闲、休息时间，在竞赛、考证、实践中忙得乐此不疲的同学们通过个人努力最终拿到奖学金，也算是付出有所回报。

曾有同学视特等奖学金和国家奖学金为大学的标配，将这两项奖学金的得失作为大学四年是否完美的一个评价标准，且在大学四年里为此目标奋斗不懈。尽管对于一些同学而言，奖学金可有可无，但我们依然能够从这些奖学金得主的身上窥见一些大学进阶的共性，即我们可以通过哪些路径来成就更好的自己。

学不可以已

从素质评价体系的设置来看，专业学习是大学中极为重要的一个组成部分，也是能为我们铺就进阶之路的利器。一些同学进入大学后，对自己的专业兴趣寥寥。一问才发现其所选专业是受父母之命，或追逐社会热门，与个人兴趣并不相关，加之进入大学后有短暂的迷茫期，找不到奋斗方向，专业学习就慢慢落下了，甚至放弃了学习。在现实中，我们所学专业可能是今后安身立命的根本，也可能看似和未来的生存与发展风马牛不相及。但不论是哪一种情况，当前的学习都会成为我们个人发展的重要基础。因此学习不应该停止。除了对本专业知识的学习以外，大学校园里还有很多学习的机会：辅修第二专业、考研、参加学科竞赛和科研项目、发表论文等。我们可以在本专业的基础之上，通过学习，扩展专业的外延，再通过竞赛深入专业的内核。这是保持持续深入学习所带来的最直观的收获，也是帮助我们更加深刻领会大学意蕴的最直接的手段。

行不可不博

大学要学习并不代表勤学苦读就是大学的唯一，大学生活本身是丰富多彩的，这源于丰富多彩的校园文化活动及校外实践活动。我们常说"纸上得来终觉浅，绝知此事要躬行"。有了专业学习或者个人的一些自学基础，我们还要积极投身活动和实践。一方面，要确保学以致用、知行并进。比如有的同学通过暑期社会实践化身"网络主播"带货，助力脱贫攻坚；有的同学发挥专业所长在教学实践基地和村民们一起研究旅游宣传策略，助力乡村振兴……另一方面，通过参加各类实践活动，我们的综合能力，如组织策划、人际交往、统筹协调等能力也得到了提升。参加一项实践活动，不仅能从行动中有所获，也能从他人身上有所得。而且参加校内外实践活动能够极大地填充课外时间，让自己忙起来以后，"无聊""没事儿做""混日子"的状态就会不复存在。身处校园之中，思想和行动不宜受校园空间所限，要尽己所能地利用校内外活动进一步丰富和提升自己。

技不可不专

在我所带的毕业班中，有不少同学积极准备考证。与低年级的同学相比，他们显得更加理性，"我希望毕业以后从事相关工作，所以提前准备好工作要求的技能"。技能证书在一定程度上能够说明自己具备某种专业技能。此次奖学金评比，有一位同学凭借技能证书加分在第二课堂能力分上位列班级前列。从新生入学到多本技能证书在手，我看到了他从迷茫到沉稳的转变。其中的自信有很大一部分就来源于其对自己所具备专业技能的自信。然而，只有技能证书才能表明一个人的专业程度吗？仅以英语专业证书为例。作为英语专业的学生，我有专业八级证书。但是具备专业八级证书就意味着我的英语能力无往不胜吗？其实不然。我具备这个证书只能说明我在某个阶段具备了当次考核的要求，但实际上我的听说能力在实操中就露馅了。所以有了技能证书，还要在平时的学习与工作中加以应用，方能确保技能的专和精。

进入大学，首先需要明确的问题一直都是"我们想要实现什么样的目标""想要过什么样的大学生活"。如果你尚未明确自己在大学的努力方向，可以暂时依照学习广博、实践丰富、技能专业的内容，慢慢摸索出适合自己的大学进阶之道。当然，我们也要知道，积极的人生志趣对于更快融入大学生活、进入学习状态有着很大的作用。所以，在摸索中请记得找到你的热爱。

网络时代，大学生如何更好地自主学习

2020 年 3 月 2 日起，学院将全面启动线上教学工作。为了了解同学们的准备情况，我面向自己所带班级开展了一次小范围的线上调查。调查结果显示，91.75% 的同学认为自己已经做好了线上学习的准备，8.25% 的同学表示还没有做好准备。在"作为网络社会新青年，你认为自己是否能充分利用网络资源开展自主学习"的问题上，76.29% 的同学给出了肯定的答案。这在一定程度上说明，同学们对于即将开始的线上学习还是有比较充分的准备的。

尽管如此，仍有 8.25% 的同学没能做好线上学习准备的影响因素同样需要我们关注。调查显示，这部分同学主要由于自控能力差、线上学习效率低、没有在学校读书有感觉及未经历过线上学习而给出了否定的回答。在这些原因的背后，涉及一个核心的问题：在在线学习中，我们如何更好地自主学习？

在线学习并不是新冠肺炎疫情暴发后才出现的新兴事物。相反，在线学习与网络技术的发展相伴，我们的思想观念、行为方式和社会交往方式乃至今天的学习无不深受互联网发展的影响。我在走访早晚自习、班级、寝室或者在图书馆自习时，看到有许多同学一边观看线上学习视频，一边做笔记。这就是线上学习的一种形式。

当下，在线学习不仅仅是趋势，而是已成现实，作为网络社会的一大重要主体，青年应该如何充分地利用资源、开展自主学习？

不同于线下课堂的接受式学习，自主学习考察我们学习的主动性、自发性和自律性。要想更好地自主学习，需要具备以下几个条件。

目标

自主学习需要具备的第一个条件是目标。有一位同学曾问我：老师，你觉得什么样的目标算目标？在我们开展的寒假小调查中，只有9.28%的同学圆满完成自己的假期目标，44.33%的同学并未给自己设定寒假目标。"无聊""没劲""浑浑噩噩""过了一个假的寒假"——这些是和同学们交流时出现的高频词，再细细追问，一般都是因为没有给自己设定假期目标，不知道自己到底要做什么，日子就在刷抖音、微博，看电视剧中飞速流逝。所以，给自己设定一个学习的目标十分重要。这个目标要尽可能具体，而且能够被量化，比如这个学期一定要通过四级考试，达到多少分数；以个人能力能够完成，但是也具有一定的挑战性，比如经过多久的专业学习能够考取 CFA 证书；对于目标的完成也要设定一定的期限，一个月、一个学期还是一年、数年。目标能够让我们更加专注，同时始终保持继续前行的动力。

计划

自主学习需要具备的第二个条件是计划。在小调查中，我们了解了同学们假期的学习情况。16.49%的同学备战考研、48.45%的同学备战考证、44.33%的同学在学习英语（数据有重合）。作为需要长战线准备的考研、英语学习等学习活动，如果没有一个适合自己的科学的计划，我们首先面临的问题就是不知道从何处着手、应该重点抓哪一项、应该首先完成哪一项……这些都无法明确，就难以为目标实现保驾护航。当然，还有 11.34% 的同学只是尽情享受假期，没有开展学习。每个人的学习进度、学习习惯都不同，有人适合连续高强度的学习状态，有人适合早睡早起，有人晚上学习效率高。只有根据自身实际和学习习惯制订的计划，才有可能让自己的学习活动最高效。当然，计划并不是一成不变的，要定期对自己上一阶段的学习活动进行总结，审视学习效果，以最优化自己的学习计划。

自律

自主学习需要具备的第三个条件是自律。自律能够确保我们排除杂念和困难，朝着自己制订的目标坚持与努力。但在现实中自律并没有那么简单。我们的生活中仿佛总会出现许多意外，今天新出了自己期待很久的剧集、和好友临时有约、身体不适、纯粹就是不想学习等，都成了横亘在我们与目标之间的障碍。自律就是一一排除这些障碍的利器。如果觉得自己一个人形单影只，自主学习实在力不从心，不妨与三两好友相约一起"云"学习，相互监督，或许能够帮助自己更快地养成自律的好习惯。

除了以上我们所需要具备的三个条件以外，想要更好地自主学习，还需要真正行动和掌握一些技能。行动是目标实现的先决条件，没有行动，目标就只是纸上谈兵。那么技能具体指什么？自主学习的形式有很多，在线自主学习将学习的场域搬到了线上。互联网所独具的开放、平等、协作、分享的精神特质，不仅让我们拥有了便捷、实用的在线工具，而且为我们创设了丰富的学习资源及非常包容的学习环境。我们所要具备的技能就是更快地学习应用相关学习平台，学会收集资源、筛选信息。

在具备以上所有条件之前，我们首先需要树立自主学习的观念。明确知道自己是学习的主体，就可以更好地把控自己的学习活动和行为。互联网学习方兴未艾，作为网络社会的主力军，如何发挥自主性，积极融入线上学习的环境，同时通过自律更好地进行自我管理，真正将在线学习的作用发挥到最大，是需要我们共同探索的。

可汗学院创始人萨尔曼·可汗（Salman Khan）曾指出："你为学习承担责任，实际上就是在学习知识。从学生的角度来讲，只有承担了责任，才能真正地进入学习的过程。"

那么，你们准备好为自己的学习承担责任了吗？

新学期开课第一天，送你四味"盐"

亲爱的同学们，今天是线上开课第一天，不知道你们是否克服了起床困难症，准备妥当，准时出现在线上课堂里？我能明显感觉到同学们从一开始的无措到现在的从容的转变，不再追问何时能返校，而是调整自己的状态，自信地回答：准备好了！身处又一个新开始，今天我想与同学们分享四味我们在学习、工作与生活中不可或缺的"盐"，让我们的大学更"有料""有味"、有意义。

"研"以学习

我曾收到一份《成长计划》栏目的来稿。来稿的同学在文中表达了她对大学学习的看法。她说，"大学教会了我们为什么要努力"，"大学阶段努力学习是为了能过上自己喜欢的生活，以喜欢的方式过一生，对自己的人生和未来有选择权……我们所有的努力并不是为了别人，是为了我们自己"。是的，作为大学生，学习是主业，所以这第一味"盐"就是用来调味学习的"研"。做出一道题、看完一本书、完成老师布置的课后作业、合作完成小组的展示、获得一次奖励……我们在这些学习活动中难免沾沾自喜，因为似乎攻克了一个难题、完成了一项任务。但是学习是一个持续且系统的过程，上课随便听听、考前埋头疯狂记忆，并不能帮助我们真正掌握多少知识。"研"以学习就是要让钻研精神、严谨的治学态度和思维方式，以及良好的学习习惯帮助我们更高效地处理接收到的信息、有机整合知识、充分运用所学，从而尽情享受学习。开课第一天，有同学问我：线上学习视频以倍速播放是否可行？我答：内容为王。

"严"以工作

许多人对于假期的理解是休闲或者放松。但是心理学家米哈里·契克森米哈（Mihaly Csikszentmihalyi）的研究表明，"工作其实比休闲时光更容易带来享受，因为工作类似于心流活动，有其内在目标、反馈规则和挑战，所有这些都鼓励个人积极参与工作，全身心投入到工作里"。许多同学在学校时，奔波于不同的活动场地，忙着组织策划活动、开展志愿服务活动，或者积极参与社会实践。我们也有不少同学放弃了寒假的个人休息时间，忙着做推送、整合宣传材料，或者协助老师做好班级疫情防控的相关工作。如果没有对工作的热爱或者责任，在身边人尽情享受假期的悠然自得时，要自动开启工作的模式或许会更加困难。所以，用来调味工作的"盐"就是"严"。在热爱工作、富有责任心的基础上，我们要以严谨务实的工作态度和勤奋努力的工作风格，诠释好"工作"这个包含了智慧、信仰、热情、想象和创造力的词汇。

"言"以自我

我们常说自我表达是一种非常重要的能力。语言的自我表达不仅能够帮助我们清楚表达自己的观点，同时也是维系与他人、社会联结的重要能力。所以要自信并大胆地表达，"言"以自我，这是第三味"盐"。轻松地自我表达并不是一件简单的事情。要实现自如地表达，首先要有

"料"，拥有能够展示的才能、可分享的观点或者学习成果……这是我们能够自信表达的前提。因此，我们需要通过第一味"研"全面充实自己，通过第二味"严"提升自己，有持续的输入才有输出的可能。有了内容以后，还要以恰当的形式展示出来。这就需要我们能够觉察并发挥好自己的优势。当我们发挥自己的优势时，我们的自我认同感和掌控感都会有所提升，也更容易投入当前的活动。新学期，新开始，不妨给自己多加压：必须树立一个跳一跳能够得着的目标，必须找到或培养自己的一个优势，必须参加某一类活动，必须在活动中将自己的优势发挥出来，必须让自己在某一个或某几个方面有所提升。

"颜"以生活

明天和意外，你永远不知道哪一个先到来。就像新冠肺炎疫情，打乱了许多人的生活节奏。对于充满未知与挑战，甚至艰难但又平淡的生活，我们需要坚强面对并接纳。这是一味用来调剂生活的"颜"，是指积极生活、乐观向上的心态。在这里，我们专注于当前的生活状态，发挥自己的能力、突破自我，认真投入生活，追求自己想要的幸福感与生命的意义。积极心理学之父塞利格曼（Seligman）说："人类不可避免地会追求幸福的第三种形式，即对人生意义的追求。"我们在爱与被爱中感受生命的意义，在工作中实现人生的价值，也在追逐人生目标和找寻生命意义的道路上经历失败和苦难。正是有了积极乐观、坚毅勇敢的品质，即使是在看似毫无希望的境地，我们也能找到人生的意义。因为当我们在勇敢接受痛苦挑战的时候，我们的生命就有了意义。所以，从现在开始，去锻炼，让自己有健康的体魄；去交往，让自己有稳定的社会支持；去努力，成为自己生活篇章的作者。要用积极开放的心态、快乐友好的关系、团队协作的方式，努力塑造一个真正的、独一无二的自我。

有一位同学在朋友圈中郑重留下这样一句话："愿四年后的今天能奔走在自己的热爱里。"新学期，新开始，唯愿我们："研"以学习求真知，"严"以工作得成长，"言"以自我达提升，"颜"以生活享青春。不论何时都能有所热爱、继续前行！

班干部上任前要问自己的三个问题

　　新学期已过去1/4，班干部竞聘的工作也逐渐落下帷幕。"新官上任三把火"，新上任的班干部们召开了第一次班委会。

　　会议现场，我向班干部们发出灵魂三连问：班干部是做什么的？班级建设的目标是什么？如何将个人发展融入班级建设？希望以此带着大家深入思考：班干部如何携手，带领同学们一起将班级建设得更好。

班干部是做什么的

　　这是每位同学在竞聘时都需要破解的问题。这个问题涉及班干部的工作职责。班干部从班长、副班长、团支书到组织委员、文体委员等，各司其职，比如班长协调班级整体工作、副班长主要负责考勤工作、团支书负责团支部建设、文体委员负责班级文体工作等。分开来，每个班干部都能独立承担一项或几项班级工作，联合起来则搭建起了班级建设的骨架，并通过平时的协作及活动让整个班级有了血肉和灵魂。所以，每位班干部都要清楚地知道自己所处岗位的基本工作内容，学会分工是这里的重要命题。

　　"班干部是做什么的"这一问题中还蕴含着更深层次的问题：班干部要如何工作？这指的是班干部的工作要求。校训中的"诚毅勤朴"就精练地涵盖了班干部的工作要求。诚，要求班干部诚信和真诚，襟怀坦荡、与人为善，这能够有效营造班级清正的风气。毅，是坚毅和执着，是共克时艰的齐心协力，也是对目标的执着追求。班级成长和建设的过程就像婴儿成长一般，会出现许多问题，比如制度从无到有、操作从不清晰到规范，还有赛场失利、职责不明确、凝聚力不足等。这些问题和困难摆在班级面前时，需要班干部坚韧不拔地带领同学们协作解决。勤，是勤劳，既要工作勤劳，满怀责任服务同学，也要求学习勤奋，率先营造良好学风，还要求态度勤谨、不懈探索。朴，是朴实，对同学感情真挚、朴实无华，也是对人生追求的从容和缓。学会协作是这里的重要命题。

班级建设的目标是什么

目标能够引导班级建设朝向具体的方向，能够让全体同学劲儿往一处使，能够帮助班级形成团结向上、积极进取的精神面貌。这里面有短期和长期的目标，有个人和集体的目标。所有不同的目标凝聚到一起就形成了班级目标。个人目标的实现，能够推动班级整体变得更加优秀；班级目标的实现，离不开每一位班级成员的参与和努力。班干部要做的就是将班级目标进一步具体化，将目标分解到每位同学的身上，引导大家明确个人目标，将个人目标与班级目标融合到一起，实现个人和班级的长远发展。

如何将个人发展融入班级建设

既然明确了班级建设的目标，如何把个人目标融入其中，实现个人发展与班级建设的共融，是需要回答的第三个问题。作为班集体的成员，班干部也有个人的目标。在其位谋其职，他们比一般同学承担了更多班级建设的职责，需要付出和牺牲更多。想成为班干部的同学，可能是为了奖学金加分，可能是为了以后找工作能够多一个筹码，可能是为了多一个锻炼的机会，也可能是为了圆家人的殷切期望……不论班干部个人在之前有什么样的目标，在成为班干部的那一刻起，自己就要率先学习并做到将个人发展与班级发展相融合。每个人都有自己的脾气秉性，在此基础上组成一个集体，集体在发展过程中经过共同目标追求和价值探索，逐渐积淀并形成独特的班级性格。所以我们会在提到一个学风优良的班集体时，不自觉地形成其中个体也很优秀的印象。个体与班级是相互促进、相互影响、密不可分的。个体与班级的同生共长，不仅体现在个人目标与班级目标的融合上，还体现在相互包容和促进上。每个班干部都要有"功成不必在我"的信念和精神境界，为班级建设做出自己的最大贡献；还要有"功成必定有我"的气势，勇于担起班级建设的重担，真正为同学们做实事。

班委会后，有两件小事让我心生感动。第一件，班委会当天，恰逢班里一个学生的生日，刚完成班级"生日历"的班干部，在班委会结束后，利用课间短暂的时间完成准备工作，给当天生日的主角安排了一场简单却温馨的生日惊喜。感受到现场强烈的情感，我不由落下泪来。简单的一个举动，就能够让远离父母外出求学的同学感受到集体的温暖。我想这应该会成为她大学期间非常深刻的记忆之一。第二件事是有一个班级无缘校歌大赛决赛，班长带头在班级中做了"检讨"，在分析比赛失利原因的基础上，进一步明确了班干部的职责和班级建设的方向。以此给班干部工作定下了基调，也为班级建设进一步明确了目标。

一个班级的组成很简单，其中成员的相处也只有短短的两年或者四年时间。而这个班级能否在一年、两年、三年甚至更久以后还活在大家的心目中，要看班干部的作为，也要看班级里的同学是否心向一处、共同努力。

如何成为发光发热的班干部

又是一年班干部竞选时，在我们的调查中，有54.46%的同学表示会参加班干部竞选。班长、团支书依然是报名的热门岗位。经过积极动员，心理委员、文体委员之类的岗位也没有成为冷门。那么，想要参加竞选的同学们需要准备什么呢？结合我们的调查以及班干部开展工作的实际情况，我们认为，需要从思想和能力两个方面做好充分的准备。

思想准备

面对可能的失败，能够坦然接受。尽管参选同学热情高涨，但班干部的岗位是有限的。有竞争就意味着有失败的可能。考虑清楚自己为何要参加竞选，并做好失败的心理准备。在工商班班干部竞选的现场，不止一位参选同学表示：听了其他同学的竞选演讲，感觉到优秀的人实在是太多了。往年也曾出现这样的情况：有的同学在竞选前胜券在握，结果落选，个人无法接受，从此自暴自弃、一蹶不振，错失了许多反败为胜的机会，大学四年就在浑浑噩噩中度过。面对同台竞技的佼佼者，现场演讲可以帮助我们清楚认识自己与他人的差距，即便失败，如果能将此作为学习的机会，哪怕失败也有所值。

带着纷繁的理由，做好服务的准备。还没有开学时，就有同学在线上咨询班干部竞选事宜，主动表露自己想要担任班干部的想法。主要原因有二：一是曾有班干部任职经验，希望能够继续为同学和班级服务；二是将班干部任职经历和入党、评优挂钩，视其为评优评先的一条捷径。

在正式开始竞选之前，想要参加竞选的同学需要认真思考并回答这个问题：你为什么来参加此次竞选？在我们开展的班干部竞选小调查中，我们发现56.44%的同学希望通过担任班干部来锻炼个人能力，13.86%的同学主要考虑通过担任班干部来实现个人发展。很遗憾，只有7.92%的同学表示参加班干部竞选是因为想要"服务同学"。相反，高达81.19%的同学表示在没有担任班干部的情况下也愿意为班级同学服务。

作为一名班干部，首要职责是班级建设，维护班级和全班同学的集体利益，为同学们的学习创设良好的班风、学风，为班级建设与发展做好相应的服务工作。如果不把服务意识摆在首位，当选以后，在个人利益和集体利益发生冲突时，难免在忙碌的工作中迷失自我。许多同学在意的个人发展和能力锻炼，在班干部的岗位上确实有更大的便利性。但如果只是发展了个人而脱离了班级和同学，这样的"个性化"发展，想必不会走得长远。

能力准备

通过调查，我们了解到，在同学们的眼中，作为一名班干部最重要的品质是个人能力（84.16%），其次是服务意识（63.37%）和人际关系（63.37%）。可见，要参加班干部竞选，需要问自己的第二个问题就是，我的能力是否匹配班干部的岗位要求。

　　许多有过学生干部任职经历的同学在个人简历上都会写上自己具有良好的组织协调能力。一个班级中的同学来自不同的地域，彼此从不相识到熟悉，再到毕业时的依依惜别，这种质变的发生，取决于班级建设的成效，关键在于班干部队伍作用的发挥情况。班级活动的开展、同学之间的互动、班级之间偶然爆发的冲突等都要求班干部具备较好的组织协调能力，不仅要能够高效化解班级危机，还要能提升班级整体凝聚力。作为同学和老师之间、学校与同学之间非常重要的纽带，班干部还需要具备一定的信息收集能力和高效沟通能力。

　　当然，班干部不是个体而是一个团队，作为班级核心，要统筹好班级建设，还需要具备良好的团队协作能力。为何同样是班干部，几个不同职位的热度却有所不同？比如班长、团支书受热捧，文体委员、组织委员遭冷遇。主要的原因在于，许多同学没有清楚认识到班干部是一个团队，而非个别岗位权力的象征。有的同学在竞选时也表示，与优秀的同学相比，自己没有光鲜的任职经历，但是自己认真、努力、务实、真诚，相信自己能够更好地服务班级同学。也有同学在调查中表示，班干部"可以没有经验，但责任心很重要"。尽管个人能力非常重要，在一定程度上决定了班级工作能否高效完成、团队协作是否顺畅，但从长远来看，要想成为班级建设的铁军，能力准备是一个方面，个人品格准备也不可或缺，它决定了我们能够走多远。

　　通过调查，我们发现同学们对于班干部的定位主要体现在服务、责任、标杆、担当、领导、凝聚力等方面。班干部先是学生，然后才是班干部。这也要求班干部要具备处理好个人学习与班级事务协调发展的能力。如果因为班级事务影响个人学业，得不偿失。只有充分认识到自己的职责所在，才能做一名合格的班干部。

在我们的小调查中，除了加油鼓劲以外，同学们也对自己班级的班干部提出了要求。比如"当上了就好好干，别浑水摸鱼"，"请负责任，不搞小团体，公平竞争"，"全心全意为同学服务"，"以己之能，尽己所能"，"尽己所能，发光发热"。

通过票选，获得了班级同学一致认可的新任班干部，将带着班级同学沉甸甸的信任，以班级建设、同学利益为重，全心全力做好班级建设。希望诸位班干部，能带着对班级和同学的荣誉感与责任感，当标杆、做表率，发光发热，努力成为凝聚班级力量、凝结同学情谊的纽带。

作为一名班干部，坚持做好一件小事就很了不起

班委会是班级建设中的重要组成部分，开好班委会对于畅通信息交流、增强班级凝聚力等有重要的意义。在一次班委会上，各个班干部进行了个人近期工作交流。一个班干部提出了她的困惑："老师，我觉得生活委员的职位好像并不能为同学们做什么。"

"你为什么会有这样的想法呢？"

"就是感觉平时也没什么事情……"

说到这儿，我抓住了这位同学的困惑点：想要为班级同学多做点事，但是好像又没有那么多需要她做的事情。这个话题引起了其他班干部的讨论。我则看着她说："你每天在班级群里发布的温馨提醒就是在为班级同学服务，你做得很好！"

我有这样的说法是基于我对她一直坚持的一项工作的关注。每天晚上，这位同学都会在班级群里发布温馨提醒。提醒同学们要降温了，注意添加衣物，提醒同学们有早晚自习安排，不要走错了教室或者迟到，还提醒那些晚睡的同学记得健康上报，当然也包括了上交作业及近期安排的提醒等。这些提醒并不是干巴巴的几句话，从措辞到排版，都让人感觉如沐春风。这看起来确实不是一件大事儿，但这位同学却一直在坚

持，而且以用心、暖心的方式尽着自己作为班干部的职责。

既然如此，这位同学为什么还会有这样的困惑呢？首先，值得肯定的是，这是一位认真思考如何服务班级同学的尽职的班干部，把服务好班级同学的意识真正地放在了自己的心里。这一思考让这位同学在发布一条简单的温馨提醒时，也能融入改进工作方式方法的考虑。即便只是拟一则简单的通知，也认真琢磨措辞和排版，慢慢探索适合同学们，也能走进同学们内心的方式。

当然，困惑的产生是基于对现实的觉察。这个困惑来源于两个方面。一方面，学期初，班干部刚上任的时候，班长成了班干部群体中最忙的一位，转发各种通知、参加各种会议。随着班级工作逐渐步入正轨，每位班干部各司其职，整体工作井然有序，同学们也逐渐适应了新环境和新的学习节奏。加之，三年的专科学习生活经历让同学们具备依靠个人能力自主解决问题的能力。所以向班干部寻求帮助的需要从开学到现在逐渐减少。另一方面，同学们之间关系的熟悉度也会影响大家的求助意愿。还记得此前班级开展的一次破冰班会，我能够感受到同学们希望进一步交流互动的意愿。但是由于平时班级同学之间交流较少，彼此不够熟悉，导致了有问题一般更倾向于向身边熟悉的同学求助。所以，从这个角度来说，在今后的工作中，可以进一步思考如何加强班级同学之间的交流，如何提升班级凝聚力，让整个班集体的情感联结更紧密。

在困惑之外，我们还有一个问题需要考虑：应该如何做好班级同学的服务工作。首先，应该像这位认为自己"没有事情做"的班干部一样，有为班级同学服务的意识。其次，要做好这项工作，还要了解服务的核心是什么。服务有的时候并没有那么复杂。做好服务工作，不在于活动的排场有多大，而在于工作有没有做到同学们的心坎上，有没有让大家感觉到贴心、暖心。这往往体现在细枝末节中。比如，敏感地觉察到同学们的需要，及时安慰与陪伴；在同学生病时，主动提出帮忙签假条……发挥自己的力量为同学们树立一个好的示范，影响和带动身边的同学自觉主动加入班级建设的过程中，比如积极参加班级活动。如果觉得这一步太难，不妨从身边同学或者室友开始，慢慢扩大积极行为的影响圈和覆盖面。

班干部没有"太多事"，也给我们一些启发：或许可以从细节着手，从同学们的利益出发，在一些工作上做得更加到位和贴心，让同学们在有需要的时候首先想到班干部。班干部团队也好，班干部个人也好，不论做哪一项工作，都可以将同学们的评价和认可作为服务工作质量的检验标准。如果收获了班级中绝大部分同学的认可，服务工作其实就已经完成得很不错了。

当同学们似乎并没有那么多的需求时，又该如何开展工作呢？我想提一个小建议：坚持做好每一件小事，坚持做好现在在做的每一件小事。有一次一位班干部去找老师拿已经批改好的竞赛试卷。老师不在办公室，这位同学把试卷拿走后，在老师的桌上留下了一张非常贴心的便签。老师看到后把留言晒到了朋友圈，言语间充满了感动。

为什么坚持做好一件小事就已经很了不起了呢？因为事情虽小，但要做好并不容易；做好一件事情可能容易，但是长期坚持做好却不容易。我们不能忽视一件小事、忽略一个小细节，它们或许就是决定大方向的关键。一位能把工作细节做到极致的班干部，在学习上、在与同学们的交往中、在班级事务的处理过程中肯定也能一以贯之地以同样的标准来严格要求自己。所以不妨把眼光放在小事上，放在坚持上。

在与全体班干部交流的最后，我说：坚持做好一件小事就很了不起。

写给毕业班学生的三点建议

走访寝室是班级管理工作的重要组成，尤其是在新生入学、毕业离校等关键节点时。即将毕业离校的同学们都在忙什么？我带着这样的疑问逐一走访了毕业班的寝室。

"忙"——这是大部分同学近来的状态。上课，完成课程作业，参加招聘笔试、面试，准备毕业论文开题和写作，准备考资格证书，还有约1/4 的同学在准备研究生考试，个别同学在准备公务员考试……与大一时候相比，现在的大学生活让大家更加深刻体会到了充实，当然还有压力。其中最直接的压力来自第二年的毕业及就业。那么他们都在寝室里忙什么？有少数考研究生、考公务员的同学正在宿舍认真学习；有一部分同学在撰写毕业论文的开题报告；有的同学在制作、修改个人简历，准备参加接下来学校组织的招聘会；有的同学在做作业。和以往不同的是，在宿舍里打游戏或者看剧的人数明显减少了。

尽管忙碌、充实，但他们面临的问题也不少。

毕业论文

我走访的第一个寝室中，四位同学都在准备毕业论文的开题报告。我坐下来看了其中一位同学新鲜出炉的开题报告。除了基本的错别字问题以外，开题报告中还存在表达不准确、前后逻辑不通等问题。有同学也表示自己对于论文写作还摸不着头脑，基本技能比较欠缺。当然，更深层次的问题是对于研究的目的和意义等还不够明确。再结合开题报告聊下去，同学们开始"吐苦水"。比如，论文研究要用到的建模方法，他们还不会。虽然目前在学的课程中有涉及建模，但是学习的进度赶不上论文写作的进度；与论文指导老师的沟通不是特别顺畅，老师给了一些方向性的意见，但自己依然不知道该从哪里入手；论文需要的数据似乎也是一个问题……当然，自己也积极通过互联网或者其他一些资源来收集数据。后来到了另外一个寝室，有同学问起如何查找文献，表示自己还不太会使用学校图书馆里的数字资源。

简历制作

陆续有不少同学把个人简历发给我，我逐一提出了修改意见。简历问题相对来说比较集中，最核心的是，个人积累太少，很难让用人单位一眼就发现自己的核心竞争力。这个问题目前已经影响到同学们在求职时的自信了。有同学在参加完学校组织的招聘会后就给我发了消息，表示"就业实在太难了"。还有的同学知道自己没有什么积累，对于制作简历、参加招聘会兴趣寥寥，除了上课以外，大多数时间宅在宿舍里，暂时还处于被动等待的状态。

个人规划

这是一个共性问题，也是最关键的问题：依然不清楚自己要做什么，对未来缺少规划。这个问题并不是技术问题，无法靠修改几遍简历或者参加几场招聘会找到答案。这是一个需要付出时间和精力去解决的问题。有的同学一开始决定考研，后来因为各方面原因而放弃了考研；

听从家人意见决定考公务员，但因准备过程中受到个人兴趣和备考难度的影响，又放弃了考公务员，暂时还没有新的方向……有一位同学，以往我走访寝室时他基本上都在玩游戏，这次去时他没有玩。我简单地问了一下他的个人规划，他只是挠挠头，告诉我现在自己已经很少打游戏了，但是还不知道自己要做什么，家里人也给了一些建议，也许会听从家人的意见。其中存在着诸多的不确定。

这些现实问题应该如何解决？在走访寝室的过程中，我解答了一些当下就能解决的技术层面的问题，比如文献搜索、简历制作。但对于关系个人长远发展的问题，还是需要合理规划、及时行动才能找到解决的方案。下面围绕沟通、学习和调整三个方面来统一解答其中的一些问题。

学会沟通，主动沟通

以与论文导师的沟通为例，往年出现过很多本人无所谓、论文导师急上火的情况，有些同学没有认真对待论文写作这件事，最后因为论文不合格而无法顺利毕业。我们不妨把与论文导师的沟通或者毕业关头的人际沟通作为步入职场的一次重要积累。当出现问题而以一己之力难以解决的时候，我们需要通过沟通获取他人的帮助来解决问题。所以首先需要具备沟通的意识，不要害怕沟通，同时要以问题为出发点主动进行沟通。比如当论文导师较忙而没有及时回复时，可以考虑和导师提前约定一个线下见面的时间，带上问题主动找老师当面沟通，一方面能够更加清楚地交流自己的问题，另一方面也能够更好地照顾到双方的时间安排。听了同学们的许多问题，我问道："如果我今天不走访宿舍，是不是这些问题大家就藏着自我消化了？"虽然最后看起来问题会自我消化，但可能还是没有得到解决。

学会学习，主动学习

这个建议主要针对同学们现在存在的"不会"，比如不会建模。我在走访另外一个寝室的时候也问了建模这个问题，有一位同学表示，尽管自己也不算会，但是在认真地准备和学习，虽然知道面前困难很多，但是总能克服。他十分清楚自己面临的问题，也很清楚自己的优势，而且已经明确了利用优势来解决问题的方案。现在网络上有很多学习的资源，通过主动学习可以帮助我们有效弥补自己的不足。如果通过学习还是无法解决个人问题，那么就要回到第一步——通过沟通来获取外力帮助。关于学习，我们需要明确的关键一点在于：学习不能速成，要给自己留出足够多的时间；如果时间不够了，那么也要积极地思考如何提高学习效率。

学会调整，主动调整

这个建议针对的是"忙"这个问题。有同学表示，大量任务压下来，感觉应接不暇。我在与同学的交流中，帮大家找到了应对的方法。有一位同学考研，我到他们宿舍的时候，宿舍里就他一个人。因为考研的同学可以申请论文延期，我以为他也会申请。结果他很开心地告诉我自己并没有申请延期，尽管自己是考研大军中的一员，但他并不认为开题或者论文能够难倒自己，他可以安排好自己的时间。还有另外一位同学，一直在准备省级学科竞赛，参加集训。他的开题报告还没有完成，问及进度的时候，他表示不慌，并清楚地说了自己的时间安排。走出大学校园，我们面临的身份角色和压力只会增多不会减少，学会调整自己的状态、做好进度安排等也是一种重要的能力，能够帮助我们及时从忙碌中抽身，有效应对多方压力。

日本著名管理学家大前研一在《专业主义》一书中曾指出：在高效推进事业发展的过程中，当我们遇到问题时，解决问题的第一步就是思考"我们能够做什么"，然后清除那些把"能做的事"变为"不能做的事"的障碍。

对于即将毕业的学生而言，前路似乎困难重重，但我走访过程中还是发现了他们一年多来的许多变化。与一年前相比，他们更加自主，目标越来越明确，能力也有所提升。准确地说，他们渐渐在大学生活中找到了自己的位置，并且一直在努力解决遇到的问题，清除那些阻碍目标实现的障碍。这一点，在任何时候都是非常重要的。

毕业生就业，终点里的新起点

余同学来到了办公室。当然，不是来找我。我想起前两天在朋友圈里看到她发的情绪十分沮丧的动态，我的眼光匆忙从电脑屏幕转到她的身上，问她："最近怎么了，状态不好？"

余同学是金融 14 班的"老"学姐了。和许多 2018 届的毕业生一样，整个 11 月份都忙忙碌碌、慌慌张张，因为在准备期末考试的同时，还奔波各地忙着各大银行的招考面试。用焦头烂额、筋疲力尽、狼狈不堪来形容似乎一点也不为过。

余同学腼腆一笑："前段时间跑来跑去，在准备期末考，还有论文，实在精力不济。"

"那工作落实了吗？"

"准备去中国银行。"

和余同学简单聊了几句以后，她转身离去。

对于 2018 届毕业生而言，2017 年的 11 月和 12 月显然不平静。实习、毕业论文的间歇，还夹杂着"大学的最后一课""大学的最后一场考试"。某天监考，开考前听到两位男生的对话："考完试我要赶紧洗衣服了。""我也是，我的衣服已经泡了两天了。"说完了，身边的一群人都开始七嘴八舌念叨自己如何从精神到肉体为期末考试所折磨。

毕业当前，学生依然逃脱不了期末考前的惆怅和焦虑。只是这最后一课和最后一考，还多了一些复杂的情绪：对于时光飞逝的感慨，对于大学时光的缅怀，对于个人前途的迷惘……

有数据显示，"2018年全国820万大学生将毕业，就业形势严峻"。尽管每年都是"史上最难就业年"，但就像"一个萝卜一个坑"一样，绝大部分同学都能找到工作，找到称心如意的工作的同学也不在少数。所以当一些同学还在为了实习而寻找实习单位的时候，有一批同学已经落实了自己的就业单位，或是对着手上的几个offer不停比较、难以抉择。当然，也有不少同学表示，自己还没开始找工作，"先忙完毕业论文再说"成了他们还未有所行动的主要原因之一。

"结束"的确定、现实的不可控与未来的不确定，交相刺激着情绪的起伏和行动的实施。对于毕业生而言，该如何合理把握当下，方能有条不紊应对就业与必将到来的未来？

利用可利用的手段和资源，关注招聘信息，搭建个人的求职网络。招聘信息的获得渠道，除了招聘网站、学校的就业网以外，还有学校组织的宣讲会、招聘会。关注招聘信息，明确自己意向岗位的任职需要，对照个人条件，趁早查漏补缺。利用丰富的网络资源，获取自己需要的信息，也是一项必备的重要技能。

过硬的专业技能、与求职岗位相匹配的职业素养是求职过程中有力的优势。技能证书、实践经历等都能在一定程度上证明自己的能力。比如，有的企业明确有对英语能力的要求，那么英语专业八级证书或者口语相关的技能证书就显得尤为重要。求职也是一个从无到有、积少成多的学习过程。尽早做好求职准备，把握职场需求和要求，在简历制作、职场礼仪、面试技巧等方面早准备、早积累，必然能够从容不迫地应对求职过程中遇到的各种要求。

合理安排写作论文与实习的时间，利用实习的机会亲身体验职场、厘清职业迷思、明确自己的求职意向。尽管我们需要时间来适应社会和工作岗位，但也需要明确，时间很宝贵。如果抱着满足学校对实习的要求，为了实习而实习，那么很有可能会错过求职就业的黄金时间，无法尽快完成从大学生到职场人的过渡。

以积极主动的态度迎接就业，还需要适时调整个人的就业观念。就业过程中可能存在一些消极现象：因地域、薪资待遇问题而不愿意就业，想要"啃老"而放弃就业，等等。试想，如果能在毕业前找到一份自己中意的工作，再来一次无压力的毕业旅行，是否才算是为自己的大学画上更为圆满的句号？

所谓的结束，并不仅仅是结束，它永远孕育着一个新的开始。大学最后一课的结束孕育着大学最后阶段考试的开始；大学最后一考的结束孕育着无法回避的毕业论文；毕业论文写作、实习的结束孕育着毕业的到来。当我们清空宿舍、毕业离校时，意味着我们的大学就此结束。只是，这个结束又孕育着人生中又一个重大阶段的开始。

在大学毕业这个岔路口，有人选择继续求学深造，有人选择投身自主创业的大潮，有人选择寻一份安稳的工作，有人还在为找寻自己的目标而努力。我们对某件事的坚定信念会影响我们的意愿；我们的行为更能影响我们的意愿。不论选择哪一个方向，行动、坚持、相信、盼望并忍耐，总能看到希望。

坚持自己的初心，相信自己的付出。哪怕付出未能取得同等回报，相信并继续努力，即便不成功，哪怕不甘，也能无憾。

准备考研时也不要忽略了专业素养的培养

有一位准备考研的大三学生向我咨询考研的相关问题，问我有没有比较推荐的讲授专业课的名师视频。因为自己距离考研也有几年了，备考应考的思维一时难以跟上，对比当年自己跨专业备考全靠自学，一时也没能想到哪些比较靠谱的学习视频值得推荐。我当即给这位同学如下建议：你才大三，完全有时间多看一些与专业相关的其他书籍，拓宽自己的专业视野。

回答完这位同学的提问，想起此前走访寝室，看到几位备战考研的同学恰巧也在宿舍看书，书架上除了专业课复习书目以外，没有其他与专业相关的书籍或者课外读物。其他不考研的同学，桌上的书除了教科书以外，基本上没有其他书籍。

有人说"大四不考研，天天像过年"。不考研的同学在逍遥自在的时候，考研的同学正在埋首苦读。我在暑假时到考研教室转了几次，一摞摞厚重的政治、数学、专业课的书本后面，都深埋着一颗巴不得把所有书本上的知识点塞进去的脑袋。在这备考最关键的时刻，书桌上堆放的自然全是考研指定的或者相关的参考书。

前段时间，在杭商院助力考研备考的辅导班上，金老师进行了微积分的专题辅导。金老师对参加辅导的学生提了几点建议，其中之一是希望同学们不要以考上研究生为最终目的，应将眼光放得更长远。当时听到这几句话，我深以为然。

现在考研辅导班的广告铺天盖地，不仅为考研学子量身定制复习计划，且富有"煽动性"，让人在选择困难的同时，也激发了考研学子非名校不考、报个辅导班就能考上的自信心。在备考时间如此紧张的情况下，辅导班也好，网课也好，都大大提高了同学们复习备考的效率，至少在一定程度上确保掌握研究生笔试的知识点。

但是，考研到底考什么？研究生阶段的学习和考研备考有什么关系？在近两年考研大军日益庞大的形势下，越来越多的同学在投入考研大军的同时，也加入了考研报班的行列。但是我有一个切身的感受，那就是，考研并不只是半年、数月的备考过程，而是一个需要通过两年、三年甚至整个大学期间的专业积累和扩展来夯实专业基础、扩充专业视野、培养研究思维和能力的过程。这仅仅靠看几本专业备考参考书、多看几个权威专家网课视频是不能够完成的。

此前和陈老师谈起学生教育，提及 2018 年 6 月我国教育部在四川成都召开的新时代全国高等学校本科教育工作会议中提到的坚持"以本为本"，推进"四个回归"的内容。陈老师指出："所谓'以本为本'，就是建构主义教学观。"建构主义教学观？这是什么提法？我在大脑中飞速搜索，然而，尽管与陈老师同为心理学专业，但他说的这个理论在我的知识储备中并不能第一时间就搜索到。后来陈老师为我详细讲解，还大概罗列了教育心理学的理论框架。我自叹不如。

有同学可能会奇怪，这个事情和这篇文章的主题有什么关系？尽管我和陈老师学的都是心理学专业，但是我本硕专业不一致，陈老师本硕专业一致。他在本科专业学习之余，涉猎了许多与专业相关甚至关系不大的书，大大充实了自己的基础。而我尽管靠自学通过考试，但是专业基础有很大的局限性。心理学综合考教育心理学、发展心理学、实验心理学、统计与测量等。我仅仅翻来覆去地学习了备考的几本参考书，虽然也顺利考上了研究生，但是后期当我们要开展毕业论文实验设计、实验数据搜集统计分析等的时候，我一筹莫展。陈老师能够信手拈来的、一点即有联想的理论，我差不多都还给书本了。归根结底，是我看的书太少，专业研究能力较薄弱。

提到近期遇到的这些事例，无非是想向大一、大二、大三打算考研的同学们发出一个善意的提醒：仅仅抱着要考上研究生的心态，却缺乏专业素养的培养，难以在读研和学习这条路上走得更远。大四的同学这会儿肯定忙着紧张校正自己的复习进度，但是对于大三乃至大二、大一的同学们来说，完全还有时间。从现在开始行动，为时不晚。

职此启航，"简"历不简单

毕业院校、学历是求职应聘的敲门砖。当我们在应聘时，这些信息是以个人简历的形式呈现给招聘企业的。一份精准、个性化的简历能够增加进入面试的可能性，提高求职的成功率。为了让同学们提前做好就业准备，我们面向2019级金融专升本的两个班级开展了第二届"职此启航"简历制作大赛。

比赛期间，通过交流发现，同学们在制作简历时存在以下两种情况：一种是没有内容可写，无处下笔，感慨"我可能上了一个假大学"；一种是可写内容很多，难以取舍，不知道该往简历里放哪些内容。

简历是什么？简单来讲，简历就是一张A4纸。通过这张纸，我们对自己的学习、工作经历进行总结：到过哪里，做过什么事情，做得如何。招聘人员可以根据这张纸上的信息形成一个初步的判断：这是一个什么样的人，以及未来可能会成为一个什么样的人。所以这张纸的分量比我们想象的要重很多。

通过这次简历制作大赛，我们发现，同学们在制作简历时存在几个比较普遍的问题。

首先，一个模板走天下。丰富的网络资源为我们制作简历带来了便利，但也带来了问题。为了省事，我们从网上随意下载一个模板，再把个人信息填进去，速度快、操作简单。但模板千篇一律，最后形成的可能是一份没有灵魂的简历。

其次，没有凸显个人优势。简历内容仅仅是个人经历的简单罗列，甚至杂糅，与意向岗位要求不匹配，没有很好地突出个人的优势。就好像人家想要一个苹果，你非得给人家一车香梨，招聘人员在一堆应聘者中看不到你区别于他人的核心竞争力——不对味儿，难以入眼。

最后，细节处经不起推敲。文字表述不严谨、口语化，比如"学习过 Excel 和 ERP 的课程，会简单操作它们"。还会出现错别字、标点使用不当、字体不统一、行间距过宽或过窄、整体排版不够美观等问题。这些细节问题会给简历减分，从而可能让你失去一次绝好的机会。

在简历制作上，我们只有对症下药，才能制作出一份高质量的简历。

明确简历的作用

简历最关键的作用在于帮助提高求职的成功率，所以在简历上呈现的信息要能够在最短时间内吸引招聘人员，让他们迅速、准确地判断出我们适合应聘的岗位。

"量体裁衣"

求职季，我们往往会采取广撒网的简历投递方式，不管能不能中，先投了再说。但是为了提高简历的命中率，当我们应聘不同单位时，要根据招聘单位的特点和实际需求制作简历，靠着一份简历或者一份模板走天下，虽然省事，但很可能误事。首先要在内容上实事求是地提供符合招聘单位要求的信息。由于篇幅有限，如果实习实践经历、获奖证书、资格证书很多，可以挑选含金量高、与岗位要求最匹配、最能体现个人核心竞争力的内容体现在简历中。在文字表达上，要求言简意赅、重点突出，能够涵盖招聘信息所涉及的几个关键词。同时，我们不仅要关注用人单位的显性需求（就是在招聘启事中明确罗列出来的），还要关注它的隐性需求，比如公司内部的组织结构、管理制度、企业文化和价值观。这些信息可以帮助我们明确自己是否适合这个岗位，也可以让我们的简历更加契合企业的需求。

摆事实、列数据

有同学表示，在制作简历的过程中抓不住重点，总想着把什么东西都写在里面。但实际上，要在一张 A4 纸上罗列出自己所有的成绩和做过的事情非常困难，简历上的东西并不是写得越多就越好。在"量体裁衣"的基础上，我们明确了企业的招聘要求以后，需要做的就是用一张纸的内容说服招聘人员：我就是你们要找的人。所以，简历的重点在于写清楚你做了什么，以及你做得很好。精练地列出你做的事情，用数据来说话，更有说服力，也能让人印象深刻。比如要说明自己的组织协调能力很强，那么组织过几场大型活动，活动的规模、参与人数、影响力、媒体报道情况等数据都可以成为强有力的证明。

细节决定成败

一份好的简历必定是花了心思的。从版式到一个标点符号的细节都能说明有没有用心制作简历。有无错别字、标点符号使用是否正确、字体大小是否合适、间距是否合理等细节能够帮助招聘人员判断这份简历的主人是一个什么样的人。这些细节同样需要我们重视。

丰富经历，"成就"简历

经过这次比赛，有同学流露出"悔不当初"的神态及时不我待的紧迫感。因为在做简历的时候才发现，自己好像没有东西可以去填充简历，更不用说根据用人单位的要求来优化自己的简历。这也是每年毕业季从部分同学口中听到的感慨：后悔自己没有把握住大学的时间，去实践、去经历，让自己的简历能够更加充实和厚重。但好在，这些同学都表示自己将在接下去的时间里认真为毕业就业做准备。

帮助同学们调整状态，对标职场要求，尽早做好就业准备，这是本次比赛除了让同学们掌握简历制作的技巧、决出奖项之外最大的意义。

✎ 毕业论文答辩也是一次学习机会

　　我带的毕业班学生结束了大学最后一门课程考试。除了因省考等特殊原因申请了缓考的同学以外，绝大部分同学自此彻底与大学的考试告别。不再有复习备考的焦灼、彻夜苦战的煎熬，瞬间感觉自己如释重负。许多同学也以大吃一顿、通宵休闲等方式轰轰烈烈地来了一场"大学已结束"的告别仪式。

　　大学就此结束了吗？当然不是。课程考试结束仅仅代表大学学业考核的一个重要环节已经结束，并不意味着大学这段旅程的终结。除了课程考试以外，在六月毕业离校之前，同学们还有许多事情需要完成，比如毕业论文。

　　毕业论文答辩对于毕业班的同学们来说十分重要，不仅因为这是一门必修的课程，还因为这是一次很好的学习机会。在毕业论文答辩进行过程中，我走过几个答辩教室，与等候在答辩场外的同学们做了一些交流。他们诉说着自己的紧张、焦虑和惴惴不安。一边说，一边还在反复翻看手上拿着的论文。一位被安排在下午答辩的同学也早早就等候在了答辩教室，只因为想提前来学习，听一听老师会怎么提问、同学们会怎么回答，好让自己心里有点底。一位已在工作岗位上的同学也匆忙返校，正站在答辩教室外认真查看自己的毕业论文。一位同学到办公室领三方协议。因为论文选题做了调整，她没有参加今天的一辩。她觉得自己在论文写作这件事情上也做了很多的努力，但是结果不尽如人意，加上持续接收到否定的反馈，她看起来有一些忧心忡忡。她说："我真的已经不知道应该如何去和老师沟通交流了。"她的眼神里没有笃定，倒是有几分恐惧。

我的研究生毕业论文答辩在九年前落幕，也差不多是在这样的时间。因为时日久远，我的记忆中有关论文写作痛苦的部分基本已经消除，但答辩前紧张的感觉现在还能想起来一些。尽管如此，"写论文啊，也就那样，认真写就行，总能写出来"——这就是我现在唯一能够用语言表达的感受了。然而，对于正处于"水深火热"的同学们而言，这样的安慰或者说开导并不能宽慰多少，反而有可能起反作用：这就是典型的站着说话不腰疼。

也曾有人疑惑：为何现在大家的心理如此脆弱，连迈过毕业论文这道坎都显得有些困难？实则这不是心理坚强还是脆弱的区分，而是有无经验的区分。我们常说没有相同经历的人，很难真正做到感同身受。但即便有相同的经历，比如因论文不合格而延期毕业，由于每个人的心理承受能力、关注点等有所不同，每个人的感受也是独一无二的。

在写论文这件事情上也是一样的。对于需要迈过论文大关的同学们来说，因为从未经历过，没有经验，一切从零开始，对于不确定和未知心怀忧虑、恐惧，是正常的。而对这种不确定的恐惧程度因人而异。当然，探究这背后的因人而异并不是我们讨论的重点，如何在没有经验的前提下，更好地做好准备来应对和处理此类问题，才是我们首先需要思考的。

知道把自己的控制力落在哪里

控制力为什么重要？因为我们的许多负面情绪就来自我们失去了对一些人、事的掌控能力。简单地说，就是事情超出了我们的能力范围，以至于暂时不能解决。当然，未知和不确定也是影响控制力的重要因素。在问题解决上，因为存在不确定，所以许多东西都是我们所不能掌控的。但从另一个角度来说，我们所能够掌控的一些东西与我们预期的结果有一定的关联。在写毕业论文这件事情上，我们能够掌控的东西是什么？主要集中在我们的主动性上。比如，在知晓论文重要性的前提下，思想上尽早重视，提前培养自己的论文写作思维和能力；学会最基本的文献查阅方法，知道去哪里找到最新的研究进展，学习如何去获取最新的数据资源和相应的统计分析方法……在这一步上，我们需要做的就是把握自己能掌控的。但我们对人，尤其是对自己控制力的失去并不是在问题出现时才发生的。问题发生的源头在于，我们没有在能够掌控自己的时候去尝试和努力。这也是为什么，尽管毕业论文是所有同学毕业前的必经关卡，但仍然有许多同学视之为洪水猛兽，在其面前焦头烂额。因此，对于还没有进入毕业年级的同学们而言，需要自由地调配自己的控制力，尽早为可能出现的困难做准备；对于毕业班的同学们而言，做现在这个阶段能做的，认真写作、修改，及时沟通交流，不让自己重又进入下一轮失控的状态。要知道，我们都是成年人，从进入大学的那一刻开始，就已经进入了需要充分发挥自己的主动性去做事情的角色。

知道把自己的注意力放在哪里

凡事都有轻重缓急，所以我们更倾向于把注意力和精力更多地投入到紧急的事情上，并因此忽略了那些重要且不紧急的事情。论文重要吗？重要。对于大一的同学们来说，写毕业论文这件事情紧急吗？不紧急。但是对于大四的同学们来说，毕业论文是紧急且重要的。但是因为大学的前三年并没有将注意力放在当时重要但不那么紧急的事情上，在紧急关头才发现，自己能够调动的资源（尤其是需要长期积累的写作、研究能力等）是十分有限的。所以，从现在开始要把注意力同时放在那些重要但不紧急的事情上。比如接下去是实习阶段，一些同学还在等待考研成绩出来，而实习又是必修课程，没有达到要求也会影响毕业，所以也是非常重要的。此外，我们还要更多地聚焦于过程。我们往往因为过于担心结果，而把大部分注意力都集中在结果上，却忘记了（努力、实践）过程的断裂会直接影响结果的收获。这个过程又牵扯到许多因素，比如个人时间分配的能力、个人挖掘资源和利用资源的能力，当然也包括了调整进度以匹配目标的能力。2020 年 12 月，教育部印发了《本科毕业论文（设计）抽检办法（试行）》，其中明确"本科毕业论文抽检每年进行一次，抽检对象为上一学年度授予学士学位的论文，抽检比例原则上应不低于 2%"。看到这里，不知道同学们现在是否已经明确自己目前的注意力放在了哪里，未来又该放在哪里？

知道自己的热爱在哪里

我们要做的事情可以分为以下几类：喜欢做的，不喜欢做但是不得不做的，喜欢做恰好与不得不做相契合的。目前在做的许多事情属于我们不喜欢，但是不得不做的。因为不够热爱，所以首先会在心理上抵触；又因为没有经验，盲目听取他人经验，缺少自己的分析判断和进一步的尝试，从抵触到恐惧的心理转换也就十分顺畅了。要破解这一点，首先要找到自己所热爱的东西，找到自己对于个人成长的愿景——希望未来能够成为一个什么样的人。如果我们正在做的事情恰好就是我们热爱的事情，那么我们是很幸运的；如果我们正在做的事情不是我们所热爱的，那么只能说明我们还在奔向热爱的路上，总有一天会抵达。

所以我告诉那位因为没能参加论文一辩而沮丧的同学：因为缺少这方面的经验，你现在所表现出来的情绪状态都是正常的。有了这一次的经历和体验以后，你会发现自己具备了解决类似问题的思维和经验。对于你而言，虽然已经临近毕业，但是当前最需要的仍然是保持学习状态和学习过程，现在距离收获你的学习成果还需要一段时间，所以保持耐心、尽力、努力，你总会走过这段路程的。

主动积极的尝试是战胜就业问题的有力武器

专升本的同学们就要毕业了。那天我正在办公室里忙碌，有一位同学来交材料。他突然说："老师，我拿到 offer 了。"尽管看起来淡定，但还是有掩不住的喜悦。

"真的吗？"我开心得似乎有些浮夸，连声音都高了八度，"这真的是我今天听到的最好的消息了呢。"这是专升本班第一个拿到 offer 的同学。

最近他们都在忙着准备期末考试，对于不考研的同学来说，这也许是求学生涯的最后一次考试。因为考试结束后，他们将离校去实习。但是，有的同学放弃了很多招聘会，或者还没有将实习就业提上议事日程。

限于新校区第二年毕业生的人数，只有两家公司到学校做宣讲。开始在班级中宣传的时候，回应的同学很少，但是后来私下联系我的又多了起来。所以宣讲会的实际情况比我预想的要好。尽管如此，问题却一个接着一个地暴露出来。

一位同学联系我，问我有没有比较好的简历模板。他虽然之前也制作过简历，但因为不够好，所以被打回去了。现在经人提醒，发现再不做简历就真的要来不及了。我说我没有，接着问他为什么不自己在网上找找或者找有经验的同学帮忙设计一个。我们来来回回在 QQ 上问答，后来在我的建议下简历似乎有了一个样子，但是到最后一刻他告诉我，他发现简历的内容无法全部在一页纸上显示。我让他发过来看看，然后发现没有调页边距，调整以后这个问题就解决了。原来，这位同学不会或者没有尝试页边距的调整。

一位同学联系我，问我去参加招聘会是不是要把信息报给我。我问她报名时间早就过了，为什么现在才联系我。这位同学回答，因为刚看到参加招聘会的企业目录。而这个企业目录在前几天发的通知里也有，这位同学报名晚的原因只是因为当时没有打开链接细看内容，不清楚具体企业信息。我到班里去介绍企业信息，鼓励同学们在求职就业时把眼光放得更长远，更加看重公司的平台和个人的发展前景。他们却像是已经在社会上摸爬滚打了多年一样，谈笑间就把这种说法认定为"套路"。

在整理同学们上交的就业推荐表时发现，尽管之前发的通知里再三强调成绩单单页不需要自行打印。但是不整理不知道，一整理吓一跳：我抽出了厚厚一沓的成绩单。我看着一堆整理之后被扔在地上还未来得及回收的成绩单，只觉得自己的心绪也和这些纸张一样凌乱不堪。

不会简单的 Office 操作，不主动关注对自己而言或许非常重要的信息，做事不看要点和要求……这些好像都不是大问题，因为最后，我们还是能如愿获得符合自己意愿的东西：简历做好了，招聘会也还是能去，不会单纯因为老师动员的话就改变自己的观念，推荐表里多出来的成绩单抽出来扔掉就是了……这似乎和"有付出才有收获"的说法相悖，付出的多少和质量高低似乎对最终结果的影响不是很大。

所以我们不由得要问，到底是哪里出了问题？是我们育人不够耐心，是我们通知不够到位，还是讲解不够清楚？好像都不是。原来在这整个过程中，一直在强调的是"我们"，一直被强调的是"我们"，一直在考虑问题症结的还是"我们"。那些不按常理出牌的人从未或者很少考虑过，"我们""我"至少是一个事件主体，也可能是一个结果的原因，还可能是个人命运的主宰。

有一次带学生前往企业实地交流。他们有了近距离与企业招聘人员交流互动的机会，这样的机会非常难得。正是通过这样的互动，我发现了这些学生平时没有被发现的优点，也看到了他们在未来就业中的短板。公司的招聘人员结合自己的经历告诉同学们求职就业中需要注意的一些问题。交流结束的时候已经是晚上九点多，这位招聘人员还没有吃晚饭。除了表示感谢以外，我也表示了歉意，毕竟当天是周五，按理他们下班就可以直接回家。招聘人员笑着对大家说，这种工作状态在他们那里是常态，每天工作十几个小时也是小意思。我不由得又想起同学们抱怨在学校睡眠时间少、课程学习难、要求太多。也许，是时候让更多的同学走出校园，走进社会，亲身体验了。

专升本的同学们因为有专科阶段的实习、实践经历，所以比其他从未步入社会的同学更加淡定，也更清楚社会现实。我在操场上遇到两个专升本的同学，又停下来聊了一会。我们的聊天内容从生活日常直奔就业实习的主题，所以也提到了面试。其中一位同学表示，招聘人员在面试时问的问题非常细，比如你说你 Office 操作得很好，对方就会问你有多好，具体表现在哪里。还有的企业在面试的时候会询问在校期间的成绩排名，如果排名是倒数，那么也许意味着无缘企业后续的面试安排了。当我们在自己的简历上填写下每一项内容的时候，不妨都先思量：我真的具备这些能力吗？对于还未面临毕业的同学们而言，如果答案是否定的，或者觉得自己并没有多少东西能填在简历里，从现在开始恶补会太晚吗？理论上来说是不会的，因为"机会总是留给有准备的人"。而能准备多少、准备到什么程度，取决于实际行动而不是理论水平。

解惑，

如月皎洁

✎ "老师，太垃圾了"

"太垃圾了。"一位同学如是说。

"什么太垃圾了？"我问。

"就是没有去考证，没有做一些自己能做也应该做的事情。"他回答我。

我约了这位同学面谈，他原本认为"能谈什么呢"，我以为他不会赴约，最后他来找了我。我们从这个"垃圾"说法入手，谈到了他的学业、对未来的规划及一直以来无欲无求的状态。自高考失利后，这位同学一直在"混日子"。大学阶段既没有考与专业相关的证书，也没有参加什么实践活动。如今面临毕业找工作，求职简历还没有做，却发现自己没有什么有质量的东西能够写在简历里。

"高考失利是一件事情，但你似乎因为一次失败就给自己贴上了'失败者'的标签？"我问他。

"我一直处于一种自我怀疑和自我否定的状态。"他犹豫着回答我的问题。

谈到这里，我想我们可能找到关于"垃圾"说法的症结了：如何看待失败？如何看待失败中能力的成长？我想这两个问题对他目前的状态有着重要的影响。

我们如何看待失败？对于许多同学而言，高考发挥失常或者没能考上自己理想中的大学，就会被其定义为"失败"——不符合家长的期望，也没能达到自我的要求。这样一次"失败"的行为成了一张永久性的"失败"标签，被明明白白地贴在了自己的身上：我是一个"失败者"。当然，另一些遭遇高考失利的同学却给了这场"失败"不一样的定义，并以此为新的开始，奋发向上。为何同样是高考失利，在不同人的眼中却有不同的定义，并因此产生不同的行为？

美国心理学家艾利斯（Ellis）的情绪 ABC 理论认为，我们产生不合理的情绪，根源并不在于发生的事件本身，而在于我们对这件事的认知。如果我们因为一次失败行为就定义自己无能，是一个失败者，就会产生压抑、焦虑等负面情绪，进而对后续的行为产生消极影响，比如怨天尤人、自暴自弃，同时也会对自我认知、自我效能感产生消极影响，如自我怀疑。事实是，个体对某件事情的信念会影响他的方方面面，并对其学习、工作和生活产生非常重要的激励或抑制作用。如果我们对失败有积极、正向、合理的认知，那么我们的情绪及行为也会随之被引导至积极的方向。

我们如何看待失败中能力的成长？因为我们对失败存在不合理的认知，所以平时我们的行为倾向于回避失败。因为担心别人的眼光、评价，我们可能会选择做一些不超出自己能力范围的事情。我们的能力水平如何？我们身上发生的一些事情就成了非常直接的衡量标准。我们根据事情结果的好坏，比如失败或者成功来判断自己的能力高低，就好像"一考定终身"一般，以"一事定能力"。

思维模式是一种认知加工偏向，也是一种强有力的信念，直接影响我们看待事情和问题的角度，与前面所提到的对个人能力的认知密切相关。美国心理学家卡罗尔·德韦克（Carol Dweck）在《终身成长》一书中介绍了两种思维模式：固定型思维模式和成长型思维模式。害怕失败、回避失败，希望一切尽在掌握中，对于超出自己能力的困难和问题倾向于选择回避，属于固定型思维模式；积极面对挑战，重视每一次失败，相信即使失败也能带给自己成长，属于成长型思维模式。这两种思维模式是我们应对成功与失败以及面对成绩和挑战时的两种截然不同的心理状态。

因为高考失利，从此一蹶不振、回避挑战……这属于固定型思维模式。其中，我们失去了学习的热情，在面对压力时也没有足够的能力去应对。但高考真的是"一事定能力"了吗？卡罗尔·德韦克给出了她的建议：了解自己的思维模式，尽可能培养成长型思维模式，我们会发现，人的能力并非一成不变，而是可以培养和发展的。所以是时候抛弃掉那些"我不能让自己太难堪""我不能让自己太窘迫"的想法，去做一些自己想做、相信自己能做，并且能够开心地去做的事情。我们的能力，也需要在失败中成长和发展。

与曾经的"垃圾"说再见。与我面谈的这位同学在很长一段时间以来对自己所处的状态认识得很清楚，一直处于自我怀疑和否定之中，以至于用"垃圾"二字来定义自己。但是他没有行动，也没有找到改变的动力。这位同学把之前的一直"不作为"归因于自己"懒"。在"懒"的背后既有对失败的不正确的认知，也有对个人能力的不自信。当然，还有找不到所做之事的价值和意义的原因。

很多时候，我们都在强调成长，但成长并不局限于我们面对绝境和困境时能转危为安、反败为胜，更多地指我们在亲历失败等生活事件时，能够从中汲取的经验以及从中形成的对自我的认知。所以在我们比较匆忙的谈话中，我给这位同学提了两个小建议：重新明确自己对失败和能力的看法；少想多做，现在就开始行动。

当然，这位同学目前已经踏实地踏出了改变的第一步：尽管还没有做好简历，但他已经在认真准备技能证书的考试，希望能给自己的能力增加一些可视的分量；他结合自己的性格特点，已经基本明确了未来的就业方向，希望能够在学习中改变和提升自己。相信通过实际行动和认知的调整，这位同学能够慢慢发掘自己的能力，实现思维和能力的成长，并对曾经的"垃圾"说再见。

✏️ "老师，我觉得我没有存在感"

"老师，我觉得自己在班级中没有什么存在感……"开学半月有余，一位同学向我说出了自己的心声。原来，由于没有发挥好所在岗位的作用，他感觉自己的存在似乎可有可无。通过仔细观察，我们发现了导致这个现状的一些原因：个人工作职责不明确、考虑问题没有走在同学们的需求前面、事到临头才作为一个执行者去通知或者组织、主动性相对欠缺。

如何才能有存在感？当我们处于集体中时，不论是否有职务，都可能要面对这样一个灵魂拷问。要回答好这个问题，我们首先需要明确到底什么是存在感。

"存在感"只有三个字，却有两层意思，一是"存在"，二是"感"。"存在"是个体在某个集体中占据的一定位置，是实际的职位，也是个人言行和工作表现获得他人认可的一种表现形式；"感"指的是我们判断自己在某个集体中是否获得他人认可、有一定位置的一种主观心理体验。我们的学习、生活和工作都无法脱离集体而独立存在。所以当我们想要明确自己的存在感时，更多是将自己放置在某个集体中，寻求自己在这个集体中的一个相对位置。

我们可能在某些场合因为个人的一些言行举止给他人留下了第一印

象，随着后续的一些交往和互动，这种第一印象被强化，我们的能力、专长和兴趣等逐渐被他人所了解，并且得到认可。这种了解和认可又通过互动或者信息交换反馈给我们，帮助我们更好地认知自我、能力及外在环境。其中，如果缺失因交流所产生的信息交互环节，那么存在感的产生将受到阻碍。

了解存在感是什么，还要清楚自己想要什么样的存在感。我们平时想要的存在感，更多的是一种被需要、被认可的感觉。

作为班干部，我们希望同学们有事情能够第一时间向自己寻求帮助，自己能履行好班干部的职责；作为班级一员，我们希望其他同学能够记住有我们的存在，最好还能对我们的兴趣、特长了解一二，当班级中需要成员贡献自己力量时，或提到某个项目时，能想到我们，就是一种极大的存在感；作为学生组织的成员，我们希望自己能够参与到一些重大项目中，而不仅仅是做一些边缘化、细枝末节的小事，最好是能够参与到能发挥我们才能的工作中；作为某场活动的组织者和策划者，我们希望自己对活动的付出能够得到认可，并且在我们需要反馈的时候，能得到及时的反馈……

但是存在感具有极大的延展性。我们不仅需要关注存在感主观体验本身，还需要关注能够引发和产生存在感的个人行为。要处理好体验和行为的关系，就要明确如何运用存在感。存在感能够帮助我们更好地进行自我感知。我们对自己存在感的感知，往往会延伸到他人对我们的看法。比如，我们判断自己在班级中的存在感的依据往往是其他同学和我们交往时候的行为表现及言语，我们也可能简单地以自己和班级同学相处关系的亲疏远近作为判断的唯一依据，因为这些更加直观。

为何在同一个班集体中，班级同学的关系会有所不同，每个人体验到的存在感程度也有所不同？我们可以回顾一下身边那些自己认为特别有存在感的个体特征。在一个集体中存在感较强的个体往往存在一些共性特征。比如，较为活跃，和同学之间交流较多，具备某方面的专长，学业、文体能力表现及个人品格等为他人所称道；还有一些个体因为某次契机展现了自己未曾展现的某项能力，带给大家颠覆性的认知。

现在，我们回到最开始那位同学提出的问题：发现自己没有什么存在感，应该怎么办？如何提升自己的存在感是许多同学在实际工作与生活中会面临的问题。

在朋友圈里发表动态、在群里"斗图"、在人群中谈话时说个笑话引来哄堂大笑等是我们在生活中可能会使用的一些"刷"存在感的方法。但要提升存在感，有两项非常重要的基础条件：一项是清楚的自我认知，它可以帮助我们明确自己的优势和劣势、平衡好自己的强硬和脆弱，及时调整因存在感不足而产生的一些负面情绪；另一项是信任，这个信任有自己对自己的信任，也有他人对自己的信任，他人的信任帮助我们获得更多存在感。平时，我们倾向于和自己喜欢、信任的人共事，在沟通交流中产生连接、建立信任，收获对方更多的关注。当然，只有他人认为我们可信又可靠时，信任才会产生。创造和维持信任不仅需要有清楚的自我定位，还需具备能让他人信任的能力和品质。

在自我认知和信任的基础上，还需要树立一种意识：存在感不是凭空产生的，而是可以培养的。存在感的培养需要我们时刻保持开放和学习的心态。开放的心态帮助我们更好地接纳自己的劣势、扬长避短，同时帮助我们更好地接纳他人，包括他人的意见、评价，更好地与他人进行沟通与交流。学习的心态则帮助我们时刻保持前行的动力，逐渐培养出色的工作能力、更加优秀的品质，并为自己创造更多的可能性。

为了帮助同学们在提升存在感的道路上少走弯路，我们提供以下几条建议。

正确认识自己的优势和劣势，积极接纳自己。

关注但不囿于自己的存在感体验，多关注那些会影响存在感的外在行为因素以及自己的真实需要。

始终保持开放和学习的态度。

克服恐惧、勇于尝试，为自己争取更多的机会。我们往往在恐惧和焦虑的情绪中畏首畏尾，与许多好机会失之交臂。

坚持做一件能够让自己有存在感的事情，比如写作、阅读、学习英语……

✎ "我觉得大学生活挺无聊的"

一位同学问我:"老师,我觉得大学生活挺无聊的,怎么办?"

"无聊?"我脑子一激灵,这不就是十几年前我对自己说的话吗?

许多人都觉得,大学对于新生而言应该充满了未知与惊喜,等待着他们去开发和挖掘。而十几年前的我似乎非常淡定地接受了一个全新的环境,没有雀跃、没有好奇,似乎一切都只是被推着往前走。

大学时,我基本没有参加过学生活动、不爱说话、在班级中也不活跃,基本属于可能会被遗忘的那一类。这样的情况在大一快要结束的时候被终止了。大一学期末的某个下午,在教室里独自复习语法准备期末考试的我,就像是开窍了一般,突然觉得我的生活不应该这样。于是竞选班委、参加组织、参加活动、参加艺术团,体育课选了喜欢的拉丁操……我重新规划自己的大学生活以及学业目标,生活开始变得忙碌、充实。

所以,在听到"无聊"俩字的时候,大学生活就像放电影一样在我的脑海中重新过了一遍,也激起了我想聊聊"无聊"的念头。

"无聊"这个词语一直频频出现在人们的口中。生活中有不少让人觉得无聊的人和事,比如沉闷的聚会、流于形式的活动等,都可以让人感受到一种无所事事、想做点什么但又动弹不得的无聊感。因为无聊出没于我们生活中的角角落落，所以我们又觉得无聊似乎并无大碍。但有研究显示，相较于感觉充实者，无聊感强烈的个体因心脏病或中风致死的可能性高出 2.5 倍。

大学生因无聊产生的问题更多体现在迷失自我、经常感到焦虑而无所适从、体验不到生命的意义上。无聊不仅与大学生诸如吸烟、嗜酒、赌博等问题行为相关，而且还可能伴随着焦虑、抑郁、孤独等消极情绪体验，同时也会对学业成绩产生消极影响，使大学生在学业方面产生更多冲动或拖延的行为。

在无聊产生以后，有的同学对人际、课堂、活动等显得异常漠然，处于一种事不关己高高挂起的状态，同时选择沉迷于网络、游戏、电视剧、酒精等方式来排遣无聊。尽管在这些行为中和行为后，无聊感被暂时削弱，但一切过后，人的内心却愈加空虚和无聊，由此不得不寻求更强烈的刺激来排解加剧的无聊，形成恶性循环。

生活如此斑斓，为何还会无聊？无聊产生的原因既包括外部环境因素，也包括内在主观因素。如果外在环境刺激足够新颖，而且能让个体对于掌控局面、完成任务产生足够自信，那么个体就会较少体验到无聊感。但是另一方面，个体对于外在环境的认识主要通过内部认识来实现，因此一旦个体内部对一切外部刺激都漠然无感，就可能产生无聊感。同时，个体的需求与能力等内在条件是无聊感产生的关键。当个体觉察到自身需求无法得到满足或自己的能力不足而无法实现目标时，那么他们很有可能因此心灰意冷、茫然无措、百无聊赖。

鉴于无聊并非无伤大雅的小事，那么我们应该如何积极应对无聊所带来的消极影响，更少地体验到无聊感？如果你的工作环境让你觉得无聊，那么不妨考虑换一个新的工作环境或者换一种工作方式；如果规律、单调的生活方式让你觉得无聊，那么可以调整自己的生活方式；也可以根据个人能力情况，重新设定目标，培养一些新的兴趣爱好，接触更多不同的人群、学习新的知识技能、尝试新鲜的事物……当个体通过自我调节将自己的注意力、兴趣点从外部环境转为内在世界，并从中挖掘从而获得人生的意义时，就更容易摆脱无聊的束缚。同时，专注于投入，并积极在活动和实践中寻求自我的价值，热爱自己的生活、学习和工作，往往能在一定程度上有效降低我们的无聊倾向性。一旦个体对自身的工作和状态缺乏足够的认同、缺少自我存在感，那么即便再丰厚的物质回报和精神嘉奖都无法真正激发起积极进取的潜意识和原动力。

在已过去的三十几年生命中，我并没有时时目标明确、分分钟干劲十足，无聊感在八年前走出研究生入学考试的考场时，一度达到顶峰。我参加的研究生入学考试有三场，考一天半。考完最后一场的专业课后，我一个人离开考场，到学校图书馆取回了放在自习室里的复习用书，走回宿舍的路上，突然觉得身体很空，轻飘飘地像是要飘起来。慢慢悠悠晃了一路，到宿舍楼下的时候似乎清醒了一些：在经历了一段有规律、目标明确的备考生活以后，考试结束也就意味着失去了目标，至于下一个阶段要做什么，还没有被提上日程，所以内心觉得很空洞，生活似乎变得乏味和无趣。室友早就回家了，我开始整理回家的东西，花了三天的时间，也不知道到底整理了一些什么。但就是在这三天里，我突然想明白了自己后续应该做什么。比如：回家以后不停歇，闭门三天写完论文初稿；看几天书，准备三月份的英语专业八级考试；关注一些研究生考试论坛的复试经验；等等。也就是在经历了那无聊感到达顶峰的三天后，我又重新为自己的未来做了新的计划和准备。

无聊状态不少见。当你无聊时，它可以成为你沉沦的借口，但也可以给予你时间总结和反思过去，找到工作与生活中的价值和意义，并让你做好准备为新的征程整装待发。或许我们也可以说，当无聊感出现，我们不再是被动接受而是积极应对时，我们应该已做好准备，继续前行。

挫折面前，大可不必惊慌

正是新生报到和老生开学的日子，校园里的气氛逐渐热闹了起来。虽然年年都会有一批对大学和未来满怀憧憬与期待的学生进校，但这种由新鲜血液和许多不确定带来的焦虑依然无法抚平。这焦虑竟还扩散到了身在家而心在校的 Z 同学。

Z 同学是一名班干部，做事认真，也很有进取心，将一位能干的学姐作为自己的榜样，但认为自己与榜样之间的差距无法跨越。Z 同学还有一大特点就是情感比较细腻，同时也有一点不足：做事容易犹疑不决。

与他交流后，我得知 Z 同学的焦虑、失落和气馁，源自得知自己没有应聘上班助。这完全不符合平日里 Z 同学给我的印象。我当时并不想按照常理出牌，给他春风化雨般的安慰，只想回以秋风扫落叶般的决绝。因为 Z 同学向我描述自己接到落选消息时的状态是这么说的："结果也没法改变，就是有一种出生以来从没有经历过的崩溃感，知道这一结果的时候直接坐地上了。"

"至于吗"三个大字在我内心缓缓飘过。不过考虑到 Z 同学当时肯定什么也听不进去，我也不多说，让他缓缓，打算过两天再找他聊聊。谁知道前后不到八分钟，Z 同学又告诉我，原来他应聘上了，只是因为手机欠费，接收不到通知才误以为自己落选。

平日里接触的学生多了，就会发现一些在我们看来很细小的事情都可能成为他们哭天抹泪、悲痛欲绝的起因。我一度以为是因为自己年纪大了，没有精力去宣泄。但是事后一想，其实问题没有这么简单。之所以我现在能站着说话不腰疼似的轻描淡写，完全是因为他们目前所经历的阶段我曾经经历或者见证过而已。我只是比他们更加懂得，当遇到困难和挫折时应该如何应对和处理，包括如何管理好自己的情绪。

什么叫挫折？挫折就是我们想要某种东西或者想实现某个目标，但是经过一番尝试和努力后，受限于主客观条件，想要的东西没得到，想实现的目标没有实现，从而体验到了沮丧、焦虑、无奈等种种消极的情绪，进而表现出破罐子破摔等消极的行为。

那么挫折是如何产生的？我们给自己预设的目标或者需求是挫折产生的基础条件。为了达到目标，我们通过各种途径和方式去行事，而现实中的一些主客观条件制约我们实现目标，这种障碍就像路障一样突然横在眼前，然后我们感知到了目标无法实现以及因目标无法实现而产生的焦虑、挫败感。

Z 同学对于个人能力的认知是比较充分的，他从我这边获取到的也是对他个人能力与班助岗位相匹配的认可信息，所以他最初对自己能应聘上班助信心满满。然而，由于手机没有及时收到信息而误以为落选的 Z 同学开始质疑自己的能力，这与他之前对自我的认知不相符。Z 同学的言语清楚地表明了他当时沮丧的情绪，进而提出想要辞去班干部的职务。

有同学也许会说，"哎呀，至于吗，不就是落选吗"，"找个地方哭一场得了"，"其他还有很多岗位啊，不要在一棵树上吊死"……对于说这些话的同学，只能说要么你在处理挫折的时候手法老练，要么你还没在生活中真正经历过类似的事件。即便是经历过相似或同一场景，我们也无法做到真正的感同身受。因为每个人的个性特征不同，对人、事的认知不同，那么收获的体验自然也无法百分百相同。

一个人如何应对困难和挫折，不仅受到他所生活的环境以及他个人对于事件的认知和评价的影响，还受到现实中他能获取的来自朋友、老师、家长等的社会支持的影响，个人的一些性格特征也与此密切相关。

相关研究表明，不同年级的大学生对于挫折的处理方式大不相同，高年级学生在面临挫折和困难时更多地采取积极的应对方式，比如求助、转移注意力、努力解决问题。

在我们的生活中，每个人都有自己惯用的应对挫折的方式。比如，考试失败，依然能够头脑冷静地进行客观分析，总结经验教训后，重整旗鼓；发现理想太丰满、现实太骨感，能够调整个人的预期，确保理想与现实的目标相匹配；觉得孤立无援的时候，懂得如何向他人求助。所以我们无法一刀切地对所有人都施行同一套挫折应对方式，只能从实际出发，因人而异。在挫折应对的方式上，没有最好，只有更好。

那么，我们应该如何更好地应对挫折？

首先，客观评价和认识自己。只有这样，才能够清楚了解自我具备的应对挫折的身心资源。我们不仅需要为自己设置科学合理的目标，也需要根据实际情况调整个人预期，就算暂时失败或者失利，仍然可以客观评估自己的表现和能力。

其次，客观评价和认识挫折。在我们的生活中，少不了大大小小的挫折来点缀。头疼脑热、情场失意、学业困难、家长里短等都可以让我们头疼不已。所以大胆承认挫折的存在，才能坐下来谈如何合理应对。

也许有人会简单粗暴地将一次考试的失利、一次发挥失误等同于"我无能""此生无望""生无可恋"，挫折在当时看来就意味着世界末日。殊不知，挫折在打击自己的同时，也给了自己更多反思和成长的机会，并能成为自己前行的动力。

当然，遇到挫折后一味地反思有时候于事无补，如果不做点什么，因挫折而产生的愤怒、伤心、失落等消极情绪没有得到及时排解，可能会影响日常的学习和工作状态。因此，这时候不妨找一个自己信任和亲近的人，大胆倾诉、宣泄情绪；同时，走出去，运动、旅游或者做一件计划很久却一直没有落实的事情，都有助于缓解个人消极的情绪。

Z同学的"挫折"经历很短暂，却让他被动地进行了一次有效的挫折体验。从实践中主动体验挫折是有效提升抗挫、抗压能力的一种措施。所以，大家不妨在日常生活中多给自己找点机会"受苦"。

✎ "三本"院校毕业生，就业更难吗

杨同学发来他的疑问："老师，我们金融本科出来能干什么？"

我反问："你觉得呢？"

几句对话后，我发现了杨同学最根本的顾虑："三本"院校金融专业毕业生求职很尴尬。这不是我第一次从同学们口中听到关于"'三本'院校毕业生就业更难"的表述。

随着多省本科第三批次招录的取消，传统意义上的"三本"已不复存在，但关于"三本"院校毕业生就业更难的说法依然流传着。有研究考察了大学生对"三本"院校学生的刻板印象，结果发现，他们对"三本"院校学生这一群体存在消极的刻板印象，"三本"院校学生自身对"三本"标签具有较高的敏感度。在外界遭受的冷遇反过来更强化了"三本"院校学生对自身标签的消极信念，进而影响了他们的行为表现。那么，我们该如何破除"三本"院校这一标签带来的消极影响呢？

承认毕业院校对就业求职存在影响的现实，但不夸大或自我否定。俞敏洪曾在《我曾走在崩溃的边缘》一书中谈及新东方对所聘任老师的毕业学校有要求，比如要求有多少比例的老师来自985、211院校或者研究生毕业或留学归来。俞敏洪同时表示，"并不排斥从大专和'三本'来的学生，但是从概率上来说，从985、211院校毕业的学生对所学学科的理解相对要更加深刻，本身的知识积淀也会更加深厚"。企业在招聘的时候，学校标签是初始的敲门砖，在同等条件下，名校或者传统意义上的"一本""二本"院校可以帮助我们更快进入企业的视线，这就是现实。但是我们也发现越来越多"三本"院校的同学们与名校学子同台竞技，优秀的他们通过自身的努力破除了"三本"院校标签的束缚，获得了很好的发展。所以，即使我们毕业于"三本"院校，也不代表我们的能力就一定不如别人。能力的积累和发展从来不会因学校而停滞，认清现实就是我们开始努力的第一步。

努力打造多元化的个人标签，提升自己的能力。有研究者通过调研专门分析了"三本"院校学生的特点，并认为，与传统的"一本""二本"学生相比，"三本"的学生自主学习能力和自律能力稍弱，但社会实践参与意识强、思维活跃、接受新事物能力强。还有研究者对独立学院金融专业学生的就业情况进行了调研，发现专业态度和专业知识是用人单位在招聘毕业生时主要考量的因素。在学校和学历不占优势的情况下，我们依然可以利用一些后发能力抓住机会，突出重围：一方面是以奖学金、专业技能证书、学科竞赛等为特征的专业能力，另一方面是以实习实践经历为主的实践能力，以及这些经历中所体现的个人综合素质，这些都是强有力的证明。毕业院校、学历或许可以帮助我们敲开步入职场的第一扇门，但能力、性格以及与岗位的匹配度等因素对个人发展影响更大、更长远。

尽早明确个人职业目标，并有意识地培养自己的职业素养。在和杨同学沟通的过程中，我问了好几个问题，包括想做什么、为什么考研。赚许多的钱、过更好的生活是我们许多人工作的重要原因。薪资待遇、工作地点等因素在一定程度上对我们的职业规划形成了限制，我们可能更多地将目光聚焦在当下，而不是未来十年、二十年，甚至三十年后我们能否拥有更好的选择。许多同学对于未来职业的困惑包括我能做什么、我是否适合这个岗位。要更好地解答上述困惑，就需要不断尝试和积累。当提出"我读了这个专业以后能做什么工作"或者"就业形势那么难，我能做什么"的问题时，先问问自己：为了解决这个问题，我目前做了哪些努力？与其思前想后，不如采取行动、明确目标、制订计划。比如，想要知道自己是否适合某个行业，一个非常简单的方法就是有意识地去关注一些招聘信息，分析具体工作对职位以及工作职责的要求，了解自己能否与之匹配。这可以帮助我们明确努力的方向。

我们因不同的际遇进入"三本"院校，它可能不是理想选择，但它在一定程度上宣告了上一阶段的学习到此为止，下一阶段的学习和成长已经启动。大学只是代表我们学习经历的一个标签，进入"三本"院校并不会成为我们今后找不到一份"好"工作的唯一因素，它们之间并没有因果关系，仅仅存在某种联系。我们完全可以通过自己的努力来打造更加多元的个人标签，帮助我们在职场上脱颖而出。

前段时间，我和一位老师交流职业生涯规划。回顾求学经历，这位老师表示，她当年给自己的学习乃至毕业后的就业都设置了十分明确的目标。六年的求学结束后，这位老师超额完成了自己的目标：她连续两年成功获评国家奖学金，考取了研究生，并且在读研期间获得了一次出国交流的机会。这些成绩为这位老师的求职应聘加分不少。

这位老师最后补充：我也是"三本"出身，我一直告诉我的学生，我能做到的，你们也可以。

奖学金"绝缘体"是一种什么样的存在

"你怎么不申报呢？"

"老师，我一直觉得自己是奖学金'绝缘体'，肯定不符合条件的。"

这场对话，发生在我所带班级的单项奖学金评比主题班会上。

随着省政府奖学金的公示，奖学金评比工作逐渐步入尾声。因与同学们的切身利益密切相关，奖学金评比历来受到极大关注。每年的评比过程中都会产生一些小波澜。我所带班级的单项奖学金评比中也有一些小插曲。

单项奖学金评比不同于学业或者能力奖学金，从程序上来说，主要通过召开主题班会、个人展示和全体票选产生；从条件上来说，挂科不作为限制条件；从具体奖项设置上来说，主要侧重于同学们的某项突出成绩，比如社会工作、科技创新等。已经获得学业和能力奖学金的同学不能再参与单项奖学金的评选，而且评选比例占班级总人数的20%。这为因挂科或者某些原因与学业和能力奖学金失之交臂的同学们提供了展示自我、获得奖学金的一个机会。

尽管如此，我们似乎还是高估了单项奖学金的吸引力。在我所带的两个班级中，评选主题班会正式开始之前，我们发布了申报通知。申报结果并不理想，一个班级中只有一位同学申报，另一个班级中只有四位。这距离预定的名额差距较大。

单项奖学金名额充足，但依然秉承宁缺毋滥的原则。不过为了确保每位同学都准确掌握单项奖学金的申报信息，也为了让更多符合条件的同学有获得奖学金的机会，我们的奖学金联络员积极在班级中动员。结果比第一轮申报要好，一个班申报人数上升到六人，另一个班九人。在主题班会现场，我向几位同学了解不申报的原因。这就有了开始提到的场景：因为一直以来认为自己和奖学金无缘，所以连申报的尝试也没有做。在主动放弃的背后，所谓的奖学金"绝缘体"，其实只是不自信的幌子罢了。

我在和同学们，尤其是刚入学的新生以及迷茫不知方向的同学们交流时，会建议把争取拿到一次奖学金作为目标之一。在万余人的大学里，每年能够成功获得奖学金的同学确实是优秀的标杆：专业成绩拔尖、社会实践丰富、综合能力过硬。奖学金也是一个衡量个人能力水平的标准。也许就是在这样的引导下，让同学们产生误解：拿到奖学金 = 优秀，我不优秀 = 我是奖学金"绝缘体"。

所以，虽然奖学金评选还没正式开始，但在自认是奖学金"绝缘体"的那一刻开始，我们已然输了。我相信奖学金"绝缘体"这样的标签应该已经伴随那位同学多年，或许已经影响了他的一些人生选择和机会把握。那么这份"绝缘体"的不自信来自哪里？在看完单项奖学金评选个人展示环节后，我想我找到了一部分答案。

参评单项奖学金的同学需要结合自己的经历制作PPT，进行现场展示。因为挂科或者卫生成绩差了一些没能入围学业和能力奖学金的个别同学也加入了评选之列。两个班15位同学接连上台，大部分同学都表现出了以下几个共同之处：低头自顾自讲，全程没有与观众进行眼神交流；PPT制作比较粗糙，比如一些模板中自带的内容没有删减、调整；个人表现虽符合单项的条件，但展示时并没有让人有眼前一亮的感觉……看起来小小的一次现场展示，对于一些同学来说却成了不小的挑战，平时几乎没有上台的经验，冷不丁来一场竟成了一次大考。看到同学们制作的PPT和展示时的现场表现，我不禁为他们的求职就业捏了一把汗：即将步入职场的他们，能顺利扛过去吗？

准备不充分、实力不够、缺乏必要的技巧等，是从展示现场得出的产生不自信的部分原因。除此以外，结合同学们平时的一些表现，不自信的原因应该还包括两"不"：不知和不动。"不知"是对自己的不了解，比如能力范围，是不是具备解决某个问题、完成某项任务的能力；对某件事或某个事物的不了解，比如奖学金评比的条件和要求，个人所掌握的信息量以及获取信息的主动性在其中发挥了重要的作用。"不动"一部分来源于"不知"：因为担心自己的能力不足以应付未知的风险，为了确保自己处于一种安全的环境中，鲜少主动尝试新事物。当然还有一种情况：我们曾经尝试或者努力过，但努力的过程没有得到认可，比如在家庭或过往的学习经历当中一直被否定，慢慢地就失去了再行动的自信和勇气。

把获得奖学金作为大学的一个努力目标的出发点在于，这是一个非常具体、操作性强的方向。对于暂时还没有明确规划，更不知道如何进行规划的同学而言，这个目标有助于我们走得更稳、更扎实，并减少试错的成本。但是，奖学金仅仅只是一个努力的目标，不是最终或者唯一的目标，更不是衡量一个人是否优秀的根本指标。

自信的行动往往先于自信的感觉。一般来说，我们通过一系列的行动来证实个人能力、了解自己，并带给我们自信的体验。这份"体验"

就是我们在心理学上讲的自我效能感。所以除了奖学金以外，我们可以通过更多的尝试和行动来发展更有宽度和厚度的自信体验，那样可以帮助我们破除自我设限，比如奖学金"绝缘体"的设定。

省政府奖学金评选条件出来以后，有同学向我确认其中的一项评选条件。知道结果后，她和我说自己这次没能成功申请到奖学金，言语中透露出了难过和失落。

我如是回复她：没关系，人生还有很多"奖学金"可以拿。

什么是生活？有人给出的答案如下：生活就是对力量的追求……现在的我们是由曾经的一个又一个行为逐渐塑造而成的。所以从现在开始，撕掉"绝缘体"的标签，主动出击、多一点尝试，塑造更加自信的自己。

面对问题，先关注情绪，还是先解决问题

毕业班的同学面临的问题都比较集中，比如论文撰写、工作选择、个人规划等。有一位同学给我打电话，因为目前论文存在的一些问题，她很有可能要被延到第二批参加答辩。她很焦急，在电话里直哭。

"老师，我已经焦虑很长时间了。"

我能感受到她的焦虑，无论是从她的哭声，还是从她对问题的描述来看，我能感受到确实有一种无声又无形的压力让她寸步难行。

"我能理解你现在的焦虑，但是今晚我们解决不了这个问题。今晚你好好睡一觉，明天一早去解决问题。"

说实话，听到哭声，我想这个时候最佳的支持方案就是给她一个实实在在的拥抱，让她大哭一场。但现实不允许，所以在接纳焦虑情绪的基础上，我们一起梳理了问题解决的思路。电话的最后，这位同学带着哭腔表示感谢。我想此夜或将是一个不眠之夜。

面对问题时，在情绪先导的情况下，我们比较难分出心力去关注问题如何解决。所以在现实中，有的同学在碰到困难和问题时，乱了阵脚，沉浸在自己的情绪里，彻底手足无措。更严重的情况是，"一朝被蛇咬，十年怕井绳"以及习得性无助，从此惧怕类似的情境和问题。我开始思考，在问题面前，我们应该先关注情绪，还是先聚焦问题解决？

想到这里，我想起另外一件事。在我所带的毕业班进行本学期第一场期末考试前，我到考场进行了简单的巡查。一来提醒大家严格遵守考场纪律，诚信应考；二来看看有没有因为睡过头、忘记考试时间等原因错过考试的同学，以便及时提醒，以免造成不必要的后果。结果还真碰上了这么一位同学：因为省考集训，记错考试时间，也没有早早申请缓考。我当时比她还着急。这个着急是因为我很清楚如果她这次旷考意味着什么：不能按时毕业、不能顺利拿到学位证……而且因为没有双证，工作签约也会受到影响，那么她通过两年的努力将要收获的成果都有可能延迟或失去……这些都是一环扣一环的。

所以在电话里了解具体原因以后，我说了一句我现在也很后悔的话"你这事儿太糟糕了"。我想，这位同学当时的内心应该是带着恐惧的。但是很快，我将精力放在了问题解决上，及时帮这位同学提交并办理了缓考申请。尽管危机似乎及时被化解了，不出意外的话这位同学应该能顺利拿到双证，但是我还是觉察到这件事情对我的影响。

后来在我们学习小组的教练过程中，我以此为话题，作为客户的角色，与大家一起探讨如何做好情绪管理。但在目标澄清过程中，我发现，情绪管理并不是我要探讨的真正目标，如何建立更加平等的师生关系才是我真正想要探讨的话题。

在了解到学生没有及时参加考试甚至忘记考试的情况时，我的情绪占了上风。老师的角色让我第一时间联想到旷考的后果，因此以"糟糕"二字向学生传达了我的负面情绪。当然，我也迅速从情绪中挣脱出来，聚焦于如何将可能因故缺考的后果降到最低，并最终通过合理的方式解决了问题。在教练过程中，教练问我：你认为平等的师生关系应该是什么样的？我深入反思并做了以下回答：平等的师生关系并不局限于和谐的师生关系，也不意味着只是和颜悦色地做沟通交流；平等的师生关系更应该是在校内时，老师能够通过交流给予学生一些思考和启发，唤醒学生作为准职场人的潜能、主动性和行动力，在面对问题时，能够暂时抛开情绪，共同聚焦问题解决，合力促成问题解决。

上述两件工作中的小事其实都与今天的"情绪"和"问题解决"主题相关。首先要承认，当面临问题和困难时，因个人的需要得不到满足或个人能力无法匹配问题解决，我们出现焦虑等负面情绪是正常的。但是我们首先要关注自己的情绪，因为情绪直观反映我们当时的心理状态，是我们心理健康状况的一个晴雨表。此时如果放之任之或者不顾及情绪状态强压任务，很有可能导致心理崩溃，甚至影响整个人的精神健康。

当然，我们更应该看到情绪背后的根源：到底是什么引发了情绪的产生？比如对于一位打电话给我的同学，和老师沟通受挫、论文进度遇阻等都是导致她情绪崩溃的原因，但根本原因在于她对自己可能无法顺利参加一辩的忧虑。要缓解这种情绪，首先要做的就是排除那些影响顺利参加一辩的因素。

这里其实还有一个问题，这位同学并不知道应该向谁求助，也就是她并不清楚自己在问题解决上能够调动的资源有哪些、在哪里。这不仅仅是这位同学的问题，还是困围许多同学前进脚步的原因。

那么我们能做什么？主要是以居安思危的超前意识来做好思想准备，清楚了解个人未来规划，明确阶段性任务，多向前辈或者与他人交流取经，定期分析可能面临的困难和问题，提前做好预案。在自己能力范围和可控范围内，做好充分的准备。

我问那位焦虑地向我求助的同学："有问题怎么没有早一点来和我

沟通？"她说："我觉得自己已经是一个成年人，有的问题应该要自己
去解决。"这个思路也没有问题。但是当发现以一己之力难以解决问题
时，适时寻求帮助、及时扩展资源推动问题解决才是明智之举。问题来
临前，多预想可能出现的问题，在能力范围内做好充分的准备，要将重
点放在积累问题解决能力和储备问题解决资源上；问题来临时，尽己所
能，明确自己能够掌控的方面，并尽全力应对。在平时，我们应该非常
明确地知道，遇到问题可以向谁求助、自身和外部有哪些资源可以供自
己使用、解决问题的基本思路是什么。这是面临问题时，能够透过情绪
看到问题解决的基础。

　　后来我又联系了那位来求助的同学。按照我们交流的问题解决思
路，她积极尝试，问题得到了及时、有效的解决。最后，我给她留言：
"办法总比困难多，不要害怕。人生路上的困难还有很多，（遇到难题）
保持清醒的头脑。"

我们为什么对校园活动爱不起来

校园里有那么一群学生，一直在为各类活动的组织、策划忙碌。在一次以活动安排为主题的学生干部会议上，我发现坐在我身边的某位同学低着头，一副愁眉苦脸的样子。

我笑着问她："是不是觉得这个工作任务有难度？"

这位同学依然低着头，摆弄着手上的材料："是啊，简直太难了。我们支部的成员都是高年级学生，大家都很忙，没有什么活动热情。"

看这位同学依然愁眉不展，我开始面向其他同学，却发现大部分同学都喜笑颜开。再仔细看看这些在笑着的同学，多是活动已经开展或者已经处于筹备阶段的。到会议结束，这位同学始终没有展过笑颜，看似面色凝重地离开了会议室。想来她一定已经为这必须完成而又不知该如何完成的任务伤神许久了吧。

这其实不是我第一次遇见有同学在接到工作任务时表现出为难的情况，开展活动似乎成了让人头疼的事。还有的同学甚至直接回绝或者在关键时刻抛下工作任务、抛下团队，洒脱地抽身了。当然这类同学毕竟是少数。从完成任务的角度来说，临危受命带来的活动质量多少会有瑕疵，但也时常有亮点闪现。

要开展学生集体活动，以及评价一次活动成功与否，有几个因素非常重要：第一，活动本身的吸引力；第二，活动举办方的组织能力；第三，参加同学的热情以及参与度；第四，活动的影响力。最让我们发愁的是，一方面，让人难忘的活动并不多，当下许多报道中出现的"新颖"的活动，有相当一部分是换汤不换药；或者是跟从形势的步伐，披上一件文化的外衣，俨然高大上起来。有的活动就像一阵风，结束以后就"结束"了，在同学们当中并没有积累下比较深的影响力。另一方面，我们本着以学生需求、专业发展为导向开展的各类学术讲座、座谈交流乏人问津；为了确保开展的活动受众尽可能多，甚至会以班级为单位下达一定的出席指标。一边是老师绞尽脑汁找资源、出活动，一边是活动在学生当中不受待见，形成了反差。

从八九年前开始，似乎校园十佳歌手、迎新晚会等娱乐化的活动就更受学生青睐。许多才华出众的同学成了校园里璀璨的星，而此时并不以专业成绩论英雄。时下"校园快闪"似乎也很受欢迎，许多高校结合这种形式开展了不同主题的活动，为学生所津津乐道。

再仔细分析一下让文首这位同学愁眉不展的原因，从整体来说，她主要面对两个方面的问题：一是活动似乎难以开展，二是由活动难以开展带来的焦虑等消极情绪。根据活动开展的现实分析，活动难以开展的原因有二。

一是为了活动而活动，应付性地交差。因为接受任务的时候抱着活动难以开展的想法，在心理上就已先输了一局，显得十分被动。尽管活动有主题，但其内容到底丰不丰富、形式到底新不新颖、工作分工是否科学合理等都不是要考虑的首要因素，能否按时完成则为首选。所以开展的活动不能很好地与受众的兴趣、需求契合，众口难调。更何况是否参加活动有时还取决于参加活动所附加的"好处"——这也无怪乎开展的活动不为受众待见了。

二是为了"成果"而活动，挖空心思搞噱头。开展一次活动，除了借活动之名打响某一组织的知名度、加强某一项工作的宣传效果以外，同学们实实在在从这些活动中获得的收获和成长是有限的。前段时间在网上看到一则关于学生工作的新闻，标题非常吸引人，看了内容之后惊呼：相似的活动我们也在推行，但是推行的过程却不是那么顺利。许多活动可能随着推进的困难，在一个好开头带来一个阶段性"好成果"之后就戛然而止。

活动的创意来自哪里？来自众人开动脑筋、齐心合力的头脑风暴。活动的落实依托什么？依托职责明晰、分工明确的团队合作。活动的参与靠什么？靠的是个人兴趣引导与活动本身吸引力的有效结合。一个好的活动方案的产出一定是一个团队的默默付出。平时活动审批，看多了一人包办、错误百出的策划书。所谓细节决定成败，这也就能更好地理解活动开展起来如此吃力的原因了。当然，就算有好的活动策划和立意，无奈每个人都有自己的安排，许多同学对于活动没有什么热情，既有活动可能占用个人时间的忧虑，也有事不关己高高挂起、甘于清净的心思。所以，从这个角度来说，不是活动办不起来，而是组织者有没有集体坐下来讨论；不是活动不好办，而是有没有办到点子上；不是大家不愿意参加活动，而是活动能否激发大家参与的热情……

有同学曾经问我：老师，大学期间没有学生干部和学生活动相关经验，在毕业求职时的竞争优势在哪里？这个问题应该是许多临近毕业的同学都不一定能找到答案的。

除了思考同学们在校期间不愿意参与各类活动的原因之外，还应看到他们或许不是不愿意参加，只是他们的个人兴趣与这些活动引导的成

长方向不一致。如果能借助一些大数据来了解同学们真正的需求，而不
是单纯被兴趣牵着鼻子走，在开展各类活动时做到有的放矢，或许我们
可以更好地调节这种不一致。

学着与不那么好的过去说再见

一位同学在微信上给我留言，想在晚上九点以后给我打电话"请教一些东西"。我很好奇，为何会定这样的一个时间点。后来了解到，这位同学当时刚结束一个工作面试，回校后晚上还要上课到九点。因为考虑到这位同学想要交流的问题不是特别急迫，所以我们约了第二天面谈。

第二天，这位同学如约而来。我发现他换了发色，体型比之前宽厚了一些。我笑着问他是不是胖了。他则表示现在的体重已经比之前有所下降了。这一次的约谈，他是有备而来的：带着职业选择的困惑，以及对于某一阶段自我迷失的反思。

有好几次走访寝室，我发现这位同学或者躺在床上睡觉，或者当他的室友都已经外出学习、忙着其他事情的时候，他一人留守在宿舍。当大部分同学开始为找工作制作简历、跑招聘会时，他还处于一种迷茫的状态。我也曾问他未来的发展规划，并建议他从制作简历开始，慢慢找到自己的状态。

我知道这位同学曾低迷过一段时间。其实最初，这位同学是打算考研的。后来考研的计划因各种原因而搁置。再一次走访寝室的时候，我发现了他摆放在宿舍里的一些手工制作的摆件和工具。他不在，他的室友告诉我，他要去学手艺，找工作的事暂时先放下了。

但是今天他来找我，我能感受到他的变化，尤其是在谈到工作的时候，他比之前显得更加自信。所以，在谈话的开始，虽然他以"迷茫"两个字作为开场，但这份迷茫不再是没有目标的迷茫，而是当同时有两份工作向他抛出橄榄枝时，该如何选择的迷茫。

提起第一次去参加招聘会的事，他说他的内心是没有底气的，带了几份简历去招聘会，也投递了几家公司，但是内心并不清楚最后到底会有几家公司通知他参加面试。经过几次面试后，目前他已经接到了两家公司的录用通知。摆在他面前的问题不再是制作简历没有经验、跑招聘会颗粒无收的问题，而是如何在两家待遇、发展相差不大的公司中做出选择。

听完他对自己疑惑的陈述，我却明显感受到他在选择上的偏重，不论是从个人兴趣还是未来发展考虑，其实他已经有所选择。他今天来找我，主要还是希望通过和我的交流来求证自己内心的选择。所以，经过我们交流时的比对分析后，他明确了自己要做出的选择。

他的选择问题已经得到解决。通过此次交流，我明显发现他发生了变化，少了几分以前的低迷，多了几分自信。这份自信很大一部分来源于通过求职慢慢找到自我优势和未来方向的笃定。所以我笑着告诉他：我觉得你变了，比以前更加沉稳。他只是摸摸头，不好意思地笑。随后他简单地告诉我，他曾经历过的一段至暗时段。他在最低迷的时候，受到失眠的困扰。庆幸的是，他正在努力摆脱以往的生活状态，以积极的尝试来重新定义自己的现在和未来。一切似乎慢慢回到正轨，而他也以一种全新的状态与过去告别。

说到这儿，我想起一条微博上的动态。我在微博上关注的一位博主在停更半年后，突然回归了。回归后发布的第一条状态就是对个人突然消失又突然回归的一些解释，其中有一句话打动了我——"大概是到了人生的拐点，最近的状态有些迷茫和焦虑，却不知道如何面对，最后选择回避的方式，假装销声匿迹……之后就和过去翻篇"。

人生总会有低迷和高潮，以逃避的方式来应对低迷状态并不是一个最佳的处理方式。因为逃避之后，问题并没有解决，而是依然存在。如果我们能够在低迷之时，适时缓冲后仍直面问题，我想就能够拥有足够正向的精神状态来跨过这个低谷，并且通过努力找到状态更佳的自己。

与这位同学谈话的最后，我问他："后悔这两年就这么过来了吗？"

他说："后悔呀！"

我说："如果给你一个机会回到过去，你会怎么过？"

他说："我可能还是会这样过吧。"

生命之旅无法重来。但无论是哪一种生活状态，哪怕在最低迷的时候，也要积极地去了解内心的真正需求，了解我们的局限与可能。当然，还要有翻过这一页、与不那么好的过去说再见的勇气和重新开始的自信。因为这样，我们才能重新发掘一个全新的自己。

吃不掉的焦虑和压力，我们应如何应对

我不时会看到一位朋友发的状态，尽显内心的纠结和挣扎：运动、暴食、后悔、节食。与这位朋友有相似经历的人，绝非少数。尤其是"一胖毁所有"的论点背后，站着多少想一秒变瘦的心，却又抵御不了美食面前一时放纵的快意。久而久之，心在想变瘦和暴食之间摇摆，逐渐成了一种循环。

天气寒冷的时候，为了让身体维持足够热量来抵御低温，我们吃得多了，伴随好胃口而来的是"秋膘""冬膘"。可是有的人吃饭，并不仅仅是为了获取能量。对于他们来说，食物可以让他们感觉到放松和安全，吃本身就是一种宣泄情绪的方式。他们的"吃"与我们日常定义的"吃"不完全相同：尽管在意识层面提醒自己，吃饱了不能再吃了，但是无法自控，还是大吃一顿。

其实有很多人用吃来调节自己的状态。比如，工作不顺利，但是迫于现实压力只能继续；一到期末，复习压力太大，整天担心自己挂科；要毕业了，毕业论文写不出来，眼看毕业证书都要拿不到了，焦头烂额；和室友关系闹得很僵，感觉自己被孤立了，诉诸无门……这些问题，在暴食的过程中似乎都不再是问题了。于是，我们买一堆吃的，再找一个安静的地方，默默坐在角落里，埋头吃个不停。吃完了惊觉：原来我还是个大胃王！

东西吃完了，我们似乎应该拥有压力释放、情绪宣泄后的好心情。而现实是，过不了多久，我们又开始陷入情绪的泥潭不能自拔，又给了自己再次冠冕堂皇放纵的机会。

为何这种暴食在无声无息之间就成了我们某些人生活的一部分？相关研究显示，压力、应激、个人人格特征、社会文化、家庭等是产生暴食行为的主要原因。

如果我们因工作或者学习感受到了压力，或者将某一生活事件认定为压力或困难，会采取一些方式对压力进行排解；如果我们处于消极情绪当中或者对消极情绪的承受力较低，也会主动寻求一些缓解的方式。来自人际交往受挫的压力，也会成为个体的焦虑源。暴食就成了一部分人应对压力和缓解消极情绪的方式。

生活中我们会发现，有的人自制力很强。他们严格执行一餐一饭的数量，对于卡路里的计算十分精确，一顿吃多了就减少下一顿的饮食总量或者采用多运动的方式。但是也有自控力不强的，今天说减肥，晚上看到好吃的就忍不住饱餐一顿，然后负罪感满满，决定从第二天开始减肥，但第二天又是同样的循环。在我们暴食，或者采用暴食的方式来解压的过程中，有自制力的个体更可能采用积极的，比如运动、倾诉等方式排解压力。

暴食之后，情绪之潮短暂退去，压力看似也消除不少，可是暴食却会在未来某个焦虑或者压力来袭的时候卷土重来。

当我们在暴食的时候，可能是因什么事情而悲伤、焦虑或者感觉到了孤独。吃在一定程度上缓解了我们的孤独感，而当我们吃完的时候会发现，其实关键的问题依然没有解决：我们无法用吃来解决压力源或者困难和问题。因为它们才是诱发消极情绪、促使我们产生暴食行为的原因。

当你准备好一大堆食物，开动一顿昏天黑地的"大餐"前，不妨先问问自己：我为什么要这么吃？

如果你孤单了，吃只能暂时温暖你的胃，但无法恒久温暖你的心。走出去，结交志同道合或者求同存异的朋友，也许能找到不一样的自己。

如果你受挫了，吃只能暂时安慰你受伤的心，但无法最终帮助你解决困难和问题。分析问题或者寻求帮助，也许能有意外的收获。

如果你感觉到快被焦虑和压力掩埋，吃只能暂时让你挣脱它们的束缚，但不久之后还是会被重新吞噬。找到焦虑和压力源，看看自己可以做什么，也许难题可以迎刃而解。

如果你对自己的身材不够满意，吃更不能帮你达成瘦身塑形的目标。约上三五好友，迈开腿，体验运动的乐趣，也许可以体会到坚持的快乐和意义。

负面情绪调控也要未雨绸缪

有同学曾问我，"所有负面情绪的根源是恐惧"这句话对不对。也许是出于职业习惯，我第一反应不是和他交流对这句话的理解，而是问他如何理解这句话，再问他有没有恐惧的东西，以及他所恐惧的东西对他的影响。

期末集中复习、考前的压力以及挂科、重学都成了这位同学恐惧或者说焦虑的来源。结合平时掌握的情况，我大概清楚了他发问的真正原因——重学达到四门，学位只能通过补授获得。如果仅仅只是通过QQ告诉这位同学学位补授的措施，似乎不能从根本上解决他恐惧、焦虑的根源。所以我约了这位同学面谈。

我们开门见山，根据这位同学目前的学业情况，从他重学进度的安排谈到他个人对于学位补授措施的选择。他打算考公务员，除此以外并没有其他计划。结合以往的经验，我直截了当地告诉他只有唯一一个计划并不十分妥当，越到后面越显得被动，应该多准备几个。

谈话进行一段时间以后，我发现他的面部表情逐渐凝重起来。我开玩笑般地问他："怎么，和我一聊反倒让你更加焦虑了？"对方挠挠头，不好意思一笑。

在学位补授的诸多措施里，他首选的考公务员主要根据父母的建议，英语基础不够好让他暂时放弃了英语六级和雅思，省级竞赛、考研、发表论文看起来似乎都有些遥不可及。我们对照学生手册的条例逐个分析了每个措施的可行性。谈话结束，他带着"回去继续考虑"的答复离开了。

我无法强制要求他必须当下立刻做出一个决定，因为他才是后续学习计划的实施者。一旦最后经过各种权衡，他依然无法确定自己所选择的补授措施是否一定能帮助他获得学位，这个问题就会成为他焦虑和恐惧的来源，一直伴随着他。

但值得庆幸的是，他很清楚自己目前的处境，不论是现实的还是情绪的，也在积极寻求解决问题的办法。对自身所处困境以及困境中个人情绪的觉察有助于个体更加合理应对负面情绪，进而引导自身积极尝试问题解决。

在心理学上，焦虑、紧张、愤怒、沮丧、悲伤、痛苦等情绪都属于负面情绪，不仅会引发消极的情绪体验，还会影响个体的生理健康以及正常的工作、学习和生活。一旦我们在日常生活、学习和工作中陷入极大的矛盾和冲突之中，就有可能对未来生活的不确定性产生恐惧，对现实生活感到倦怠和不满，最终导致心理长期处于一种压抑状态。那么，为了避免或者降低负面情绪可能带给我们的消极影响，我们能够做什么？

"凡事预则立，不预则废。"如果我们在做一件事情时有预先的准备，就更容易获得成功。这也适用于我们对负面情绪的调控，即我们在负面情绪产生之前要有一定的心理准备，即心理预期。首先我们根据已有的线索对将要出现的情绪刺激有心理准备，待情绪刺激出现以后再进行信息加工。

情绪也可以预期？听起来似乎很神奇，但这种能力能够帮助我们提高应对引发负面情绪的负性事件的能力，确保我们能更好地适应环境。有研究表明，想要消除或者对已经产生的负面情绪进行调控，比情绪产生之前需要更多的努力；如果能在负面情绪刺激产生前"未雨绸缪"，就可以在尽可能减少认知资源消耗的前提下达到情绪调节的效果。但是，当我们在对负性事件进行心理预期时，一旦高估了事件的严重性，而采用消极回避、恐惧、担忧来应对负性事件，则可能会加重负面情绪。所以，针对这种情况，我们需要在接受实际情况（包括事件和消极情绪）的前提下，对引发负面情绪的负性事件进行积极思考和重评，以减弱对事件的负面预期。

在生活中，如果找不到自己的目标，对未来发展不确定，某项任务近在眼前的截止日期、无法掌控事态的发展、"不甘平庸"与"无能为力"之间的摇摆和挣扎等，都有可能让我们心生恐惧，产生负面情绪。面对这些，我们需要做的就是像前文所提到的这位同学一样：正视自己目前的问题，不逃避；努力寻找问题的解决办法或者用合适的方式来减轻自己心理上的负担；对最坏的打算也持有较为积极的预期。

我们无须按照统一的标准来选择生活，也不需要按照统一的步调来安排自己的人生，要做的无非是在经营好自己生活的同时实现自我的价值、找到人生的意义。

我们或者给自己设定了一些人生目标，并以紧迫的姿态奋力狂追，让目标显得更加唾手可得一点；或者任由目标高悬头顶、形同虚设而一直回避和惰怠……不管怎样，我们终归有所负累。

不论是哪一种人生，聪明人有聪明人的选择，糊涂人有糊涂人的过法，若是自己不为矛盾与冲突所困扰，那或许就是最适合自己的生活状态。

✎ 朋友圈打卡中的"心理学"

如果你是我朋友圈中的朋友，恰巧又有早起看朋友圈的习惯，那么可能会注意到每天早晨六点左右，我就会发一条阅读打卡的状态。近期加了一个英文阅读的群，每天零点过后更新当天阅读内容。阅读任务完成以后，你可以选择在自己的朋友圈分享状态，完成 80 天打卡任务就可以领取当期阅读的所有纸质书。所以，为了冲击这个目标，我开始每天阅读打卡。

但也就是这么一件小事，在阅读打卡微信群里却引发了不小的讨论。学员态度主要分两类。

第一类对打卡心存疑虑或持否定态度。有人说，朋友圈不只有朋友，还有同事、领导、客户等，打卡好尴尬；有人说，打卡还不能朋友圈分组可见，我要是打卡，会被同学们烦的；有人说，如果是学生，特别是高中生每天打卡，别人会觉得你是很高调的学霸。

第二类认同打卡或认为打卡能给自己带来收获。有人说，别人只会敬佩你，向你学习；有人说，其实大部分人不太在意发了什么，别想那么多；有人说，又不是强制打卡，没必要想那么多，自己的朋友圈自己做主；有人说，打卡是一种督促，而且完成任务可以领取实体书；还有人说，我就是因为看到其他人打卡，了解以后才报名加入的。

打卡与否是一件私人的事情，选择权完全在于你自己。但是出于不同的目的和考虑，有人选择阅读后打卡，有人选择阅读后不打卡，当然还有人或许读着读着就半途而废了。这里其实有一个有意思的现象，就是他人对我们的评价和看法在一定程度上影响了我们的生活。所以打卡与否的选择竟成了关乎他人的"重大"而又让人纠结的生活事件。

之所以他人的评价能够在打不打卡这样的小事上发挥作用，是因为尽管我们并没有将他人的评价奉为金科玉律，但是我们或多或少会在意。在日常的沟通中，对方的言语和行为都是我们判断如何继续下一阶段沟通的重要依据。如果对方给予冷嘲热讽，若非出于特别原因或者礼貌的考虑，我们可能会单方面终止和对方的谈话，用沉默、微笑等来表明自己的态度；如果对方夸赞，我们可能会认为这是对方鼓励我们继续深入沟通的信号。

若再多问一句为什么，实则是因为我们能够从与他人的沟通中提取到对方对我们的评价，而他人的评价是我们充实自我认知的重要信息源。我们希望从他人的评价中捕捉到认同，来自他人的认同可以让我们强化对自身的正面评价，增强自我认同。比如，你完成了一件任务，自我感觉良好，认为可以给自己的能力打 90 分。一种情况是，身边的某位朋友通过言语等形式表达出他认为可以打 90 分或更高的分数，此时你觉得自己的能力得到了认同，自信心增强，工作干劲更足，和朋友之间的关系似乎也变得密切起来；另一种情况是，你的朋友给你打了 70 分甚至更低的分数，这其中 20 分的落差不会让你的生活有什么大的变动，却有可能引发你内心里的一场有关自我的激战。

生活中，我们可能会因为朋友的一句评价就决定不再穿某一件衣服、不再参加某项运动、不再参加某个比赛，甚至开始讨厌自己……

所以，自我激战不要紧，但是自我矛盾且自戕，问题就大了。如果一不小心落入持续自我怀疑和自我否定的圈套，接下去等待我们的可能是畏首畏尾不敢轻易尝试、避重就轻不敢碰触核心问题，可能是在看待人、事时不自觉多戴一层严防死守、不轻易显山露水的保护罩，也可能是颓丧、消极、做事提不起兴趣，还可能是敏感、多疑、猜忌和对他人进行"防御性攻击"。

说到这里，我们可能会问，生活中哪一类人更容易受到他人评价的影响？自我认知不足、自我定位不准、缺乏自信或者自视甚高的人或许更容易受到他人评价的影响。因为在他们的身上，更容易发生主观自我和他观自我、理想自我和现实自我相偏离的情况。我们平时会用"玻璃心"来形容身边敏感，经不起"重"话、"狠"话的人。若考虑得不周全，难保对方不会受伤。你说的话，哪怕只是对某个现象的简单陈述，都有可能引发对方内心里排山倒海的猜测：我做的是不是不够好？我是不是很差劲？他是在指责我吗？……生活中，如果你的身边有"玻璃心"的人，那么你在和对方的交往过程中可能会如履薄冰。所以，他人的评价不仅会对个人自我认知和情绪产生影响，对我们的人际关系也会有很大的影响。

那么，如何积极应对他人评价对我们可能产生的消极影响呢？对自己有正确的自我认知是解码所有评价产生的消极影响的重要基础。只有对自己有足够正确的认识，才能知道己之所长与不足，才知道如何趋利避害、用优势取胜；更为重要的是，对自我的正确认识能够帮助我们更加客观地认识他人对自我的评价，真正做到"有则改之，无则加勉"。有人会说，我才不在乎别人怎么看待我，我想怎样就怎样。那么或许你是一个内心相当强大又独立的人吧，恭喜你的同时也温馨提醒：他人发声评价时，不妨先听听，再做决断也不晚。

尽管不知何时刮起的微信朋友圈"打卡风"成了许多人提升自制力、实现自我监督的重要方式，也成了一些人学习、运动等的一种仪式。但这其中的坚持与自我突破或许更加难能可贵。只是千万不要被这种"打卡仪式"所绑架，最终沦落到流于形式，那也就失去了打卡最初的意义。

生活中任何一种出发和坚持都值得被温柔以待，愿你能享受出发，享受坚持。

✐ 人际交往的合群或不合群，什么说了算

有一位同学在后台给我留言，说出了自己的烦恼：尽管看似与身边的同学同进同出，但依然感到孤独，一方面是因为思想方面的深度沟通较少，另一方面是因为勉强自己"合群"。这种勉强的"合群"让这位同学觉得纠结——这不是他想要的社交。

看到这个留言，我的脑海中浮现出十几年前高中时有同学提出的"饭伴"的叫法。顾名思义，"饭伴"就是一日三餐一同用餐的伙伴。高中阶段学业压力很大，大部分同学基本没有课余生活。所以，关系比较好的几个同学就自发结成了一个小团队，一起吃饭，一起课间聊天。每次在去吃饭的路上，大家有说有笑，这也是缓解升学压力的一种方式。大家平日里交流的内容很多，明星娱乐、学业压力、未来期许、家国抱负等。

在这种氛围中生活的高中生们，进入大学后可能会出现两个极端。极端一是寄希望于大学阶段的无底限放松，生活的意义在于吃喝玩乐，或者宅在宿舍刷手机、刷网页、刷游戏，此类型为放荡不羁享受型。极端二是沉迷学习、日渐进步，自我要求高，入党、实践、拿奖学金、参加竞赛等，此类型为奋发有为进取型。而在中间的，则是现实中大部分大学生生活常态的真实写照：看剧、谈恋爱、偶尔缺勤、顺利毕业。没

有经历大风大浪，大学四年还没来得及回味就到了毕业的跟前，毕业了也能找到一份比上不足、温饱不愁的工作。到了这个级别，我们似乎可以说：终于出现了一个"正常人"。

在生活中，我们哪怕没有归属于上述三种分类的任何一种，也会因个人兴趣爱好、个性特征而与某些人归为同一类。比如颇有经济头脑、自主创业、想要在商界掀起大浪潮的志同道合的人，喜欢唱歌跳舞、热爱表演、钟情艺术的惺惺相惜的人，喜欢阅读、视野宽广的人，等等。在这每一个分类里，我们或多或少又因某个兴趣而与某一群人存在交集。

为什么我们要与他人交往，又在交往中对身边的人群有趋避？

在交往中，我们自觉或不自觉地将自己与他人或他人之间进行对比。我们结识新朋友，更加充分地认识老朋友，并在这个基础上与对方产生了一定的情感联结。这其实是一种人际吸引。人的社会属性决定了我们只有在与他人的交往中才能实现个人的社会价值，其中的各类交往和互动都涉及了人际吸引的概念，也就是我们怎样和别人打交道，怎样和身边的人建立并保持良好、和谐的关系。

归属感是个体融入新团体时经常提到的一个词。归属感能让我们更加愿意与某一群人在一起，让我们更加"合群"，但是并不涉及对他人的喜恶以及评价，同时也能缓解焦虑、孤独、恐惧等情绪。所以我们会产生交往的需要或者主动寻求与他人交往，会对某些人或者某一个集体产生趋近的倾向。

我在上课的时候，与同学们讨论了著名的社会交换理论。这个理论认为，那些能让我们受益最大的人对我们有最大的吸引力，而我们也努力让自己从个人的社会交往中获得最大的利益。所以个人利益得失是我们衡量要不要与这个人或者这个群体继续交往的重要标尺。一旦我们认为与某些人的交往有害无益，我们可能会单方面终止与对方的关系，比如疏远、态度冷淡、拒绝等；如果我们认为这个人十分优秀，和他交往受益无穷，比如能够得到对方的认可、肯定和赞赏，物质利益，信息资源等，那么我们会对对方产生趋近的倾向。当然，有这种倾向并不等于我们就是功利的。

考虑到人际交往的复杂性，学习理论中的另一个重要原则"强化"也能说明其中的趋避现象。饿了需要吃饭，冷了需要穿衣，难过了需要安慰，开心了想要分享，就连期末考试复习难都需要身边一众同学的相互鼓励与支持……这些我们生活中的各类需要都能够被特定的东西所满足，而这些满足我们需要的更为我们所喜欢。在交往中，相比那些自怨自艾、让人觉得压抑的人，我们似乎更喜欢那些相处起来让我们身心愉悦、没有压力的人；那些更加认可我们的能力和观点的人也更容易走进我们的内心。所以在交往中经常给予积极评价、正面影响的人，会加强我们对其趋近的态度。

了解了我们在人际中趋避的缘由，那么如何让交往更加融洽和持久呢？

"互利互惠"的原则在人际吸引中占有重要席位。人际互动并不仅仅强调一方的付出。当我们寄希望于对方能给我们肯定、赞赏和利益的时候，不妨站在对方的角度重新考虑问题，适时给予对方一定的反馈。当我们向某些人主动示好的时候，我们肯定不愿意遭到对方的拒绝吧？

此外，在交往过程中，自我表露对于交往双方建立起印象和相互信任非常重要。适度的自我表露，就是将自己的一些私密性信息，比如想法和感受等，向交往对方展示和表达。许多人会在旅途中结识朋友，交谈中双方互相交换一些个人信息，来自哪里、喜欢什么、去过哪里，也会针对一些社会现象进行交流。双方不仅在交谈过程中对对方有了一定的了解，也建立起了个人的形象，能够让对方有一个初步的判断：对你是趋近还是回避。随着自我表露的不断交换，人际关系逐步建立。对于从不表露自己或者自我表露不恰当的个体而言，想要建立亲密的人际关系存在一定难度。

当然，双方之间的空间距离、日常的熟悉度、双方的相似性和互补性以及一些个人特性都会对人际交往、人际吸引产生影响。有关研究显示，真诚、诚实、热情、理解都是受人欢迎的人所具备的一些广泛的特质，性格外向、情绪稳定的人比其他人更有人际吸引力。"多一点真诚、少一点套路"的说法不无道理。所以，当我们认为自己与他人格格不入，或者觉得自己在周遭环境中"合群"又不快乐的时候，不妨想一想：我在人际吸引方面做得如何，其他的人对我的看法是什么。我们想要与更优秀的人做朋友，那么那些"优秀"的人是不是也想和更加优秀的人做朋友呢？

想要拥有和谐、持久又高质量的人际关系，第一步还是得由自己来走。力的作用是相互的，当你在寻求优秀、卓越的榜样时，不要忘记自己也能够对他人产生一定的影响。至于影响的大小以及好坏，就取决于你自己了。

✎ 人际交往中，我们为何渐行渐远

"友谊的小船说翻就翻"——这句话流行于网络的时候，我也经常用来和学生聊天。虽然会用，但我也疑惑：友谊的小船真的这么轻易说翻就翻了吗？既然这么容易，那我们的友谊怎么就建立起来了？

对于同学聚会大家都不陌生。有时会有同学在班级群里说："毕业XX年，我们是不是要聚一聚啊？"这话一出，往往会出现三种情况：一是群里针对这个话题聊得风生水起，然后着手筹备落实；二是针对这个话题聊得风生水起，但是不知道谁又开了另一个话题，同学聚会就不了了之了；三是群里十分沉寂，可能有个别同学出来说两句，然后再无回复。那些真的聚了会、见了面的，可能会应了那句"相见不如怀念"，从此更加陌生，无人主动再提重聚的话题。就这样，友谊的小船翻了。

毕业之后，大学好友之间不咸不淡地联系着，突然有一天发现，大家不知道什么时候开始渐行渐远了，就连给彼此朋友圈的点赞都少得可怜。

到底是什么打败了友谊？上课时，我在多个班级里做过调查。调查对象是进入大学半年的大一学生。调查内容为以下三个问题：你有几个经常联系的好朋友？你们是什么时候成为朋友的？（大学？高中？初中？小学？幼儿园？）进入大学后你觉得你们的友谊有什么变化？

每个人好友的数量有多有少，友谊建立的时间也有早有晚。几百人给出的答案却有着内在的一致性：被大家所认可的好朋友与时间密切相关，距离当前越近的时间段，因为与好友的空间距离近（同班、同一个社团、同一个学生组织等）、互动频繁，所以提及好友的数量越多；初中阶段开始，好友的数量就大幅减少了；小学、幼儿园阶段则更是凤毛麟角，当然那时候还太小，对于友谊的认识还停留在混沌期。

其实当我们在做出这些判断和归类的时候，就是在拉近或推远自己和朋友的心理距离。

"爱情的巨轮说沉就沉"——在百度里搜一下"异地恋"，跳出来的相关网页有1600万个。其中既有烦恼、哭诉，也有甜蜜、幸福，更不乏关于这方面的经验分享等。我在做心理咨询的这些年里，因为恋爱问题来找我的同学多半是关于异地恋的困惑、矛盾。列夫·托尔斯泰在《安娜·卡列尼娜》中写道："幸福的家庭都是相似的，不幸的家庭各有各的不幸。"其实异地恋又何尝不是如此。那些最后走向分手的情侣，分手原因各有千秋，不过终究是没有经受住时间与空间的考验，时间距离与空间距离让彼此渐行渐远，从曾经的亲密无间、海誓山盟，到成为熟悉的陌生人，最后成为陌生的熟人。

友谊的淡漠或者爱情（特别是异地恋）的沦陷，往往不是因为某一个事件，而是在不经意间，在日复一日的固化了的模式中渐行渐远。其共同之处是心理距离（psychological distance）的疏远。

心理距离是近十年来心理学研究的一个热点。它始于Liberman与Trope关于时间解释的开创性研究，后来发展为解释水平理论（Construal Level Theory，CLT），是指人们对认知对象的心理表征具有不同的解释水平：高水平解释与低水平解释。高水平解释简单、抽象，反映了事物的核心特征；低水平解释复杂、具体，反映了事物的表面特征。解释水平取决于人们所感知的与认知对象的心理距离（包括时间距离、空间距离、社会距离和假设性四个维度），进而影响人们的判断与决策。其研究被广泛应用于决策、选举、说服、谈判、消费者行为等领域。

高水平解释往往与较远的心理距离有关，低水平解释与较近的心理距离相联系。所以我们对于身边人的描述总是具体的，他最近做了什么事情，她换了发型、穿了新衣服……对于远方的他（她）的描述则是抽象的，他人很好，仗义、有担当，她挺有生活情调的……所以当我们用笼统的语言描述一个许久未见的好友（恋人）时，两个人的心理距离已经在事实上被拉远了。

如何让友谊或亲密关系抵挡住因空间与时间造成的关系疏远？数不清的文章里讲述了各种技巧。我在这里和大家分享：如何把心理距离的研究成果应用到生活中。绝招就是，在与对方沟通交流时，讲述具体的事情，而非概括化的事件结果，就可以在一定程度上拉近彼此间的心理距离。

以异地恋状态下，电话联系问到是否吃饭的场景为例。

糟糕的对话——A："你吃饭了吗？"B："嗯，吃过了。"俩人相继无话，陷入尴尬的沉默中……

可参考的对话——A："你吃饭了吗？"B："吃过了。中午和XX去了XX。那边的XX不错，下次你来的话，我们一起去好不好？"话题过度很自然，俩人聊得热火朝天。

这样拉近心理距离的方式，不妨从最近的一次沟通开始尝试吧。

人际交往中的占有欲，你有吗

"我不喜欢他（她）和别人说话。"

"我只希望他（她）能和我好。"

"我对他（她）真的很好，我希望他（她）也可以对我这么好。"

"我希望他（她）能够花更多的时间和我在一起。如果看到他（她）和其他人交谈得很开心，我就会不开心。"

"我不喜欢这种感觉，但是我克制不住要去考虑这些问题。"

一位同学向我倾诉自己的苦恼，觉得自己对身边的朋友似乎有一种强烈的占有欲。

生活中我们更多以"占有欲"来形容亲密关系。但实际上，正如来访的同学所面临的困惑一样，在一般人际交往中我们也会面临占有欲的问题。那么什么是占有欲？

占有欲产生于我们的人际交往过程中。"占有"是在交往中对交往对象的时间、精力、情感的一种占用；"欲"则是交往过程中的需求，也就是希望从对方身上或者这段人际关系中获取什么，以及对于与对方心理距离的一种判断和体验。一般情况下，我们不会因此而困扰。只有当这种需要过于强烈，已经干扰到双方正常的交往或者影响到一方的生活时，才需要进行适当的调整。

人类之所以如此不懈地追寻相互交往，是因为它与我们的需要有关。占有欲就是其中一种需要。一方面，与他人的交往是我们获取自我评价信息的来源，如果没有与他人交往，我们很难进行自我评价，并形成稳定的自我意识。另一方面，和他人在一起能够帮助我们减轻压力、分担痛苦等负面情绪。简单地说，我们是人际交往的受益者，从其中获得想要的许多东西，比如认同、赞赏，并由此产生的自我认同等积极体验，获得社会支持和人际安全感。

为了更好地了解人际占有欲，我们进行了一个小范围的调查。结果显示，73.33% 的人表示自己有对身边的朋友产生占有欲的经历，其中 20% 的人表示自己受人际占有欲的困扰，并且有"过分注重一对一，不希望他有其他的朋友"，"不喜欢对方和自己不喜欢的人玩，或者不希望对方离自己太远、不注意自己的感受"等具体想法。

可见，受到占有欲困扰的人并不是个例。尽管"占有欲"从字面上看是一个中性词，但有 26.67% 的人认为其对人际交往产生消极影响。在我们的调查中，占有欲会造成关系的紧张、心情的不悦，限制了人际关系等消极影响。

当然，并不是所有的占有欲都是消极的。占有欲的产生在一定程度上来源于交往中的一方在人际关系上分配了更多的注意资源：我享受这段友情带来的一切，包括美好的体验，所以我希望我们能够维持这段友情。这本无对错。但是，若我们的占有欲一不小心越界，就可能让我们产生困扰。同样是人际交往，为何有人深受占有欲困扰，有人则能应对自如？

占有欲过强的个体对于人际关系认知存在一定的偏差。在人际互动的过程中，随着交往的深入，双方的心理距离逐渐拉近，相互影响逐渐加深。占有欲强的个体将更多的注意力放在交往双方相处的时间多少上，且以更多可视化、可量化的互动作为衡量双方关系亲密度的标准，而忽略了彼此在互动中更深层次的心理距离。然而，人际关系中的真挚情谊往往能够克服空间距离和时间距离，高质量的沟通、无条件的社会支持和亲密的心理距离才是高人际关系质量的重要标志。

这种认知偏差还体现在：我对你好，那么你也必须对我好；我把更多的时间都花在和你相处上，那么你也应该花同样的时间和我相处；我身边只有你一个朋友，那么你也不能同时和其他人交往……正是这些对"占有"的不合理认知和绝对化要求引发了纠结、恼怒等情绪。慢慢地，这份占有欲不仅让自己产生困扰，也让对方深感不适。此时，在占有欲强烈的一方看来，两个人关系出现了不对等——我付出更多，对方付出更少，从而逐渐心理失衡，深受其扰。

占有欲过强的个体倾向于以封闭而不是开放的眼光来看待人际关系。这可能导致的结果就是我们无法扩大个人的人际交往圈。一般来说，越是对朋友有占有欲的人所拥有的交际圈相对越狭窄。因为他将过多的关注点放在对方身上，减少了主动拓宽交际圈、结交其他朋友的想法和行动。也因此将个人的期望和要求强加在对方身上，破坏了交往双方的边界感。

个人性格对占有欲存在一定影响。在我们的小调查中，33.3% 的同学将占有欲归结于个人主观原因，比如安全感的缺乏、个人性格、自我意识强、自卑等。以往和我交流过这个问题的同学中，大部分在内心里对自我认同度较低，存在自卑的心理。另外以自我为中心等想法也对占有欲的产生有一定的影响。

当然，占有欲的冲突的发生，还有可能是因为双方对于亲密的定义有所不同。有的人希望能够保持适当的空间和距离，或者有更广阔的交际圈，而另一方把对方当成了全世界。在这些内心冲突的背后，包括了对自我、对他人、对自我和他人之间关系的不合理认知。

那么，这种越界的占有欲，我们应该如何缓解？下面暂时让我们回到这段友情的出发点：我们希望从这段友情中收获什么？是认可、赞赏、安全感，还是仅仅是一个一起外出、吃饭形影不离的陪伴者？为了消除占有欲所带来的不良影响，我们不妨从增强自信心、把握边界感、重构认知几个方面进行积极尝试。

增强自信心

我们在人际中对他人的评价，主要根据其行为表现给出相应的看法。这个时候，只有个体表现突出或者具备某一方面的优势，才有可能被认可或者被赞赏。仅仅依靠外在捆绑形影不离的朋友，我们很难被真正认同。因此需要让自己更加优秀、提升自己的自信心，才能在人际交往中获得安全感。这是一个比较漫长的过程。

把握边界感

人与人之间的关系越亲密越好？未必。过度亲密容易造成人际界限的模糊。一方认为的亲密可能是另一方的困扰。当我们没有界限感时，就很容易将个人意愿强加给他人，以自己的标准来要求他人，自我和他人的界限出现混乱。朋友的"朋"字由两个"月"字组成，中间还隔着一定的距离。即便关系再亲密的朋友，也有自己的生活圈，两个人不可能时时捆绑在一起。明确的界限感能够让我们保持自由的思想、独立的意志和清晰的责任感。

重构对人际交往的认知

如果我们缺少某一种东西，那么就会将注意力过度聚焦在缺少的东西上。从长期来看，对于缺少东西的过度关注从思维方式上限制了我们的行为和选择。如果我们仅仅将眼光放在交往的一个朋友身上，短期来看，我们确实收获了一段友情；但是从长期来看，我们失去的可能是自我、更多的友情。有的时候，我们并不是真的缺少朋友，而是有着缺朋友的心态。重构对友情或者人际交往的认知就显得十分重要。同时，己所不欲，勿施于人，我们还要关注每个人不同的情感需求。

不难发现，在生活中，每个人都有自己的人际圈。我们各自人际圈里的朋友都是基于一定的兴趣爱好、价值观或者某方面需要慢慢形成的。因此，除了从认知层面调整自己的状态外，还应在行动中尝试扩大自己的人际圈，对人际交往保持开放包容的态度。要知道，你的朋友是你的朋友，而他（她）也有朋友，你和他（她）还会有各自的新朋友。这是一个开放变化而不是封闭静止的状态。

✎ 如何应对错误行为带来的影响

　　问再多的问题，最终还是要通过自己的力量去解决问题。我们总要担当起自己的责任。

　　人的一生中，可能或多或少都会有一些错误行为。有的无伤大雅，可以一笑了之；有的则会让我们损伤根本、深陷泥沼。在大学校园里，对于同学们而言，比较常见的错误行为可能是在宿舍里违规使用大功率电器，可能是因某事起争执而后打架斗殴，可能是因一念之差在考场违纪……其中考场违纪又因其严重的后果受到诸多关注。

　　有同学曾问我：老师，应该如何消除考场违纪的影响？这里的考场违纪主要指考试作弊行为，影响主要指相关处分材料的归档对个人求职就业和未来发展的影响。

　　这并不只是一个孤立的问题，其中蕴含了多个问题：为什么会考场违纪（行为发生），考场违纪意味着什么（行为后果），如何将考场违纪的影响降到最低（影响消除），也就是找到影响产生的根源、发生的过程、产生的后果以及后续的应对方法。回答好这些问题，我们或许才能真正解答"如何消除考场违纪的影响"这个问题。

　　对于错误行为已经发生，目前正在承担相应后果（无法正常取得学位、受到相应处分）的同学而言，需要做的第一步就是接受错误行为已经带来的影响以及未来将持续产生的影响。承认错误、直面影响是我们理智应对和解决问题的前提。错误行为可能会导致我们未来无法顺利取得学位，但学位是可以在达到一定条件后申请补授的。明确这一点后，逐一对照学生手册中的十条学位补授措施，选择最适合自己，且在个人能力范围内、通过努力比较有可能实现的那一条。然后，从当下开始努力学习、积极准备，争取顺利实现学位的补授，确保在毕业季拿到毕业证和学位证。

错误行为不能发生后就忘记，我们要学会认真分析、吸取教训、时时警醒，以免今后的人生道路上再走类似的弯路、歧路。错误行为并不代表我们整个人都因此而被全面否定。我们更应该清楚、全面、客观地看待自己的行为以及个性品质。只有这样，才能在错误面前重新振作、重新开始。

对于错误行为还未发生，但存在侥幸心理，希望能够在考场上"一展拳脚"的同学而言，在行为还没发生之前，还有充足的时间避免错误的发生。认真准备考试，不打无准备之仗是避免考场错误行为的先决条件。在发生违反考场纪律，如考试过程中携带纸条、查看手机等行为的原因中，"没有好好准备考试"这一条排在首位。

有很多同学在学期初处于迷糊状态，学期中处于朦胧状态，学期末处于混乱状态。个人心态的准备相当于为正确的考场行为提供了强大的心理保障，而且决定了我们如何看待考试的结果。有一部分违反考场纪律的同学对于个人学业方面有过高的要求，对于专业排名、奖学金等赋予了极大的期望，将考试失利等同于个人能力不行。所以尽管已经复习得相当充分，还是给自己在考场上留了一手。

曾有同学咨询考场违纪行为对个人发展的影响。比如，是否会影响研究生录取或者公务员录用。这些问题在错误行为发生以后，迅速进入同学们的视野。从新生入学开始的每一次考试的诚信教育都会强调违纪的后果和问题的严重性，就是为了把那些蠢蠢欲动的心思扼杀在萌芽阶段，避免错误行为带来的恶劣影响。

曾有同学说："老师，我们还很年轻，应该给我们机会去试错。"我也曾在某篇文章中提道：试错并不是犯错。因个人原因违反考场纪律而受到相应的处分不属于试错的范围。

但是，若错误行为已经发生，那么再去过度关注后果，甚至因此对个人或者未来的发展持全盘否定的态度，则并没有太大的意义。既然错误行为已经发生，违纪事实已经存在，坦然接受、积极思考如何消除行为带来的不良影响才是重中之重。

人生很长又很短。即便走出校园，我们还是要经历许多考试。一路升级打怪、步步高升的所谓"人生赢家"，也未必能答好所有人生的试题，也可能会有各种错误行为。我们的错误行为可能发生在考场上、发生在工作中，也可能发生在个人生活中。错误会发生，但生活也要继续。与其将注意力放在错误行为的后续影响上，不如将精力投入在弥补错误、纠正偏差的过程中，或者说，更应该放在事件还未发生以前。

除了错误行为本身与错误行为的后果以外，我们其实还承担着一些自我认知方面的影响：你如何看待自己，你如何看待别人是如何看待你的。

有一部分同学的焦虑和压力并不是直接来自自我的期待和要求，而是来自满足和迎合他人的期望。这份"沉甸甸"的来自他人的期待，通过自我的一些不合理认知，最终也有可能导致错误行为。

所以，在有所行动之前，先问一问自己：这真的是我吗？这真的是我想要做的事情吗？在还有机会不犯错的时候，记得不要给自己留下任何出错的余地。

✎ 如何面对心理落差

有一位同学运营个人微信公众号，我加了关注，只要有更新都会去看。其公众号的第一天推文阅读量 735 人次，点赞 33 个；第二天推文阅读量 222 人次，点赞 23 个。面对两天阅读量的"巨大反差"，学生觉得"失落、难过"。于是第三天，她沉不住气了，发文表明了自己的心情，以及强调不再关心谁点赞、谁关注、谁宣传、谁取消关注。第三天推文阅读量 200 多人次，点赞 40 个。后来，她在第五天的推文里又提出心情不好，因为"公众号、文章不受人待见"……她还发了专门的推文"反思"自己爆炸的情绪，再后来从每天一更改成了数天一更。

她的推文其实生动活泼，排版也很有个性。尤其是在近日的文章中，明显有了更多思考和沉淀的成分。但在其反复的自我情绪反思的背后，我看到了其内心较大的"心理落差"。

你有没有过以下体验？

自己精心准备的礼物不为对方所喜欢，虽然对方表面上对你表示感谢、喜欢，但是细心又敏感的你似乎捕捉到对方内心对你的审美的质疑。你表示沮丧、难过。

你想给对方一个惊喜，但是因为种种原因，在对方眼中只有"惊"没有"喜"，对方不停指责你的过失。你表示沮丧、难过。

你为了一场比赛／考试准备了大半年或者更长时间。在准备的过程中，你废寝忘食、虚心求教，就差头悬梁、锥刺股。你预测凭借自己的努力加实力，必定可以拿下大奖或取得理想中的成绩。结果事与愿违。你表示沮丧、难过，还有一点困惑——为什么会这样？

你平时和班上的同学关系不错，打成一片，大家都喜欢和你聊天。班里推优评先，你看看自己：平时表现还行，群众基础也不错，和班上同学相处融洽，当选应该不成问题。但是最后你不仅没有当选，票数还是垫底的。你表示沮丧、难过、困惑。

…………

其实这就是我们常见的心理落差，就像心理也来了一次"蹦极"。

为什么会有这种落差？在日常生活中，我们对自己的能力和表现会有一个评估，即"我觉得我是一个什么样的人""我能做成什么事情"。这样的认知会引导自己在学习、工作与人际中定位，并且对自己的行为表现形成预期。当这种对于自我的认知、定位、预期与现实生活中的实际感知和体验存在较大的出入时，我们会在心理上产生反差，即心理落差。再简单一点——理想的你是 A，现实的你是 B。如果 A、B 两者截然不同，或者 B 的表现劣于 A，且这种差距又不在自己的接受范围内，那么落差就会产生。

有了心理上的反差会有什么结果？轻的，就如上述案例中的同学一样，产生烦躁、沮丧、难过等情绪，但没有什么攻击性、破坏性的行为，最多也只是用文字来宣泄情绪、更改一些原定计划。但如果心理落差未能及时调整，消极的情绪增强，就有可能会影响日常的学习和生活，比如没有办法集中注意力、记忆力减退、失眠、不愿参与社交活动等。因此，我们要适时调整，缓解落差情绪。

　　有研究表明，不同人格特征的个体在应对心理落差时会采取不同的方式。比如，具有焦虑、抑郁及对人际关系敏感等症状的大学生在面对应激事件或环境以及困难和挫折时，更倾向于运用不成熟或混合型的应对方式，如幻想、自责、合理化等。而有研究显示，消极应对是引起焦虑的重要方式。沮丧、难过、焦虑、回避问题，问题并不会被解决；随后沮丧愈演愈烈，人越来越焦虑，问题依然没有解决，所以自我放弃。这样慢慢就演变成一个恶性循环。

　　此外，自尊心强的人更愿意进行积极的自我接纳和自我认可，积极的应对方式反之又可以提升个体的自尊水平。

　　如果你稍加留意，就会发现心理落差其实存在于诸多方面，学习、恋爱、人际交往、自我评价等。既然涉及面如此之广，我们应该如何应对？

　　有研究表明，情绪稳定性对心理落差有直接的重要影响。情绪不稳定的个体，更易于胆小怕事、消极、悲观、不自信，心理承受能力差，在行为上倾向于回避失败，一旦遇到环境变化和遭遇困难，特别容易出现心理落差。一个具有良好个性特征、情绪稳定的人，更易于接受新事物，即便选择了具有挑战性的任务，也不会因为面临的困难而畏缩不前。

　　个体回避失败的动机越高，就会越害怕失败，一旦遭遇失败，其情绪反应也就越强，心理落差越大。许多励志的现实例子和文章都在告诉我们要追求卓越和成功，但是当我们全身心投入和付出，却没有取得预想中的结果时，有多少人真的能做到"让它随风去吧"？成功和卓越或许要追求，可在追求的过程与路途中，你有没有驻足停留、认真体验追求的力量与美好，感受自我的完善与成长？

面对生活中避免不了的心理落差，我们要做一个情绪稳定的人，当然这需要积累和沉淀，给自己时间去学习和充实；做一个努力向上、自信、坚强，专注解决问题而不是逃避问题的人；当然还要客观看待结果背后的过程，看到自我在过程中的成长，做一个正确看待结果的人。

如何突破压力的围墙

M同学是传说中的学霸，学年成绩专业排名第一，班级工作尽心尽力，也参加了学生组织，据指导老师反映，表现很不错。因为他的优秀，我较少去关注他。直到有一天，他和我提起，他已经聘上了助理的职位，但是因为个人原因想要放弃。这里的个人原因是，他想要为直升本部全力以赴，但是担心自己精力有限，过多的学生工作会分散精力，所以考虑后决定放弃助理资格。

可惜和遗憾的情绪在我的心底闪过，所以有一次在去上课的路上碰到他，我向他表达了我的遗憾，因为我们要失去一位优秀的助理。他低着头很不好意思地笑，表示自己已经考虑清楚了，他的家长也希望他能够全力以赴，不要放弃这次直升本部的机会。最后，他挠挠头说："老师，其实我压力挺大的。"因为赶着去上课，也没来得及细谈，看他背着书包和我挥手再见，眼里晃过的都是他说的"压力"。

压力，似乎再常见不过了。今天起床晚了，上课迟到了，狂奔到教室的路上内心因为担心被老师批评而饱受煎熬；快要期末考试了，备考状态不佳，或者没有认真复习，挂科补考的压力随之而来；一时冲动，报名了一个竞赛，却没有好好准备，只能硬着头皮上了；不知道什么原因和室友相处不是很愉快，每天回到寝室都要面对那尴尬的沉默；第二天就要面试了，辗转反侧一夜未眠；准备了那么久的研究生考试或公务员考试，如果考不上，岂不是愧对父母家人？……

相关研究表明，伴随着这些由外在压力引发的心理压力，我们主要会产生抑郁、焦虑、绝望、烦躁等情绪反应。在情绪影响之下的是认知的偏差：我们可能无法将自己的注意力集中在某一件事情上，记忆力也有所下降。你会觉得，最近的生活有些糟糕：哪怕身体壮如牛，还是频繁感冒生病；电脑毫无征兆就坏了；就缺勤了一次，从来不点名的老师却点了名；感觉夜晚很漫长，总是无法入睡或者浅眠；身体某些部位总是莫名其妙地痛，去医院检查，医生说并没有什么器质性的病变。经过来回折腾，还是找不到问题的症结所在。只有解决问题的根本，才有可能让所有的问题都消失。

人生中，我们会经历许多不同的阶段，每个阶段都有相应的任务和社会要求，因而我们也将承受由此带来的多方面的压力。这对个体的身心状态都会产生一定的影响，但是不同的人在同一种压力情境中会有不同的反应。压力到底是我们个人成长中的助推器还是绊脚石，取决于我们应对压力的方式。

由于社会阅历有限，在压力面前，尤其是多重压力同时出现的情况下，我们更可能因不知所措而产生焦虑的情绪，也倾向于在这个过程中用回避、转移注意力等方式应对压力。比如，出去旅游一趟，眼不见心不烦，似乎自己的不安也得到了缓解，但这只是暂时的，因为旅程结束，问题依然存在。此外，我们还可能因为缺乏正确的自我认知，在应对压力时采取不当方式，而给自己带来更多的压力。比如，因为某些原因夸下海口，应承下了一些工作任务，结果却发现以自己的能力根本不可能顺利完成，而期限就在眼前，除了悔不当初以外，更是被这迫在眉睫的期限所折磨。

所以，如何在压力面前淡然处之、科学应对，是我们需要讨论的一个重要话题。美国行为主义心理学家班杜拉（Bandura）在 20 世纪 70 年代提出了"自我效能感"的概念。什么是自我效能感？就是对自己是否具有完成一项工作、一项任务的能力的评估和推断。比如，你觉得 12 月份的全国大学英语四、六级考试十分简单，而你自身英语能力确实不错，那么就说明你在通过考试这件事情上具有高自我效能感。相关研究表明，自我效能感与压力应对方式密切相关。一个对自己非常了解，对自己的能力非常自信的人，一般不可能选择消极回避压力的态度和方式。

在压力产生以前，我们需要做的第一件事就是正确评估自我的能力，对自己有一个合理的认知。我们根据对自我的了解，设置科学合理的目标，这样在任务完成过程中，就不会因自身能力不足完不成任务而产生心理落差，进而带来心理压力。当压力已经客观存在时，如何看待压力本身是需要解决的第二个问题。绝对的否定和极端的看法都不能促成压力的解决。我们需要找到压力源，解决压力源，才有可能解决压力。压力长期积压，得不到及时、有效的处理，不仅会对日常生活产生困扰，还会对个人的身心健康造成不良影响。

我们常说，爱笑的女孩运气都不会太差。达观的乐天派在面对压力时，积极的情绪能够让他们更加主动地迎接压力，也更容易在压力情境中突破思维的城墙，创造性地战胜一些压力的顽疾。

文首提到的 M 同学，当他面临压力时，选择了放弃一些东西来换取能够帮助他达到最终目标的助力，比如时间和精力。这也是我们在日常生活中，许多人会做的一个选择：权衡得失后，适时放弃。这又何尝不是一种压力情境下理性的应对呢？

　　我在一场报告会现场，见到了身穿白衬衫的 M 同学，他是现场的工作人员。我看到他忙碌穿梭在会场中的身影，看到他坚定又自信的眼神，听到他条理清晰地和我沟通采访的问题。想必，这个有梦又努力追求的年轻人，运气也不会太差。他的压力，应该也正在被他一点一点地消化吧。

如何完美远离人际沟通的"雷区"

作为一名辅导员，核实学生出勤情况是一项常规工作。在这项常规工作中，我就发生了一次"贴标签"的小"事故"。某天，我发现2019级只有小Y一位同学出现在缺勤的名单里。经过核实，确认了他缺勤的事实，就按照缺勤来处理。

不久后的一天清晨，我在走访早自习的路上遇见了不急不忙走在路上的小Y。早自习的铃声已经打过，小Y的班级当天有早自习。看到小Y并没有为早自习已经迟到的事情而焦急，我心里的火腾地就上来了。我截住小Y问他："为什么早自习又迟到了？"是的，我用了"又"，小Y过往缺勤的经历让我不由自主地给他贴上了"缺勤惯犯"的标签。小Y看着我委屈地解释："老师，我感冒发烧了，刚去了趟医务室。"小Y给我看他的药以及就诊的病例。

那一刻我是羞愧的，为自己这先入为主贴标签的行为。如果我先耐心询问一下小Y，或许就不会发生这样的事情。

一天中午办公室来了两位同学，其中一位手上拿着一份需要签字的材料，另一位空手跟在后边。平时办公室进进出出的人多，很多都是三五个成群、一两个相伴，我想这两位同学应该也是一人办事、一人相伴的吧。所以很自然地给第一位同学签字盖章，也没有去过问第二位同学的情况，因为她全程没有吱声。

等第一位同学盖完章，我看第二位同学还站着，心里一紧，赶紧问："你们俩不是一起的吗？"答曰："不是。"原来是学生组织里的一位同学，来找我拿教室借用单。我一边把教室借用单递给对方，一边笑着提醒她下次可以和我说一声有什么事，不然我可能就忽略她了。说到这儿，想起有同学说觉得我挺凶的。我仔细掰着手指头数了数，对学生发脾气的情况还真没几次，但怎么就给别人"凶"的印象呢？

经过前面拿教室借用单的同学的经历，我似乎明白了其中的缘由。组织里今年新纳的干事，很多我都不熟悉。他们到办公室找我最多的事情就是拿教室借用单或者某项材料。材料交接过程中，我们的交流非常少，连基本的寒暄都没有，更不用提对对方的了解了。我不了解来找我的同学，来找我的同学也不了解我。我们彼此在对方心目中就是一个标签：党员之家干事和党员之家指导老师。试问这样简单的交流，能够让双方进一步了解对方吗？我觉得很难。所以这"凶"我也就认下了。

无论是核实缺勤还是拿借用单，都是日常工作中的小事，但从中却反映出沟通在我们人际交往中的重要性。我们如何在人际沟通中避免"踩雷"，这里有几个小窍门。

就事论事，不以一时一事对某个人下定论。心理学中以"近因效应"来形容新近发生的某件事或某个刺激影响了我们对某人某事原有的看法。这个效应甚至会让我们在某些情况下做出错误的判断。当我们在与熟人交往时，这个效应会起到更大的作用。现实生活中的友谊破裂、夫妻反目、朋友绝交等，都与近因效应有关。比如前面所述，在我对小Y的认知中，先前发生的缺勤事件让我给小Y打上了缺勤"惯犯"的标签，导致在遇见他时做出了错误的判断。小Y在这件事情上是被我"冤枉"的。如果小Y把心里的委屈化成对我的意见，此后拒绝和我交流，那我这误判的后果就很严重。在后续某次与小Y的交流中，我再次为自己当时不分青红皂白地"上纲上线"向他表达了歉意。所以，在平时的交往中，遇事别着急，了解清楚情况再下判断。这样会少一些"委屈"，多一点理解。

沟通不仅要有数量，还要有质量。人际沟通分析学是有关如何有效处理人际关系的理论。在这个理论中，美国心理学家艾瑞克·伯恩（Eric Berne）把人们之间的交流沟通方式分为三类：互补沟通、交错沟通和隐藏沟通。以下是三类沟通方式应用示例。

互补沟通：

A："你微积分考了多少分？"

B："100分。"

这样的交流不仅效率高，而且能够满足交流双方的期待，人们所预期的问题能够得到妥善解决，人们之间的感情也因此得到了安抚。人际关系会因此种交流变得更为健康和持久。

交错沟通：

A："你今天表现很不错！"

B："你的意思是我平时表现很糟糕？"

或

A："我想再看一会书，准备一下明天的考试。"

B："你为什么总是这样，要把事情拖到最后一刻才去做？"

在交错沟通中，双方并不在平等的沟通状态上。我们生活中的很多误解甚至冲突往往都是由交错沟通造成的，因为我们无法通过沟通获得预期的交流信息。我们可以将交错沟通理解为平时我们所说的"鸡同鸭讲"。

隐藏沟通：

A："听说这次比赛你拿了第一名，真为你高兴。看来参加这次比赛的人整体水平一般呀。"

B："谢谢。"

A 在与 B 的沟通中表达了两层信息。一层是通过语言表达了对 B 的祝贺，一层是其心理层面的真实想法：对 B 比赛获得第一名的事实并不服气，暗含冷嘲热讽。在平时的沟通中，如果我们从一些对话中捕捉到"阴阳怪气""指桑骂槐"，多半就是隐藏沟通。真正能够决定我们沟通效果的往往不是语言曾表达的明确的信息，而是我们是否了解了其中隐藏的真实想法。

不同的沟通方式会产生不同的沟通结果。如果我们要流畅又高效的沟通，那么就要在实际的人际沟通过程中了解自己的沟通方式，同时尽可能多用互补沟通，并注意总结自己在不同场合下惯用的沟通方式。此外，还要在实际中把握几点原则。首先是正话一定要正着说。生活中正话反说可能会激起对方的愤怒，容易引发冲突矛盾。其次是好话要好好说，"阴阳怪气"的表达只会引起他人的反感。不然本来是好话，也变成了"坏话"。最后，当在人际交往中遇到需要批评的情况时，一定要对事不对人，就事论事，不宜翻旧账、查态度，否则只会让冲突变得更加尖锐。

人际关系是在人际交往过程中形成的，在这个过程中，通过信息的交流，彼此有了更全面的了解。在与他人交往过程中，首先要主动交流，积累沟通的量；其次要了解沟通方式，提升沟通的质。只有这样，才能在高效、顺畅的人际交往中获得高质量的人际关系。

✏ 如何有效应对拖延

一位要补考的同学和我约好补考后聊一聊自己最近的状态。交流中，他用"歇斯底里"来形容自己补考前的状态，又以"现在还好"来表达目前的如释重负。我请他具体描述一下他所说的"歇斯底里"，他转而用了"焦虑"二字来形容。想起考前他打印了许多复习资料，我问他这个假期有没有好好复习，他摇了摇低下的头，我进而明白了他"歇斯底里"的缘由。

虽然这个假期很长，但没有认真复习；快要考试了，心里没有底，担心不能顺利通过。再想想自己也是从不错的高中毕业的，现在却"沦落"到需要补考、担心考试能不能通过的境地，于是陷入"我不该是这样""我怎么成了这样"的自责之中。

看多了考试前的兵荒马乱和"劫后余生"的重蹈覆辙，"不打无准备之仗"的说法显然并没有很好地在这些时刻发挥它的作用。我们不仅在考试中会有如此表现，在人生的其他情境中也会遇到类似的问题：陷入"无准备—焦虑—平稳度过—暗自庆幸—重蹈覆辙"这样的循环中。其中的初始点可用一个词来概括，那就是"拖延"。

简单地说，拖延就是我们延迟完成某项任务的行为或者倾向。我们为何会拖延？我们自身、所面对的任务以及身处的环境都有可能成为拖延的原因。

在自身的影响因素中，对任务的兴趣、完成任务的动力以及当下的情绪都发挥着作用。对于感兴趣的任务，我们一般可以及时完成。但如果我们心绪不佳，拖延则更是有机可乘。当然，有没有设定明确的目标、制订切实可行的计划、对任务完成过程的自我调控同时也是产生拖延行为的因素。

我在与返校补考的其他同学的交流中了解到，一些同学补考的课程重学了多次，却依然没有通过。对于他们而言，通过该课程考试这项任务的难度显得尤为巨大。如此巨大的困难摆在眼前，不知从何处着手，或者失去了完成任务的自信，不愿意面对，从而出现了拖延。所以任务的难度影响拖延行为。与补考同学的交流还透露出一个信息：他们对补考课程除了上述的恐惧以外，还有一种心态是"无所谓"。他们没有给予"通过补考"这项任务应有的重视，认为自己"反正过不了"，一笑而过。因此，对于复习备考的过程也是能拖则拖、一拖再拖。

这个假期很长，大家都认真学习了吗？答案是不一定。仅从与我所带同学的交流来看，半数属于返校时间通知后才开始认真准备的，还有部分同学以"书在学校""假期还很长"等理由自我安慰，合理化拖延复习的行为。居家学习生活，彼此之间缺乏面对面的交流和直观的社会比较，难以形成紧迫的学习氛围。这些都是产生拖延行为的环境因素。

从我们已了解的情况来看，拖延会产生消极的结果，比如没有按时完成任务，或任务完成质量大打折扣，而且还容易产生焦虑、沮丧、后悔、自责、负罪感等情绪体验，反过来又对身心健康状况产生消极影响。这种情绪体验在 W 同学身上体现得比较明显，尤其是焦虑和自责，让他对自己的状态产生了困惑。但是，有时适度的拖延也会给我们一些思考的时间和空间，让我们能够为完成任务做更加充分的准备。只是这个拖延的度并非所有人都能精准把握。

在交流过程中，W 同学提到一个细节，就是上课过程中拿着手机逐一拍下老师讲课的课件。我突然想问：拍下来的课件，你们真的在课后逐一认真复习巩固了吗？还是任其堆在手机相册里，拖延复习巩固的进度，直到期末备考时才重新翻出来？

在和 W 同学交流的最后，我们又重新捋了一遍他在补考前存在的困惑、补考后的释然和这个过程转变的原因。最后我们达成一致，如果 W 同学还是不知道自己应该做什么，那么就从上好课、学习英语、多阅读、养成良好作息习惯和学习习惯开始。

W 同学笑了："这些就是最简单的做法。"他最近在做的一件事情就是养成规律作息。

而我在想，这些最简单的做法，又有多少人能真的坚持？看似很简单的事，可能恰恰是我们最难攻克的。

如何破解迷茫

有一位同学小 Y 给我留言：觉得自己上大学后很迷茫、不想学习……每天浑浑噩噩不知道做什么，感觉自己慢慢地变得没用，也变坏了，不知道大学阶段应该怎么做。

"迷茫"出现在大一同学们口中的频率颇高。初入大学，不习惯老师上课的方式、课程学习跟不上、作业多、自主安排时间增加后不知道如何合理安排个人时间……这些问题在进入大学的新鲜感消失后，慢慢浮出水面，找不到目标、迷茫的状态也开始困扰其中一些同学。

在一次线下"成长＆蜕变"主题团体辅导活动中，我们以当前存在的主要问题作为切入点，与同学们一起探讨"大学应该什么样、青春应该什么样"的话题。探讨的目的就是帮助同学们明确如何破解大学的迷茫。

你为什么迷茫？找到原因，才能对症下药。

迷茫来自新环境带来的挑战，来自对学业方面更高的要求，来自拖延、难以自律的挫败感，来自对身边人的观察和从众。"上了大学就好了""上了大学就轻松了"——这些高中时代激励自己努力向前的说法在进入大学后都"原形毕露"。上了大学以后，我们似乎更忙、更累，作业、论文、活动、比赛……早已恭候许久。曾有同学向我哭诉，自己做作业到凌晨两三点，实在太累了，但哭诉完以后还是咬着牙把作业写完。还有一些担任学生干部的同学，忙碌穿梭在各个活动现场，一天下来筋疲力尽。这些与高中对大学的预期实在相去甚远。但有一点，高中老师没有说错：大学你就自由了。这个自由体现在课程时间、上课场地上，更体现在个人自主安排的时间上。但正是这个"自由"成了许多同学的困扰。我们不再像高中阶段为了"考上大学"这个唯一且明确的目标努力，也不再有老师的监督和管理，更考验同学们的自主性和独立性。

每天除了上课、吃饭、睡觉以外，自主空间更大，课余时间更多，选择更加多元，我们反倒显得无所适从。为了排解这种无措，游戏、看剧就成了一些自制力较差的同学的兴趣点。还有的同学始终坚持"大学很轻松"的观点，对专业学习掉以轻心、过度放松，导致跟不上之后的课程，陷入恶性循环。一次微积分期中考试，有的个位数成绩实在惨不忍睹，和同学们聊完之后发现，他们听不懂就不听，也没有做一些建设性的提升措施，以上课不听、课后作业敷衍应付为主，更不会主动向老师、同学求助。由听不懂到学不会，再到怎么学都不行，慢慢地，学习受挫形成了习得性无助，不能及时调整心态，更加剧了这种迷茫。

我们又该如何应对迷茫？

给自己设定弹性目标

有的同学进入杭商院，唯一的目标是通过人才"立交桥"直升本部学习。在后续两年的大学生活中，一切与该目标不相关的事情都靠边，过于纠结每一次考试成绩，找不到学习的乐趣。其实，要设定弹性目标，需要根据自身的实际情况合理设置目标，在对自我有清晰认识的基础上，明确"我想做什么"和"我能做什么"之间存在的差距，并通过自身的努力逐渐缩小差距。努力的大方向明确了，每个阶段再给自己设定阶段目标，而不是非要达到"一步到位"的大跨越。比如想要通过人才"立交桥"，先了解具体的要求（前三个学期每学期必修课和专业选修课加权平均分均不低于 85 分，无补考或重学记录），根据要求和自己的学习能力制订学期目标：每学期加权平均分均不低于 85 分，不挂科；在此基础上，力争每门课程都能考取更高分数；除此以外，能力培养也不能落下，可以结合个人兴趣，积极参与组织活动、各类竞赛，进一步充实和丰富自己的生活，调节直升本部这一迫切目标所带来的紧张和焦虑。

学会自我管理

进入大学后，脱离了父母的贴身教育管理，不再有专人跟在后边时时警醒。学会自我管理则显得尤为重要。时间、情绪管理是自我管理中的重要项目。时间管理需要我们有时间观念，能分清轻重缓急，合理安排时间，提高学习、工作效率。情绪管理需要我们充分体验和认识自己与他人的情绪，并合理表达情绪，最后接纳情绪。觉察情绪过程中的心理感受、身体反应，可以让我们对自己更了解、对身体更敏感，更容易学会独处和与他人相处。通过自我管理，我们更加自律、不拖延，能够适时调整自己的目标，在遇到困难和挫折时积极寻求发展。

允许自己有底线地试错

在不清楚自己喜欢什么、擅长什么的时候，不妨多尝试，勇于接受新事物、实践自我兴趣。也许在尝试的过程中会碰壁，但正是这个过程可以帮助我们明确"我想做什么"和"我能做什么"。当然，试错需要成本，尤其是时间。所以，并不是看到所有新鲜的事物都一头扎进去尝试，而是要学会理性分析后再做选择。

在成长过程中逐渐积累起应对困难和挫折的积极心理力量

在面对挑战性的任务时，要有能够完成的信心并积极努力尝试；当小有成就时，戒骄戒躁，正确归因，激励自己继续前行；坚持目标，但必要时学会适时调整目标；一步一步踏实走、慢慢来，总会有所收获。某年班级形象设计大赛的最后一个节目穿插了萨克斯演奏。演奏不是很顺畅，但在全场善意的笑声中，这位演奏者几经尝试完成了演奏。大学的成长也需要这样的坚持。

在我和小 Y 的线下咨询中，我建议小 Y 在找不到目标、不知如何努力，或者缺乏动力的时候，跟紧大部队的步伐，按部就班上课、做作业、参加活动，课外多到图书馆看看书。我给小 Y 留了几项时间管理、执行力提升的练习作业。

后来我向小 Y 了解他是否在咨询结束后，有意识地尝试练习。小 Y 表示自己开始尝试听课，也会利用 App 学一些日常英语。尽管课程还是有不懂的地方，但能尝试努力就是一个好的开始。祝愿所有同学都能通过自己的努力，最终打败困扰自己的迷茫。

感悟，

如月清朗

✏️ 开学了，还是学校最好

　　这个学期开学前的不平静与以往有些不同，不时有毕业班的学生来盖章或者咨询毕业的事宜。我在办公室见到了来交材料的刘同学。刘同学离校实习已近两月，他是目前我所知道的第一个已完成规定实习任务的同学。今日在办公室看到他又有了变化：换了发型，稍微胖了些，比以往更加健谈，眼神中多了自信和笃定。

　　根据实习要求，金融学专业的学生需要完成十周的实习。从实习和论文开始，我与毕业班同学们谈话的重点也发生了变化：实习单位是否落实、实习和论文进展是否顺利、实习能否满足时间要求……所以很自然地，也和刘同学谈起了实习。刘同学的几句话让我在连日阴雨中找到了一点光亮。

　　关于收获。我问刘同学实习累不累。他答累。2018 年底，我在刘同学的朋友圈里看到一条满带消极情绪的状态。我问他是否心情不好、工作压力大。他回答我"压力大""心累"。累不是来自工作量，而是觉得看不到希望、看不到前途。前途是一个很玄妙的东西，人人都想着有个好前途，挣个好前程。但也因为这前途如海市蜃楼般飘忽不定，实在扰人心智。而在坚持和放弃之间徘徊许久的刘同学，咬咬牙在行动上还是选择了坚持，想要继续奋斗，不靠父母和家人，走一条自己的路。关于实习的收获，刘同学表示：实习两个多月来，跑了好多市场，看过许多不同的人，见识了比学校更加复杂的环境，内心变得更加有底气。只是平时下班回去，会感到孤单，累了乏了，就给自己做做饭、减减压。

关于规划。已经结束实习的刘同学，因为国考考得不错，打算接下来一边写论文，一边准备省考。与大学前两年消极颓废、目标缺乏的状态相比，刘同学说："在持续数月的学习中，回想过去被自己荒废的两年都有一种负罪感。"

关于大学。在与刘同学见面之前，我恰巧在与2014级已毕业的学生交流。被问及工作是否还顺利时，这位已经毕业的学长说："大家毕业了都不容易，还是读书的时候好。"

我又将这位学长的话说给刘同学听。

"学校自然是好的。"刘同学补充道。

想到近日补考，我也特别想把这些话说给同学们听。

"大家毕业了都不容易，还是读书的时候好。"

"学校自然是好的。"

又是一个新学期，你会有什么变化？你是否也满怀新的希望，在重新踏入校门的那一刻，感念"还是学校最好"？

把回答好"为什么"放在首位

有同学来找我咨询考研。在开始正式的咨询前，我先问了他三个问题：为什么要考研？对考研了解多少？目前为考研做了哪些准备？来咨询的同学对这三个问题的回答比较简单：因为想要提升学历，对考研了解不多（比如不清楚学硕与专硕的区别），报了一个考研辅导班。

我想起班上的另外一位同学。暑假的时候接到他的电话，他告诉我他打算放弃已经备考了一段时间的专业，换一个新专业，目前主要的困惑在于 A 和 B 两所院校该做何选择。那个时候已经是 8 月份，暑假对于考研人来说是复习的黄金时间，而这位同学在距离考试最后 4 个月的时候决定更换报考专业和院校。原本我想劝说他维持原来的选择，但是听完他为新选择的专业所做的详细准备，包括联系目标院校相关专业的学长与学姐、搜集往年真题、了解招录比甚至出题情况等，我决定支持他的选择。

一年前，当有同学向我咨询考研时，我更多时候是手把手教他们如何在网上搜索目标院校和专业的相关信息，如何联系学长、学姐资源。但是慢慢地，我发现这么做并不妥当。所以，再有同学来咨询考研，除了向他们提出文首的 3 个问题、根据他们目前的状态给出建议以外，我会让他们花一周时间自行搜集信息，一周后再面谈。

一周后，有的同学如约带着详细的答案来了，有的同学带来的答案差强人意或者不再主动前来。从主动咨询到主动搜集信息，从主动探寻自己的考研之路到迎难而上、积极备考，在考研路途中，这些过程都基于考研者要先明确自己到底为什么要考研。所以与同学们在交流考研时，我特别强调一个问题，就是想清楚自己为什么要考研，并且要把回答好这个"为什么"放在首位。

考研人需要面对其他同学不需要亲历的一些现实和阵痛。比如努力备考后，不一定能成功考上；顺利考上研究生，也不代表人生从此一片坦途；甚至通过学历提升带来高地位、高薪水的期望的实现也可能姗姗来迟……"为什么"影响了我们专业、院校甚至地域的选择，影响了我们对成功与失败的看法，影响了我们备考的节奏以及对焦虑的应对，当然更重要的是影响了我们对自己的认识。作为一项系统性的工程，考研过程还需要各个零部件高度配合，想清楚为什么要考研这个问题就像是这个工程中的发动机，能够点燃考研的行动，并在备考过程中给予持续性的动力。

我又想起另外一位同学，毕业时考研"一战"没能顺利上岸，后来放弃了找到的工作，踏入考研"二战"的征程。一年后，考研"二战"再次失利，他又重新找了一份工作。我当时和他开玩笑：早知道"二战"失利，不如一年前直接顶着那份工作上岗了。他回应我"确实如此"。

人生当然没有那么多的"早知道"。我们所需要承担的所有结果都来自自己对人生的选择，而做出什么样的选择总是和我们的"为什么"密切相关。考研是这样，人生的其他选择也是这样。比如这位"二战"失利再找工作的同学，考研"一战"和"二战"的选择对他有影响吗？

答案是肯定的，比如比其他同学多花了一年的时间。那他从考研中有所收获吗？我想答案应该也是肯定的，比如，对自己的认识有所增加，对挫折的应对能力有所提升，实现了自我突破……当然，最重要的收获或许应该是让自己更加明确了"为什么要考研"这个问题，因为明确了"为什么"，所以即使失败了依然能够重整旗鼓，调整状态，轻装上阵。

"为什么"是开始的原因，是出发点。给来咨询的同学预留一周的时间让他回去想清楚自己为什么要考研，其实还是有一些难为人了。因为"为什么"对我们的实践是有要求的，只是依靠在网络上搜索信息并不能确保真的想清楚这个问题。我们还需要亲自去尝试、去实践，才能够在自己的认知和实践中建立起准确的联结，也才能够在有正确方向的同时确保不会偏航。

把想清楚"为什么"放在首位，做选择、找方向就能够更加坚定。不论目标最终能否实现，坚持到最后，也不算辜负自己。

✏ 不做自由牢笼里的困兽

我因为练车的缘故，认识了好几个本校三年级的学生。他们没有大一新生的拘谨和客套，老练是交谈之后我对他们的初步印象。经过几次交谈、慢慢熟悉之后，他们开始向我抱怨学校的制度，比如查寝室卫生影响了他们在私密空间的自由，周一到周五夜间断电、断网影响了他们无障碍地浏览网络等。我听着，微微一笑，不置可否。

同样是近期，各类奖学金评比工作接近尾声，学生需要按照要求填报相关材料。多一个字不行，段首顶格不行，民族少了一个"族"字不行……学生又开始向我抱怨，为什么一张简单的申报表要搞得这么复杂。我同样笑脸相对，不置可否。

虽是不同的事因，我却听到了学生们内心对于自由的呐喊：为什么大学了还有这么多条条框框，为什么大学依然不"自由"？自由是什么？尽管我们在日复一日的学习、工作和生活中频繁使用"自由"一词，并且在争取个人权益或者抗拒自认为不合理要求的时候，言必谈"自由"，但是，自由到底是什么，自由对于我们而言意味着什么？相信真正去思考这些问题的人并不多。上课的时候，我曾经问学生：有没有认真地进行过自我分析？学生表示：想那么多做什么呢？

自由之于我们，就像食物和睡眠。每天的生活琐碎，吃喝、睡觉，使我们无法感受自己拥有的东西是多么富足。因为一切习以为常，我们拥有的都被认为理所应当。只有当我们衣不蔽体、食不果腹、饱受失眠的折磨的时候，对于食物、睡眠的需求才会显得迫切。而自由也一样。拥有自由，意味着能遵照内心的意愿做自己想要做的事情，不管最终能否获得一个符合预期的结果；不会因为根据个人意愿行事而遭到阻拦，不会因为行为后果而受到道德谴责或者惩罚。这里的"自由"，所需要完成的只不过是清楚知道自己想要什么，说自己想要表达的，做自己认为值得做的。

而现实中的自由真的允许我们如此旁若无人地行使"自由"权利吗？且不论国家法律法规、学校规章制度、社会伦理道德的限制和约束，自身是否具备了能够实现自由的条件？

想要找一份与艺术相关的工作，梦想成为一名设计师，而所学的专业是语言，没有一点艺术功底，也没有经过系统学习和培训。不具备理想工作所要求的条件让你在与艺术相关的岗位求职中屡屡碰壁。你开始抱怨：难道我连选择一份自己意向职业的自由都没有吗？

不喜欢小县城慢节奏的生活，更喜欢大都市的繁华和热闹。当你鼓足勇气、带上所有积蓄决定闯荡一番的时候，发现自己与想象中的大都市格格不入，在茫茫人海中找不到自己的位置，忙乱与焦虑让你不久就败下阵来。你开始抱怨：难道我连选择自己想要的生活方式的自由都没有吗？

你心里有一个声音告诉你，你想要选择的是 A，可是你发现身边的朋友或者同学都选择了 B。你担心自己被孤立或者迫于其他的压力，最终改变了自己的选择。等到你并不开心地承受着 B 选项带来的种种负面影响时，你开始抱怨：为什么我连选择的自由都没有？

你觉得别人的大学食堂好、环境好、交通更便利，你觉得别人的大学生活更加丰富多彩……你不满足于现状，你开始抱怨，觉得自己不够自由：这个社会、这个学校、这项制度等都没有给我足够的自由。

但这时的你，怎么可能是不自由的呢？你做你想要做的，说你想要说的，选择你想要选择的——你还是自由的。只是，你遵从了内心的意愿去行动，结果却没能满足自己的意愿，所以觉得自己不够自由。

因此，不是不自由，只是还少了那么一点自由必备的自我条件。个人的意愿或许可以影响我们的选择，现实的制约则可能会在更大程度上决定我们最终的选择。比如物质条件的匮乏、个人主观努力的缺位、自我意识的偏差、个人能力的不足……最重要的一点是，所有这些补充与完善是我们在一定的社会关系中实现的，而我们往往忽略了这一点，以为自由无非就是一己之事，与他人无关。

当你因为自己的选择、能力等原因深受自由困扰的时候，自由其实与牢笼无异。如何逃出牢笼，不做那挣扎又痛苦的困兽，就看你自己的了。

大学里的"走一步看一步"

随着学业警告书的"新鲜出炉",办公室重回往日"熙熙攘攘"的模样。就好像这些年我"走过许多地方的路"一样,我也看过一些不同个性的学生。而谈话聊天之间,又能发现新的天地。"走一步看一步"就在话语之间多了一层深意。

"走一步看一步吧"

我见到 C 同学的时候,他的头发蓬乱,看起来一副没有好好打理自己的模样。我说你坐吧。未等他开口,我一个问题接一个问题抛向他。比如:你知道自己目前加权平均分是多少吗?你知道自己不及格学分有多少吗?你知道你的重学课程有多少吗?……看起来似乎所有的问题都只围绕一个中心——"学习"。最后我问他,你是怎么打算的?

"走一步看一步吧。"他揉了揉头发。

"那么你现在走了几步?"我问。

他微笑着沉默了。

不同的人,相似的自由追求

每到学期初或者年初,都会有各种工作计划需要提交。常说"一年之计在于春",没有目标、没做计划,后面的步子自然不好迈。而现实总是比我们想象的要残酷许多:即便目标和计划都有了,我们却迟迟未迈出第一步，更不用谈第二步、第三步。反观最近和同学们的交流，情况无非有这几种：一是有目标，没有行动；二是没有目标，没有行动；三是没有目标，但是在行动；四是有目标，有行动。

最近的个人规划调查显示，绝大部分同学都给自己设定了目标，比如考研、出国、就业、考公、创业……有的同学结合自己的目标，制订了清晰的实施计划，一步一步踏实走，单词、阅读打卡，考证，自习……有的同学则仅仅停留在"我有这样一个目标"的状态，始终没有踏出为了目标努力行动的那一步。如果上午没课，可能一觉睡到下午；如果全天没课，可能全天点外卖，或者连外卖也省了，宿舍里有啥吃啥。

对于还没有清晰目标的同学而言，有的在做各种尝试，想要找到自己最终要达到的目标；有的则听之任之，做一天和尚撞一天钟，哪怕每天过着周而复始的生活，也丝毫不觉得乏味，依然能在内心找到世界的美。"走一步看一步"在不同的人身上，似乎也可以看出惊人相似的结果：这一生放荡不羁爱自由，任谁都不能阻挡我追风的自由。

曾经有家长这么质问老师：我的孩子在家收拾得干干净净、清清爽爽，为什么到了学校就胡子拉碴，不及格课程一箩筐？我们无法应答。不是家长占据了有理的局面，而是我们太清楚这个过程的发生，以及大家为了避免这种结果所做出的努力。目标缺失、不够自律、执行力不强等，多方原因造成了这样的局面。

也有的家长表示很困惑：我的孩子已经很努力了，每天都看书，为什么成绩就是没有起色，依然"红灯高挂"？家长困惑之余，心疼得不忍再给学生加压。我们劝解别人的时候，总说"有付出就有回报"，而现实却是"付出不一定有回报"。我曾诧异，为什么看起来忧心的总是家长？这一步到底是谁在走？

从学业警告来看，"走一步看一步"关乎的只是能否修完规定课程、顺利毕业；而从长远来看，"走一步看一步"还意味着走的某一步就决定了这一生的轨迹，这一步很有可能就是现在走得不够完美的这一步。所以不妨先从学习入手来聊聊这一步应该怎么走。

在学习心理中，我们通常用"学习投入"这个概念来衡量学习心理的积极面。如果个体学习投入，那么她／他在学习时就能够表现出充沛的精力和心理韧性。所以如果要判断自己在学习时够不够投入，看看自己学习时的精力状态以及学习遇到困难时的表现就可以窥见一二。看一分钟书、玩十分钟手机或者哈欠连天，应该不属于"学习投入"的范畴。

如果我们带着目标去学习，对于这个目标的意义也非常清楚，那么更能激励我们增加学习投入。有的同学想要继续深造，因为他知道这样可以帮助他实现成为一名高校老师的目标，所以他会在明确目标的驱动下，越发努力学习。

此外，若我们能在时间安排上更加合理，那么学习效率也会更高。对于在自习室里坐了一整天，只翻了一本书的目录的人而言，很需要了解一下时间管理。有目标、有计划、有行动，加上排除万难心无旁骛地投入，以及合理的时间安排，这一步走出就八九不离十了。

明天你会来吗

C同学走之前，我和他约定，第二天把自己打理打理再来找我。

第二天，他没有来。

第三天，我委托他的室友转告他，明天再来找我。

不知道，他是否会来。

不知道，我这"催一步"，他是不是会走一步。

改变对结果的不合理认知

晚上九点多班会结束，同学们陆续离开教室。我留意到还有同学坐在教室后排没有要走的意思，就问他怎么还不回去。他笑答还想再背一会书。"老师，我记不住啊，背到怀疑人生……"他最后补充道。我一听，这状态似乎不太对，便停下要迈出门的脚步，和他交流起来。

这是一位正在备战考研的同学。尽管每日认真投入备考，但依然感觉知识不入脑，合上书本就记不住那些知识点。眼看考研的日期临近，这种自我怀疑、自我否定的情绪愈加严重，反过来又影响备考的状态，慢慢形成了一个恶性循环。

这样的状态并不是个例。随着考试临近，有一部分同学表现出了不同程度的紧张与焦虑。简单一点的就是自我怀疑，认为自己复习准备的程度远远达不到考试要求。还有的同学由于压力过大、过于焦虑，出现了身体方面的不适，甚至日常惯用的诸如购物减压、美食减压等方式也难以抵挡临考压力和焦虑的侵袭。

考试焦虑是在面对考试时产生的一种不良情绪。适度的考试焦虑可以帮助我们更高效地投入复习备考中。但如果长期处于焦虑状态下，不仅会引发肌肉紧张、手脚发抖、心率加速、呼吸急促等生理反应，还会干扰正常的学习状态，继而引发持续低效的学习行为，甚至产生抑郁等消极情绪。

通过与多名同学的深入交流，我们发现要解决"为什么焦虑"这个问题，需要回到认知起点，也就是我们如何看待过程与结果。绝大部分的人都希望自己的努力能有所收获，付出能有所回报。然而，世事有时难以遂人愿。我们想的、期盼的和最终能够实现的，有的时候相去甚远。

为了实现目标，收获好的结果，我们每天尽可能多地投入时间，从早到晚恨不能 24 小时保持看书、做题、背诵记忆的状态。我们希望通过这样的努力过程带来符合我们预期的结果，也就是能实现"我的付出 = 我想要的结果 = 我的收获"这种绝对的对等。

当我们全身心付出的时候，身旁人有关"不要太看重结果""享受过程就好"的安慰话语非但难以入耳，反而徒增烦扰。那么为何结果会在我们的认知排行榜上处于前列？我们对结果赋值的出发点在哪里？这里其实离不开对结果的产生及作用的分析。

首先，因为我们有所付出。我们付出的可能是时间，可能是物质，也可能是情感。有的可以数量计，有的难以精确衡量。以考研备考为例，我们所付出的不仅有时间，还有秋季招聘的机会以及许多如果不考研就可以享受到的一些机会和福利。所以，在潜意识里，我们将自己的付出明码标价，主观认为既然已经付出了，那么结果就应该对我们的付出有所交代。其次，结果是自我评价的有力参照。我们对于自我的认知，一部分信息来源于我们从行为结果中所收获的获得感、自信心等主观体验。最后，结果也是我们向这个世界和他人证明个人能力的有力证据。但是，我们在过程与结果上的失衡点往往来源于此：我们太过在意他人的认可和看法，并且将他人的评价作为衡量个人能力的唯一标尺，将他人的期望奉为金科玉律。所以，我们期待有一个符合他人期望、符合付出努力程度的结果。

但是结果可能与我们的期望有差，即我们的付出并不一定能达到我们想要的结果。这里面有多方面的原因。一方面是所付出和努力的量还不够，没有达到质变的程度，也就是不够努力。平日里经常听一些同学说起自己如何努力，如何早出晚归。但这种仅以付出时间来衡量的努力不一定是高质量、高效率的努力。另一方面可能是努力的方向不对。选择的内容并不是自己适合的或者擅长的，即便花费超过别人几倍的努力，在自己不擅长的领域内也难以发挥自己的优势。曾有同学没有合理评估个人实力，在考研院校选择上目标定位过高，最后没有考上。

当然，我们不妨再从天时、地利、人和这些外在的客观因素中找找原因，也就是我们平时常说的外在归因。某天我去图书馆，上午10点左右，自习的座位还空了很多。我在那里遇到了我带的两位2019级考研的学生和一位2020级自习的学生。图书馆里暖气很足、环境很好，氛围也不错，在这个初冬湿冷的季节，无疑是学习的绝佳去处。但是很可惜，扫视一圈，这份"地利"的利用率不够高。所以，当有同学抱怨平时自习没去处时，还是要先问问自己：我们真正用好这"地利"了吗？还有像"运气"这类难以捉摸的所谓"天时"因素，其实还是基于个人的主观努力之上。

了解了看重结果、结果与期望有差的具体原因后，又该如何看待结果？如何看待结果，还是要回到如何看待自己以及自己付出与努力的过程上来。在平时的生活中，我们将努力作为一个方向，但实际上，努力应该是我们生活的常态，而不是作为一个特定的追求目标。看待结果，要能够跳脱出当下的局面，客观看待，而不是简单以好坏来做评价和判断。

考研是一个漫长的过程。考研成功"上岸"包含了许多因素的作用，比如个人的努力和能力、专业院校选择的合理化、备考期间的一些外在因素（环境的变化）。并不是我们主观以为自己努力了，就一定能够收获想要的结果。如果我们还困于个人主观努力程度与结果不对等的境遇当中，可以对标看看身边的同学在做什么。

至于如何看待他人的评价，这关乎自己如何定义努力所收获的结果。现实中，我们身边不乏这样一些人，会因为别人的一句话而迅速调整自己，活在别人的评价里。但是退一万步来讲，一次考试的失利并不代表一生的成败。

成功或失败都有其缘由，可能是能力与目标不匹配、方法不得当、努力还不够等。如果仅仅为了那些一时的赞许、认可和短暂、阶段性的成就，只看重当下的结果，且削足适履，那么我们的人生将失去更多未知的可能性。

每一场交流都是引导积极自我探索的开始

距离新生报到入学不过一月之久，但新生带来的新气象还是与校园昔日的常态形成对比：新生在朝气与懵懂中仰望星空、老生在"伪成熟"与憧憬中开始回归现实；每天来回宿舍、食堂、教室、办公室的学生与老师，将校园的忙碌填充得满满当当。于我而言，最强烈的对比，来自与几个学生的交流。

办公室来了一个男生，穿着黑色的 T 恤，外表斯斯文文，额头上还沁着汗珠。他看到我，拿起手里的几张纸递过来，客气地说："老师，这个盖章是找你吗？"

我接过他手里的纸，展开看了看，是办理休学的材料。我下意识地问："为什么要休学呀？"

还没等这男生说完，跟着他来的另一个男生就开口了："老师，你劝劝他吧，再考虑考虑。"

穿黑 T 的男生不好意思地笑笑："老师，我学习跟不上。"

"那等你休学完回来，学习就跟得上吗？"我问，男生不语。

"你打算用这一年做什么呢？"我再问。

"不知道，补习课程，也可能创业。"男生眼神躲闪，不时低头或者别过脸去。

一年的时间，说长不长、说短不短。不知道一年之后，这位男生如果返校继续学习，是否能够补修通过所有不及格课程。

一个准备复学的学生拿着材料走进办公室，身后跟着家长。办理完手续，这位学生的家长问："老师，你们学校什么专业好一点，有没有推荐？"

我转头问了问学生："你对什么感兴趣？"

"我对什么都不感兴趣。"

站在一边的家长絮叨着这位学生的情况，急切地了解学校的特色专业。学生反倒站在一边心不在焉。我告知他们一些专业信息以及其他咨询渠道后，家长和学生匆匆离开办公室。不知道这位学生最后选择了什么专业，不知道选择的专业能否激发他的兴趣。

和一位学业困难的学生交流，先简单地聊了一下他的学业：挂科、重学还有面临学位有可能拿不到的现实。之前曾有一次和这位学生聊天，谈完话回去后，这位学生给我留言："老师，你看起来很累，中午还是要小憩一下的……我个人还是觉得现在这个世界要活得像自己，因为我有时候觉得，能在这个世界还有梦想真的非常难得了。"

所以谈完了学习，我看着他问："你觉得我今天状态如何？"

这位学生答："忙，刚看你在楼梯上还在打电话。"

和这位学生沟通数次后的感觉是，这位学生有想法，但行动力欠缺、自控能力不强。

经历了期末考试旷考、想要退学后，原本以为这位学生开学返校时有很大的可能会办理退学手续，然后他说他想通了。问及原因，这位学生说："利用暑期去实践、求职，结果发现没有学位、没有学历很难找到一份有'发展性'的工作。"对于这个学生后续的表现，我保持期待。

　　和一位新生班助理交流，随口问了一句他的状态，以及工作中有没有遇到什么问题。他面露愁容，表示新生提问很多。而问题多的背后，则是独立解决问题能力的欠缺。我们就此讨论了一会，然后将部分原因归结于家庭教育中家长的过度包办。没有经历风雨的温室花朵，如何独立生存？

　　与人的交流和互动就像阅读一样，总是能给予我们一些灵感，引导我们思考和自省。身处校园，学生一年又一年毕业、一年又一年入学。因为青春的无畏和未来的无限可能，校园充满生机。我珍惜每一次与学生交流的机会，并积极引导他们进行自我探索。

积极引导学生就是一件有意义的事

本学期为期八周的心理健康教育课结束。和往常一样，在课程最后，我向同学们提出了写下自己大学"愿望清单"的建议。我希望以此提醒每位同学从大学最初就给自己设定努力的方向，在毕业时能够收获一份充实、有趣的大学记忆。

在这个不一样的春天，我在课程结束时收到了一份特殊的留言。这位同学告诉我，大学里还有老师愿意苦苦劝导同学们好好学习、愿意花费个人时间倾听同学们的心声，让他很感动。其实他的留言，让我更加明确了我所做之事的意义和价值。

做一件事情，尤其是把一件事情做好，动机很重要，学习也是如此。动机是什么？就是一种心理内驱力，能够确保我们为了某个目标去行动以及行动的持久性。这位同学在给我的留言中还提到自己一直是不喜欢学习的，进入大学后，面对失去高考重压、功利性没有那么强的大学学习，倍感轻松。但越来越焦虑：不知道自己现在在做什么，也不知道以后能做什么，没了方向、失了目标，行动显得被动，对事情缺乏兴趣。

尽管我们苦苦劝导同学们要好好学习，但有时收效甚微。结合所带这几届学生的情况，不难发现，苦苦劝学并不是激励大家好好学习的良药，因为苦情劝导不一定能够唤醒所有沉睡或者回避的灵魂。只有遇到某件事、触发了学习的动机，外在的劝说内化为内在的动力才有可能真正持久驱动自己努力学习。所以，问问自己：我希望经过四年大学的学习收获什么？大学了，我为了什么而学习？多问几个"为什么"帮助自己尽快明确目的，找到内在真正的动力。

有几位 2019 年毕业的同学联系我，咨询他们返校考的成绩是否合格。还有家长联系我，咨询返校考合格以后，毕业证什么时候能拿到，没有毕业证，找工作困难重重。回想起他们无心学业之时，我也曾不止一次督促、提醒他们好好学习，但很遗憾，他们仍然没能如期毕业。我的督促如同无用功。每每想到这里，除了痛心外还有反思，对我这种"苦苦劝学"实效以及提升对策的反思。

学习不会因为步入一个新阶段就终止，一方面学习更加依靠自主，另一方面学习内容、衡量标准趋于多样化。大学阶段依然要学习，这一点毋庸置疑。学习的内容并不仅仅局限于专业知识。我们学习的途径以及具体衡量的标准也越来越丰富。比如随着时代发展，网络学习对人们的自主学习能力提出了新要求。课程分数是对学业情况的阶段性评价，除了学业以外，人生还有很多品性需要通过学习、工作乃至生活实践的方方面面来衡量。其中，生命的价值和意义是非常重要的衡量标尺。

我们努力学习、工作和生活，是为了什么？回归生命的价值和意义，一切似乎都能找到合理的解释。这个学期初我们在召开中心工作会议时，一位学生干部和大家分享她加入学生组织两年的心得，谈及工作中遇到的一些不理解和困难时不禁哽咽。烦琐、无趣、整天和没有感情的档案打交道……但是依然满怀热忱，把工作做好，从中找到乐趣并迅速成长。为何即便牺牲个人时间，依然毫无怨言？是因为她认准了这样做的价值和意义。人生总是不停滞地向前的，现在做的每一件事都是有其特殊意义的。找到这样做的理由就是给自己找到坚持的后盾。

在学习、工作和生活中找到自己的兴趣点，做自己真正想要做的事情，人生将会更加有意义。写到这里，想起胡适先生当年留学美国，在专业选择上走了一些弯路。初进康奈尔大学，他的哥哥以"帮助复兴家业，重振门楣"为由要他学些有用之学，于是胡适选择了农学。农学院还有一项课程，是分辨苹果的种类。在一次实习课上，老师要求学生对30个苹果进行分类实验，"要照着一本手册上的标准，去定每一苹果的学名，蒂有多长，花是什么颜色，肉是甜是酸，是软是硬"。胡适在实验室里忙了大半天，依然错误百出。这件事，让胡适意识到自己不是学农的料，于是改学文学和哲学。

我们当中许多人也是在如是的曲曲折折中寻找到自己的追求的。大学四年似乎很漫长，但我们很多人在走到终点的时候才幡然醒悟：自己失去了什么和想要什么。

给我留言的同学提到"努力是自己的事情"，确实如此。所以旁人的劝导有时候不如自己的顿悟有效。但每每在和同学们相处时，我依然忍不住变着花样絮叨"要好好学习"。即便这样的絮叨不一定能够开花结果，但哪怕唤醒一个沉睡的梦想，也是值得的。

最后，我还想对留言给我的同学说：大学里劝导同学们一定要好好学习的老师还有很多很多，我只不过是其中的一员罢了。

你的想法很重要

工作中，我经常与学生家长联系。前段时间，接到一位往届毕业生家长的电话。她的孩子目前处于一段恋爱关系中，为了这段感情，有放下本地"安稳"的工作、奔赴异地开启新的求职旅程的计划。目前来看，这只是一个可能的意向，而非既定事实。但家长为此十分苦恼。在电话里，我听到了许多来自家长对孩子的有条件的"希望"。但对于孩子的真实想法和人生规划，家长鲜少提及。

"我们就希望他能安稳一点，现在找一份工作不容易……"

"那么，您问过孩子的意见吗？是不是也听过他的想法？"

"问过了，但是他不说……"

"我们这样都是为了你好""我们希望你……""只要你……我们会给你安排好""只要你……就……"。这些话是不是有几分熟悉？类似这样的对话其实在我们的身边并不少见，尤其在亲子关系、亲密关系中出现频率往往更高。

我们不妨做一个假设，如果孩子把自己的真实想法告诉家长而不是拒绝沟通、沉默不语，家长是否能不再受此事困扰，并转而支持孩子勇往直前？我对这一假设的可能结果并不持乐观的态度。因为，在孩子的职业选择和个人感情上，家长的想法似乎跑在了孩子的想法前头。这些本应是孩子自己的事情，更应由孩子自己来做决策。但在家长这里，孩子的想法似乎并没有那么重要。

"想法"并不只是这一个学生的想法。其实更是我们每个人的想法。那么是我们关于什么的想法？是我们对于当下的态度、对于人生的规划、对于未来的选择等，一切围绕我们自己出发的思考、计划、探讨……都属于此列。

为何我们的想法有时候显得并没有那么重要，容易被忽略？想法没有得到明确、有效的表达，无法为他人所知；他人认为我们没有足够的能力去应对想法可能带来的后果，于是便自作主张地替我们做出了这样或者那样的决定；我们也可能会将建议和决策相混淆。

沟通是交流想法的有效方式。仅凭想象和猜测，我们无法真正了解一个人内心所想。所以，面对面的交流、文字信息的交流等，只要能够准确表达我们的想法、原因和如何实现，甚至是思考的过程，必然能够带给对方更多对于我们的认识和理解。当然，不愿表达自己的想法还有一种情况：因为我们很清楚，表达自己的想法意味着铺天盖地的说服和反驳。此时说与不说并没有什么差别。

在前述家长与孩子的沟通上，孩子仅表达了自己想要离职的想法，对于为什么以及今后具体的规划并没有过多提及。这让家长心里没了底。此外，对于在他们眼中只是本科毕业、从小没有吃过什么苦、性格并不是十分外向的孩子，家长内心对于他能否在竞争激烈的社会中获得"安稳"的一席之地并没有十足的信心。加之数十年的社会阅历让家长对于人生闯荡的艰苦有更加深刻的认识，而涉世未深的孩子由于缺少社会经验，考虑问题存在一定局限性，所以，在劝说无效、孩子坚持己见的情况下，家长给孩子做了这样的一个决策：留在家乡发展。但这是孩子想要的吗？未必。

在建议与决策上，一方自视经验丰富、一切皆为孩子好，给出许多建议，并帮着做决定；一方无知者无畏、年少轻狂，希望摆脱束缚、自主决策。双方出发点不同，这是现实矛盾的根源。决策到底应该由谁来做？许多人都在说"我的人生要自己做主"，但也并不是人人都能做到。除了自身能力有限以外，不愿、不会和不想做决策也是重要的影响因素。因为能力有限，在碰了一鼻子灰以后，我们可能妥协于现实，重新回归到家长建议的轨道上；因为不愿、不会和不想，我们甚至失去了拥有独立想法和自主决策的能力。

我想起我带的学生中既有决策能力不足者，也有循着自己的想法坚定地走人生每一步者。从读哪一所大学、什么专业，到考什么技能证书；从如何安排学习计划、是否升学深造，到返校考怎么操作……也许人生的差距不会因此拉开很多，但是面临困难和问题时，解决问题的能力依然高低立现。

有学生主动找到我交流自媒体运营。在找到我的时候，他已经开始着手尝试短视频策划和录制。清晰表达自己的想法，也悉心呵护自己的想法，并不是只让其他人更加清楚自己的想法，更重要的是让自己知道"我"真正想要的是什么。

从想法到行动，还有很长的路要走，因为中间横着许多困难和问题。还记得之前有一位由家长帮忙电话咨询返校考的往届毕业生，即使我让家长将我的联系方式告知学生，学生也没有主动联系我。因为担心学生错过返校考，没有机会再取得证书，我主动联系了他。问及第一次返校考为何弃考时，他将一部分的原因归结为老师在考试前一天才通知，他来不及复习。在电话里，这位同学还问了我三个问题，其中一个是长久未接触要考试的课程，知识生疏了，应该如何备考。我直接拒绝回答这个问题："这样的问题不该问我。"

我们的想法很重要，承载了我们的过去，蕴含了无限的未来。所以要勇敢自主迈出明确表达想法的第一步。当然，我们还要学会从想法中看见想法，学会从建议中汲取可借鉴的经验，试着分析和判断、行动和总结、调整和改进。

在我和那位家长在电话里的沟通中，一直到最后，我觉得这位家长依然处于对孩子即将离开的焦虑之中，悬着的心还是没有放下来。如果有一天，孩子接受了家长的建议，选择留下来工作，家长遂了心愿，是否能真的放下心来？这亦是一个问题。

谁该为我们负责

在我所带的两个 2019 级的班级群中，每天深夜 12 点，两位班长都会准时出现"@ 全体成员"，提醒大家健康上报。这个做法从疫情暴发开始一直持续至今。起初，是因为居家学习期间，有的同学作息颠倒，容易遗忘健康上报，影响整体数据的报送。为了解决这个问题，两位班长每天凌晨蹲点在班级群里发布提醒。这个做法确实比较有效，班级里的健康上报一直能够及时完成。

偶尔有几次，班长没提醒，健康上报的情况就被打回原形——未打卡名单显著增加。有几次，班长向我请假，因为"最近作息有点不太对，感觉身体不对劲"，并且将这项提醒工作委托给了其他班干部。调整几天后，他又准时出现在班级群里。凌晨发布打卡提醒并不是一项明确要求的工作任务。但我的两位班长却一直坚持到了现在，哪怕假期里也没有落下。一些同学的健康打卡的"健忘症"就这样被班长的有意坚持治愈了。

班级群里活跃度最高的班干部，学习委员应该可以算一个，因为学习委员要忙着发布课程作业以及收作业的通知。当然并不是所有同学都能在规定的时间内上交作业的。也正是因为摸透了一些同学拖延的脾性，我们的学习委员除了再三温柔地提醒外，有时还会将截止时间适当提前，确保不会耽误最终交作业。即便如此，也还是有不少同学会蹲点等到最后一刻或者迟交自己的作业。学习委员虽然苦恼，但是仍然尽力包容，本着一个都不能少的原则，还是等作业收齐了再上交。

每年党员发展，个别同学会因为寝室卫生成绩及思想品德分排名较低而未能顺利发展。一些同学喊冤：不是自己不讲卫生，有时候是因为宿舍中有个别同学没有那么注意卫生，或者从来不主动打扫，影响了寝室整体卫生。还有的同学说：反正我不入党评优，谁要评选先进，谁自己打扫卫生。受此影响的同学本着改变不了别人就改变环境的原则，撸起袖子自己将宿舍的卫生包揽了。

其实，无论是健康上报、交作业还是打扫卫生，都是个人的事情。个人的事情怎么又和别人扯上关系了呢？因为我们都是生活在某个群体之中的。除了个人的角色以外，我们在某个集体中还承担了其他的角色。比如，坚持健康上报提醒的班长和收作业的班干部是在承担班干部的工作角色、尽力履行班干部的职责；在宿舍中打扫个人区域和公共区域卫生的同学是在履行宿舍集体生活成员的职责。

但是现实中，有时候一些人用心创造的便利，却成了另外一些人眼中的理所应当。事不关己高高挂起的态度很常见，事虽关己无视即不存在的也不少见。但我们并不是只做好自己就足够了，更不用说有的时候连诸如打扫宿舍卫生、交作业这样的小事都不一定能够做好。有时候，我们可能需要操心别人的事情，有时候是我们自己的事情需要别人来操心。为什么会出现这两种情况呢？最主要原因还是"责任"二字：我们是否对自己负责？

说到这里，我们其实已经找到了这些事情的共同之处。班长坚持发布午夜打卡提醒，是出自他对班长这个角色的认同、对班级同学负责、对学校整体疫情防控工作负责；班干部不厌其烦催交作业是出于对班级同学负责；宿舍的室友默默扛下所有积极打扫寝室卫生，是作为一个舍友的责任，是对整个宿舍的荣誉尽责……其中，却出现了一些对自己不那么负责的情况，比如前面提到的忘记健康上报、忘记做作业或者交作业、不主动打扫寝室卫生……我们其实完全可以做得更好。

我曾见过一些同学为了改掉自己老是忘记健康打卡的问题，给自己设定了许多闹钟，并且最后成功克服了这个问题；还有一些同学因为老是晚交作业觉得不好意思，于是开始积极完成作业，尽早上交不耽误全班同学的进度；还有的同学在觉察到对室友的不良影响后，开始主动打扫寝室卫生……原来，这些原本看起来很糟糕的事情，只要人人都能多操心、多对自己负责，就没有那么难。要知道不对自己负责，最终的后果还是要由自己来承担。此前，我所带的一个学生，因必修课重学四门无法被正常授予学位。尽管一直提醒他通过哪些途径可以补授学位，但很遗憾，他仅仅是敷衍着对我说"好的，会去努力"。结果他并没有真正对自己负责，也没有努力，毕业的时候没有拿到学位。接到家长电话的时候，他的母亲在电话里连声叹息。我觉得特别难过。只可惜，再也没有人能帮助他承担这样对自己不负责任的后果了。

也许在以后的工作和生活中，我们很难再遇见一位愿意牺牲个人休息时间提醒你不要忘记某事的同伴；也可能不会再遇见包容你、帮你补漏，还能主动给你打扫卫生的朋友。所有的一切都得自己扛着。

所以，从现在开始，学会对自己负责，从每天准时健康上报开始，从认真打扫寝室卫生开始，从上好每一堂课、及时完成每一份作业开始……因为，对自己负责，也是对他人负责，对所属集体负责。

是谁放弃了你

我曾带过的一位同学联系我：不及格学分远超退学警戒线，自己似乎还在迷糊，为何不及格学分会如此多。于是我约了他当面交流，看看问题出在哪里。他凌晨从家里开了一个多小时的车回校。我见到他的时候，他正在校门口登记入校，看起来有些许疲惫。后来在其他老师的帮助下，我们重新捋了一遍他的不及格学分。来回折腾一番后，他选择了再次降级。

其实我并不能确定，再次降级能否确保他一年后如期毕业。看着他从我的班级降级时带去的不及格课程依然醒目地记录在成绩单上，我气到无力。想起他在电话里说起，可能是自己不及格学分太多，老师已经放弃他了。我不禁开始思考：到底，是谁先放弃谁？

一位学生来办理退学手续。他在异动表上写下自己的个人信息，写到退学事由的时候，他停住了手中的笔，抬头问我：老师，这里我应该怎么写？我答：实事求是地写。他挠挠头，似乎对于退学的理由突然模糊起来。于是我问他为何要退学。他说不想读书了，语气里还有一丝倔强。后来发现，这位同学也是因为累计的不及格学分太多，已经学业困难。所以我再问："你在大学期间都干啥了？"

"就和其他大学生一样啊"。

"可是他们并没有因为不及格学分太多而要退学呀。"

我的回答让空气中多了一丝尴尬的气氛。

走到退学这一步，多少人是真的想退学？

与同学们相处久了，我在一些同学的身上发现"学习"似乎变成了一个呆板、僵硬的词，学习的目的、学习的过程、学习的意义这些原本灵动又有趣的内容慢慢不见了，人也慢慢变得颓靡不振，距离自己为自己负责似乎也越来越遥远。

我不时也问自己：学习真的是一件痛苦的事情吗？每学期都有一些同学要碰壁、重新选择或者放弃选择回到起点。这足够说明一些问题。

然而，对于绝大多数人而言，学习本身并不痛苦，痛苦的是学习的过程。我们花费时间与精力完成作业、撰写论文、参加竞赛，两个小时的一场考试也让我们耗尽心力，期末考试周结束过后可能让我们苍老好几岁……但当我们品尝到学习所带来的成果时，那种获得感与满足感亦是无可比拟的。不妨回味一下曾经体验过的"巅峰时刻"，是否仍旧会有所触动。只不过，没有经历过"痛苦的学习过程"的人，又怎会享受到快乐的学习本身呢？

我问曾经在我班上的那个学生，到底是因为什么，才会走到现在这样的局面？尽管其中的一些细节和影响因素，我早已明确，但还是希望他能够自己想明白到底是谁放弃了他这个问题。

若是自己放弃了自己，他人实在无法担负起拯救的责任。

拓宽生命的宽度

　　假期里，我们召开了一次线上班会。在开班会的前几天，我做了一个小调查，主要是为了了解同学们现在面临的困难和问题，以便精准引导解决。其中有位毕业班的同学提到了"迷茫"。这位"迷茫"的同学随后联系了我。她的迷茫一方面来自近期屡次投递简历，但杳无音信；另一方面来自最近的面试失利。她情绪的最后一根稻草被压垮，主要是因为最近应聘的单位明确告知她，专升本毕业生是不会被通过的。所以她对自己的能力和学历都产生了怀疑。我想，此时她的挫败感或许远多于迷茫。

　　葛老师积极探索低年级到高年级阶梯式的生涯育人模式，开展了多场围绕职业素养提升的主题活动。我受邀参加了其中一场，主要和大三的学生谈就业心理调适。其中一个环节，我邀请现场的同学们参与了手绘个人生命线的活动。参加活动的 24 位同学结合自己的亲身经历，认真对人生前 20 年的生命历程进行了回顾，并且对其中的人生"低谷"和"高峰"体验事件进行记录，最后以一条曲线将相关事件连接，形成了高低不一的生命线。高峰代表因成功、喜悦等正向体验而难以忘记的事件，低谷则被视为带来失败、挫折等负面体验的事件。

　　在活动场地走了一圈后，我发现参与此活动的同学在绘制个人生命线时，不约而同写了一个相同的"低谷"事件——高考失利。因为高考失利，"不得不"来到杭商院；因为高考失利，"不得不"读一个自己不喜欢的专业。参加活动的 24 位同学都是随机报名的，事先并没有面向某个班级或者专业统一招募。起初，这个结果让我感觉很惊讶。然而，我结合这些年与学生谈心谈话的经验，对此有了不同的理解。

尽管有相同的低谷体验（高考挫败），但是这些同学在进入杭商院后的学习和生活发生了迥异的变化。有一类同学坦然接受了失利的现实，重整旗鼓，开始规划自己的大学生活，在校期间的生命线出现了更多的高峰体验，比如竞赛获奖、拿到奖学金、考取资格证书等；还有一类同学的生命线在进入大学以后并没有太多变化。从这些前期相似、后期有差异的生命线中，我们可以看到目标明确、行动迅速和继续沉沦、缺少规划两类同学的大学生活的不同。因为要考虑当事人是否需要这样的状态，或者是否对当前的状态满意，所以，到底哪一种生命线下反映的大学生活状态更佳，我们很难精确做出判断。在生命线游戏结束时，所有的同学都对以 20 岁为起点的未来人生进行了一个新的规划，此时的生命线基本是向上的趋势。未来代表了希望，代表了许多的可能，那些现在让大家挫败的问题可能不再是问题。

想到这里，我与那位迷茫的同学又进行了一次深入的交流。我主要问了她几个问题：你认为自己面试失利的原因是什么？你评估自己现在的主要不足是什么？要弥补不足、解决问题的话，你现在可以做什么，能做什么？问这三个问题的主要目的，一是希望这位同学重新充分认识自己，二是充分认识现状，三是发掘自己的能力，明确下一步的行动。

如果用生命线来对这位同学迄今为止的生命进度进行度量，我想她满怀希望进入大学可能是一次高峰体验，这几次求职的失利或许就是她生命线上的一次低谷。不论是走向低谷还是高峰，生命线的进展都离不开行动。尽管这位同学目前处于迷茫状态，但历经几次挫败，她依然没有放弃继续尝试。只有行动能够让我们走出迷茫的状态，离开人生的低谷，并拥有人生高峰的体验。人生的长度是有限的，所以我们的生命线会在某个点停止。但是人生的宽度是无限的，也就是在生命线上出现一次高峰，还会有下一次高峰，以及更高峰。我们可能永远都无法获知自己生命线的高峰值会出现在哪里。因为遇见这种可能性的前提是有效行动。

为了在有限的生命中拓展我们生命的宽度，我们能做什么？在我与那位迷茫的同学的交流中，我举了几个她身边同学的例子。有的同学面试屡战屡败，后来醒悟过来总结原因，发现是自己缺乏相关经验、准备不够充分，调整策略、认真准备后求职成功；有的同学尽管身上带着"专升本"的标签，但与名校毕业生、研究生同台竞技时凭借自己的充分准备和综合素质，最终突出重围，找到了心仪的工作。"专升本"并不是坚固的门槛。听完这些以后，那位迷茫的同学似乎再次找回了信心。

要拓展生命的宽度，首先是接受生命线高低起伏的可能，人生的低谷不在这个点出现，也可能会在下一个点出现。接受可能后，要通过行动和努力，做好充分的准备，尽可能在能力范围内减少或者避免低谷的出现。但是就像面试失利一样，再充分的准备也有失败的可能，而不认真准备可能意味着错失更多机会。

低谷的出现包含主客观多方面原因。客观的原因我们难以改变，但我们可以把握自己能够掌控的主观原因，比如个人努力程度、准备状态等。即使是一份精心准备的简历也会在此时为自己加分不少。这样在减少低谷数量的情况下，我们能够以一种积极的心理状态来看待受挫、失败等负面事件，对于所谓的"低谷"事件也不会那么惧怕。

当然，要拓展生命的宽度，最重要的还是要赋予我们人生的每段历程、每个事件以意义和价值。只有在生命的旅程中，以一种接受和享受的状态面对出现的各种可能，我们才能真正延展生命的意义、拓展生命的宽度。

✎ 通往成功之路总在施工中

　　学院第三届班级形象创意设计大赛落下帷幕。作为比赛前期筹备、中期跟进到最后决赛选拔的见证者，我看到了经历一遍又一遍打磨后的节目在决赛的舞台上大放光彩。活动结束后在台上合影，我听见工作人员说：太好了，一个活动结束了。这是来自一线工作人员的感叹。尽管现场只有 10 个班级展示，总时长不超过 2 个小时，但在为期不到一个月的筹备时间里，不论是展示班级、各个工作小组的工作人员，还是活动的指导老师，都忙得团团转。讲稿一遍又一遍地修改，PPT 一遍又一遍地调整，主讲人一遍又一遍地演练，节目一遍又一遍地排练，工作人员一遍又一遍地校对活动过程和现场的流程、材料、设备……在繁重的学业和活动安排中，大家挤出时间抓紧排练，甚至在比赛当天的彩排现场仍在不停地调整细节。在活动结束的那一刻，大家都松了一口气，为辛苦付出有了还算不错的结果，也为卸下了一个重担。舞台上的精彩纷呈，是众人努力和付出的结果。可谓是"台上一分钟，台下十年功"。

　　在班级形象创意设计大赛的半个多月前，我和洪老师参加了辅导员案例分析大赛。从接到比赛通知到现场比赛大概有一个星期左右的时间。洪老师和我对于入围决赛倍感压力，因为此前只提交了案例文本，也从未有现场答辩的经历。如何将文本转化为 PPT？如何在有限的 6 分钟时间里，呈现最有效的信息？我们的心中有许多的疑问。好在我们很快找准了节奏，各自根据文本做好了PPT，而后相互演练，并给对方提意见。

入围现场决赛的老师一共有20位。洪老师和我的抽签顺序稍后面一点，有了临场向先行者学习的机会。第一位出场的老师就让我们惊叹不已。这位老师的案例主要介绍的是如何引导沉迷网络的学生走出自己的"二次元"世界。听完这位老师的案例分析，脑海里有一个词跳出来——"专业"，问题解决既接地气又有理论高度。仅仅有工作时间和经验的积累，没有专业技能的提升，无法成就这样精彩的展示，但这位有10余年工作经验的老辅导员的案例分析，给我们上了非常生动的一课：专业的人做专业的事。比赛结束后，我和洪老师交流，台上6分钟的展示背后并不仅仅是一个星期的辛苦。辅导员工作千头万绪，许多工作案例的处理都有共通之处。但为何同一个案例到了不同辅导员的手中，分析出的深度不一样？这就离不开日常的积累、总结和专业提升。没有这些前期的付出，就不会有现场精彩的展示。

有一档"神仙打架"的节目——《主持人大赛》，据说是全国首个国家级主持人竞技平台，国内主持界最权威的人才选拔赛事。比赛分3分钟自我展示和90秒即兴考核两个环节。带着好奇心，我也加入了观赛的队伍。不论娓娓道来还是字字铿锵，现场12位参赛选手不疾不徐、应对自如，绝大多数思路清晰、观点鲜明。看完比赛，我连连感叹：实在太精彩，实在太厉害！

首场比赛的十二位选手中，让我印象深刻的有两位。一位是姚轶滨，3分钟自我展示结束，时间一秒不差，即兴考核环节也掐点在最后一秒完美结束。另一位是邹韵，她是2009年"CCTV杯"全国英语演讲大赛总决赛季军，她没有走上同声传译的舞台，但是却"走运"地走上了媒体人的道路。英语的专业能力让她有机会近距离地观察中国在世界舞台上的形象，让她走上国际舞台、传播中国声音，她说自己的"个人梦想很走运地在中国和国际的语境中不断成长，彼此护航"。

年终述职考核或者参加比赛都会有时间限制。按照我的语速，3分钟大概能说650个字左右，而观看了比赛视频后，我惊觉，原来3分钟，哪怕90秒时间传达的信息都能如此之多。平日里光是准备那千余字的讲稿就把我们难倒，更不用说在高手如林的舞台上与"神仙"过招。这是一档主持人竞技比赛，不仅让我们看到了主持人应该具备的职业素养，也看到了主持人应有的专业和广泛的知识储备。没有经年累月的积累，不一定能有此成绩。

我们所看到的成功和完美背后凝结了许多努力付出和坚持不懈。要想自信地站在闪光灯下，少不了平时的付出。专业的人做专业的事，专业同样源自不停地学习和积累。

主持人大赛中有一位选手说："充电2小时，通话5分钟。台下的功夫特别重要。通往成功之路总在施工中。"想要完美绽放，那就一遍又一遍地磨炼吧。

✎ 为自己寻找一个答案

诚信考试主题班会结束后，同学们陆续离开教室。有几位同学做短暂停留，简单交流片刻后也离开了教室。而 C 同学依然坐在座位上，没有要走的意思。桌上除了书本外，还放了一杯咖啡。这是第二次，班会结束后 C 同学没有像其他同学一样离开教室。我走过去，和上一次一样，问他不回宿舍的原因。他说："我再坐会吧，以后坐坐的时间只会越来越少。"

他比在考研之前的那一次面谈时看起来更瘦，头发有些长了，盖住了眼睛。他曾对自己做出这样的评价，"比身边其他同学要更成熟一些"。和他聊天，能感觉到他的思考自带一种冷峻，听起来逻辑很缜密，思考也已经很成熟。但每一次和 C 同学交流结束，我都有一种相似的感觉：他的内心似乎在寻找什么。这听起来过于主观了。但我想也许是因为还没有找到自己想要的东西，所以他在考研备考的过程中更换了几次报考的院校和专业。

考试前的最后一次面谈，我鼓励他不论未来做何选择，要将眼下的努力坚持到最后。现在他考完了，我大着胆子问他感觉如何。情况有点出乎我的意料，他没有参加专业课考试。所以我们又在教室里聊了一会，虽然聊到最后也没有得出什么结论，但也算达成了共识：考试已经结束，一个阶段翻篇，下一阶段好好努力。

后来，我收到 C 同学的消息。他说："我心里有了一个答案。"我回复他："希望你能更多地看到自己，卸下一些负累。"在我们的数次交流里，他都对自己的选择非常笃定，但我想，唯有这次，他真的找到了一个答案。

在一次班委会上，一位班干部问我：老师，我很着急啊，我想考研，但是好像又没有那么坚定。我问她：那么你为什么要考研呢？她迟疑了一会，没有说出特别的原因。我当即给她泼了一盆冷水：如果没想好的话，那么我不建议你考研，因为面对考研过程中可能出现的困难，你没有足够强大的力量和自信去坚持，说不定无法走到最后。这可能是第一次，我给想要考研的同学泼冷水。当然，后续我没有立即跟进她的考研意愿，希望能够留给她时间让她自己想清楚、自己做决定。

会议现场还有一位班干部很明确地表达了自己在考研与否这个问题上的选择：不考研。她的决定听起来有理有据，也是经过深思熟虑的，并且在做出这个决定后，已经开始积极朝着自己的新目标努力，没有犹豫不决。考研与否对她来说并没有成为一个负累。

其实，并不仅仅是考研的问题，而是我们在做选择、在坚持时需要找到答案的问题。找到答案对于我们来说很重要吗？找到答案，我们的选择和行为就有被合理化的可能，内心就有了明确的方向，信念会更加坚定，前行也能更加持久，更不容易在挫折和困难中迷失自我。所以，我们人生的大部分时间其实都在找答案。

但是，找到答案之后并没有所谓的一切尘埃落定，因为人生有诸多选择和可能，我们要找的答案不止一个。所以，不只是 C 同学，我们每个人都在寻求各种各样的答案。要不要考研、考研院校专业如何选择、为什么坚持、为什么放弃……每一个行为背后、每一个选择背后其实都有一个答案。人生或许就是一个寻找答案的过程。在这个过程中，我们努力追求、积极探索，收获挫败、成长、意义和价值。

但是人生并没有所谓正确的标准答案。每个人内心对于孰轻孰重、孰远孰近都有自己的标准和看法，并且最终会有自己的选择。也许考上研究生这件事情对 C 同学或者那位班干部来说都是重要的，但在 C 看来，考研院校和专业的选择于他而言更重要。

有一次，我和一位同学进行本学期的第二次长时间谈话。在交谈过程中，他再三向我确认：老师，你没有建议要给我吗？我问他：你希望我给你建议，是吗？他点点头。我明确告诉他：我不会给你建议，所谓的建议只是我的想法，但可能不会是你的选择。你可以回去结合我们今天交流的内容自己再做思考，下一次我们再交流，你可以分享你的思考过程与结果。我不知道这位没有带走任何建议的同学是否心有所惑：我主动来找老师，就是希望老师能给一些明确的、当下就能用上的建议，但是这个目的没有实现。

爱默生（Emerson）说：如果一个人渴望每件事都成功，他就必须为之付出努力。这位同学需要的或许并不是我的建议，而是他需要建议的原因。所以，为了这个真正的目的，我想他也需要自己去付出一些思考和尝试的努力才行。也许他现在已经迈出了自己去寻找答案的第一步。

当然，在寻找答案的过程中，我们也会经历一些波折。除了寄希望于别人直接给一个方向，还有可能在同一件事情的不同答案上来回徘徊、逐一尝试，但最终却没有选定其中一个。我们为什么不会轻易定下一个答案？是因为我们往往会考虑这个答案所带来的后果，去计较选择以后的得失。

　　如果此时我们还不知道自己要找的答案是什么、在哪里，不妨学一学小朋友们，以最简单、最痛快的方式对自己追寻人生答案的功过得失进行评价：我需要什么、不需要什么，我想要还是别人想要，我希望还是别人对我的期望，什么是好，什么是不好……

　　最终，我们对自己努力的过程形成独立且真诚的判断，并选择最适合自己的那个答案，而不是以别人的评价来左右自己的选择。

✏️ 一张特别的获奖证书

2019 年的某天，我的桌上多了一张竞赛获奖证书。证书的主人是金融 15 甲班的吴同学。他已毕业离开。为了第一时间分享这份喜悦，我把证书拍照发给吴同学的同时，也发到了班级群中。

"老师这个奖状给你吧，感谢你为我起早打在校证明"，"给您留作纪念" ——收到我的照片后，吴同学如是回复我。我的记忆随之回到了 2019 年 5 月某个周末的晚上。

当晚 11 点左右，吴同学联系我：由于学生证没有随身带，但是第二天早上要参加考试需要身份证明，需要开一份在读证明。

第二天一早就要考试，前一天晚上 11 点要在读证明，而且又遇上了周末……这真是一个尴尬的时间。我问吴同学：知道要考试，为什么不早点准备？吴同学回复我：因为自己忘记了。

忘记了？！我又气又急，气在怎么可以对自己的事情这么不上心，急在这个时间点不能给吴同学开证明影响他考试怎么办。

学校安排了新生实验室的考试，每个班级群都在发布相关通知。有同学在请假时间截止后联系我，问是否还可以请假推迟考试。我问他班级群里发布的通知有没有看到，他给我的回复是消息没有"@ 全体"，自己就漏看了。

"我忘记了""我没注意""我不知道""我不清楚"……平时和同学们接触，这些略显无辜又稍带歉意的话没少听到，每次听到都是又急又恼。急的时候，就比如前面吴同学要参加比赛一样，担心某次忘记和不注意会对同学们的学业、切身利益产生影响；恼在忍不住发问，这到底是谁的事情，到底应该谁上心？

这样的发问似乎并不能立竿见影，让所有人都能第一时间对自己的事情热心起来。我们也总有千万个理由来解释自己某次不经意的"忘记""没注意"。有人因为忙碌、精力有限；有人因为没有注意到消息，错过了时间；还有人因为没有把事情当回事……

大学里的我们，因为"忘记了""没注意"可能要面临什么样的后果？奖学金申报时间截止了，材料忘记提交，影响了奖学金的评比；没有注意到课程重学、补修报名通知，这个学期不合格的课程又积累了很多，不及格学分使自己临近退学的边缘；期末考试，忘记带证件，没办法进去考场，这门考试可能就泡汤了，重学课程门数多了一门，不及格学分多了几分……

大学里的"忘记了""没注意"最严重的结果是什么？河北体育学院40名学生因为长期旷课，且未办理任何手续被退学一事引发了社会广泛的关注和争议。在教育部举办的新闻通气会上，教育部高等教育司司长吴岩再次表示：现在有学生不对自己负责、不对家长负责、不对社会负责，他就应该付出自己应有的代价。这里或许有对规则的漠视——"忘记"了规则，但最主要的还是没把自己的事当回事。

平时与同学们交流，免不了再三叮嘱：自己的事情自己要上心啊。但生活中总会因为"忘记"出现一些意外和惊吓，让我们捏把汗，而且并不是每次都可以松口气。如何对自己的事情上心？我想可以从以下几个小细节做起。

及时关注班级群（QQ 群、微信群）消息，不论是否 "@ 全体"，都仔细看看，以免漏掉重要消息。

对于学校几个重要网站，比如学院官网、教务处网站、就业网站、学工在线网站、国际交流与合作处网站等，不时登录上去查看各类通知文件，上面不仅有各类事务通知，还有各类表格材料资源以供下载。

多交流，和班级同学、老师加强交流，有疑问、困惑及时询问了解清楚，莫要主动把自己 "隔绝"。电话、微信、QQ……如果没有一个渠道能够联系上你的话，那你的大学生活可能会失去很多的乐趣。

明确目标，找准定位，提前规划，尽早准备。机会留给有准备的人，虽不一定做到万全准备，但提早准备说不定可以弥补某次 "忘记" 带来的不好影响。

明确自己的责任。

吴同学在读证明的事件后续，就是第二天一早五点半我跑到办公室给他开了证明。因为太早，教学楼的大门还没有开。我在教学楼周围转了转，六点多从另外一幢楼的三楼进入了经法楼，然后给吴同学开了证明，并赶在他出发去考试前给他。

五月的那个深夜，我最后留给吴同学一句话："毕业以后任何事情自己通盘考虑，提前规划准备……你们六月毕业以后我不会也不可能再唠叨你们了。"

我总和同学们说，大学校园比社会要对你们更加包容，正因为如此，才应该更用心、上心学习、工作和生活。毕竟随着走出校园，我们一次 "忘记" 的成本和代价只会越来越高。

做自己愿望的"奴隶"

"十一"假期，我去见了相识十几年的老友F。和F的熟稔程度说起来很奇怪。我们记不清楚最近一次见面到底是什么时候，以为那是几年前的事情。事实上，我们寒假的时候才见过面。我们之间的相处模式也有些奇怪，平时我们基本没有任何联系，连节假日的寒暄客套都没有。但凡见面，却不见得半点的生疏与嫌隙，仿佛我们之间最不缺少的就是日日相伴在旁的亲密。

F很漂亮，不是传统意义上的时尚靓丽，而是秀外慧中的美。所以当她和我提及她打算成为一名茶艺师的时候，我没有丝毫讶异，反倒觉得那是与她的气质再适合不过的职业。

临走前一晚，我们四个女人就着一壶茶，畅谈到凌晨。大部分的话题其实都围绕着F的职业困境和发展规划。我看她表示出自己因现状而心累，又急于想要与我们在她"为何这么累"这个问题上争论个清楚明白，就抛出这么一句话："你就是太心疼你自己了，怕自己太累了对不对？"F低头不语，而后一字一句说："对，我就是心疼我自己，觉得自己活得委屈，为什么要把自己搞得这么累？"

这个场景是何等熟悉，这些话又是多么耳熟。前段时间约谈重学课程较多的同学，有的同学每个学期除了常规的谈话外，学期初下发学业警告书的时候总能雷打不动地找我来报到。所以看到他们，我都会笑着说："应该知道今天为什么被约了吧？"

告诉这些同学如何减少不及格学分、如何合理安排课程重学、如何争取在大四毕业前为学位补授做好充分的准备绝对是每次谈话的必备项。不得不承认，每次和同学们谈话，我都会有不同的发现，而他们也一次次更加明确为了补授学位自己剩下的可供选择项其实并不多了。因为提供的选择都一个一个被排除了。

考研？不行，考研太辛苦了，大三就要开始准备，战线太长、太累了。还要考数学，我数学实在太差了。

考公务员？不行，竞争这么激烈，说不定还没上场就"阵亡"了，去了也就是个打酱油的。

考雅思？不行，我英语基础太差了，连四级都过不了，何谈雅思呢？

参加省级竞赛？不行，我没有这个特长啊。

发表论文？平时写个课程论文都把我愁坏了……

所以最后，还幸存的唯一一个选择就是，四年（算上毕业论文和实习）的课程成绩在专业排名前80%。只是这个成绩出得太晚，一旦知道未达前80%，那么想要再考虑其他学位补授的措施已经彻底来不及了。

这四年中，他们从未脱离过自己的心理舒适区，享受学习和思考所带来的乐趣，但也乐于享受不作为的慵懒和惬意。

眼看寒风渐起冬天逼近，要离开温暖的被窝揉着惺忪睡眼到操场跑个几圈，或者到教室里来个早自习简直就是在挑战极限；老师下达了每天听多长时间英文听力的作业，但是没关系，"我"只需要花半个小时也能交出一份不求质但保量的作业；要期末考试了，看看哪个学霸已经整理好了复习资料，"我"只需"复制""粘贴"就可以；坐在偌大的报告厅里，有人奋笔疾书做记录，频频点头有顿悟，"我"却低头刷着朋友圈，只要偶尔象征性抬头缓解颈椎疲劳或鼓掌就行……

这些驾轻就熟的做法或者选择给了我们巨大的安全感和舒适感，即便我们不努力，好像生活也不会变得很糟糕。改变成了无法跨越的一个障碍，因为那里充满了未知和挑战，我们无法确定自己接下去要面对的是什么。哪怕是一段时间的作息调整、日常饮食的改变都可能成为我们焦虑与害怕的理由。

那个大一微积分重学两次已经考虑学分替代的同学，在大四考研的时候数学考了高分；那个在各大组织纳新面试时处处碰壁的同学，成立了自己感兴趣的社团，并且将社团管理得风生水起；那个普通话带着浓重口音，平舌、翘舌分不清的同学，在大型辩论赛中舌战群雄……这些走出自己的心理舒适区，勇敢接受新挑战的同学们飞速成长、越发自信。

条条大道通罗马，这个世界上通往成功的道路有很多，成功的人士也有很多。我们在谈论的时候一脸艳羡，却在无数次下定要努力的决心后，任由决心成为空头支票。自然，我们也无法看到决心付诸行动后所带来的成功。

我想要成为什么样的人，我想要学一个什么样的专业，我想要找到一份什么样的工作，我想要建立一个什么样的家庭……在内心深处，我们为自己呵护着一个愿望。只是这个愿望的实现需要我们不遗余力去追寻才有实现的可能。而在这个过程中，我们会累，头脑中会闪现放弃的念头，会挣扎，甚至会认识到一个不曾见过的自己。

每天早晨 6 点 40 左右，我去食堂吃早饭，总能遇见两位英语专业的学生一起吃早饭。之所以认识他们，是因为在许多竞赛和活动上都能看到他们的身影，而且他们的名字也经常出现在一些荣誉榜上。他们将在这个 12 月参加研究生入学考试。每次看到他们面对面笑着谈论，那份从容和笃定都让我觉得感动。是坚持，让他们进行中的大学生活熠熠生辉。

我们为何要给自己找麻烦？或许，只是为了在那条专属于自己的人生道路上，尽管磕绊难堪、艰辛险阻却依然坚持，在走到尽头的时候回望，发现此生已无遗憾。

参加特别优秀学生奖学金竞评报告会有感

特别优秀学生奖学金评选是杭商院最高级别的奖学金，吸引和集聚了一批优秀学子。有组织或参与组织学校各大活动的学生干部，有将校级、省级和国家级奖项尽收囊中的学术达人，有三年专业学业加权平均成绩高达 93 分的学霸，有发挥个人专业优势、积极融于社会实践和服务的志愿者，还有有才又幽默、身怀多项技能的全能型人才……每一位竞评者都拥有一段异常厚重的三年大学经历。

2018 年度奖学金竞评结束后，我收到一位大三同学的信息，咨询特别优秀学生奖学金的评比条件。因为大一不够努力没能达到相应的要求，这位同学将在大四与特等奖学金擦肩而过。但是这个同学最后说："今天听了觉得自己还有很大的努力空间，还是会努力的。"

优秀，没有最优秀，只有更优秀——这是在听完竞评会以及和这位大三同学交流后的一个感受。在竞评会上，有一位竞评者说的几句话让我感触很深。

第一句：坚持是唯一一个我们能选择的天赋。现实往往是，事情还没有定论，路还没有走完，我们自己就先放弃了。我和一位大四考研备考坚持了三四个月，现在选择放弃的同学聊天。最开始，我站在劝说其继续坚持的立场上。但是后来我发现，这位同学把自己的选择的前因后果都安排得明明白白，比如自己的性格能够坚持这么久已经算不错，比如坚持这段时间以后发现自己还是不适合，比如放弃考研以后接下去能够迅速将状态切换到找工作上。于是我将劝说改为了祝福。因为只有坚持，没有正确的方向，离自己的目标总会有那么一点距离。最了解自己的人，有的时候还真的只能是自己。

关于坚持的第二件小事，是来找我拿三方协议的两位同学，他们也是考研大军中的一员。在距离考研倒计时只有一个月左右的时间点上，他们没有"理论上"考研备考应该有的"头悬梁，锥刺股"、恨不能将一分钟掰成一个小时用的严谨认真状态，反倒开起了小差，竟然抽空去找了工作，还拿到了入职通知。但是在和他们聊完以后，我又改变了自己的立场。两位同学的共同点是，工作先找着，考研也复习着。其中一位同学表示，尽管知道自己考研录取希望不大，但是既然选择了还是会坚持走到最后；另外一位同学也间接流露出了对考研结果的不自信。

一直以来，许多人包括曾经的我在内对于考研备考可能会存在一种"考研是一件需要异常努力的事情"的"偏见"，也就是考研差不多可以和昏天黑地终日与书为伴的状态画上等号。现实是，有一些考研的同学用实际行动告诉我们，他们不想失去一些好的机会，对考研也没有抱百分之百的信心，考研、工作双管齐下。所以，在坚持这件事情上，"一条道走到黑"或许不是最佳方案，能兼顾，多走一条自己想走的路也未尝不可。无非是，如果可以，在走哪条路之前做一个最清楚的判断和选择，可以帮助我们节省更多的时间和精力，应对最需要应对的事情。

说到这里，想起竞评现场让我感触很深的第二句话：想放弃总有借口，想逃避总有理由。其实不一定每一次放弃和逃避都能找到理由或者借口，只要我们首先能过得了自己这一关。所有的理由和借口重要的作用之一，就是让这场放弃和逃避显得更加冠冕堂皇，让退出更加无可指摘而已。因为还有适时放弃、及时止损的说法。只不过，在特别优秀学生奖学金竞评现场的 25 位同学，他们身上无一例外都闪耀着坚持——这项我们能够选择的与生俱来的天赋所带来的光环。或许他们在某一个时刻也曾有过放弃和逃避的念头，但最终他们选择了坚持。今日浓缩成短短数分钟的展示，凝结了他们三年来坚持的成就。这里所蕴含的能量不仅成就了今天的特别优秀学生奖学金竞评者的优秀，也影响了现场的每一位观众。这个时候能否获奖似乎没有那么重要。

特别优秀学生奖学金竞评仅仅是前三年成绩的一个总结，却也孕育着下一个开始和新的征程。

毕业班第一次班会有感

新生入校，首次班会必不可少。除了每个班级安排的特色环节外，一般会有师生见面、规章制度介绍、学期初安排布置等。每个学期初，我也会给各班开班会。老生班会讲什么？以往大多讲学业，苦口婆心告诉大家学习很重要，新学期又开始了，给自己立一个新的目标。但是效果往往不够显著，该挂科的、该重学的依然是老样子。

等到他们大四的今天，我原本打算不再提学业，但是依然没有忍住。我"声色俱厉"地告知要学位补授的同学应该抓紧行动，不要再犹疑不决。班会的最后，我提醒同学们不要熬夜、少吃垃圾食品。坐在下面的同学们发出了笑声。我心下是希望他们能听进去的。

年岁渐长的一大好处是，让很多失误和不完美多了一个可以怪罪的理由：年纪大了。比如健忘、脸色蜡黄、两眼昏花、不爱动弹。具体的表现就是实在经不起熬夜或通宵的折腾，因为第二天掬一捧清水抹脸，无法再有清水出芙蓉的效果；也不能纯天然素颜出镜，因为脸色不好，实在没有自信崇尚自然美；更不能跑上几百米腰不酸腿不疼，很有可能连快速走几百米都不行；而且说着话做着事，一转身就忘记刚才想要干什么。这似乎也成了一件心事，并不是害怕容颜不再的衰老，而是发现身体状况早已不如前，自己的身体自己却无法控制，身体机能慢慢退化：熬不起夜，吃不起辛辣重口的东西，还不能贪嘴多吃……若是稍有违背，身体就会以它的语言告诉你，你越界了，所以也算是小心翼翼伺候着。同时，与许多兴趣爱好的缘分走到了尽头，不得已开始要求自己多锻炼，另一边却又无奈地放纵身体状态老下去。

所以仗着必然要衰老的理由，不由得想要多亲近这些年轻人一分。扎在他们之中，也能跟随他们四年一轮回的脚步，一起历经和回顾许多热烈与平淡。这些都是自己早几年不曾在意的东西。这四年间，学习这件事情却是没有办法像身体免不了的衰老一样，放纵它兀自坏下去的。所以在同学们的身边不时会有老师的提醒和督促，倒也不是所有人都能听进去，于是有了最后关头的果断放弃和垂死挣扎。这是这个开学见了好几位被退学或者主动退学的学生以后，我内心深刻的感触。要退学了，也不知道自己未来要做什么、能做什么，但自知无心学习，想着不如早日放弃。也有的希望能搏一搏，补考前突击复习了好几门课程，只求最后能有一两门课通过，不至于被彻底脱离学校。

此前和其他辅导员交流，他们坦言新生班和老生班对比，新生班相对来说，学风会好很多。晨读书声朗朗，晚自习也认真看书，甚至看到老师过来了，还会抓紧收起手中正在看的社团组织纳新的宣传单。老生班的同学虽也有认真看书的，但是戴着耳麦、开着电脑玩游戏的同学看到老师来了可不会抓起电脑胡乱往抽屉里一塞了事，反倒显得异常冷静和无所谓。对于这部分同学来说，早晚自习无非换了一个地方睡觉和打游戏而已。

仔细一回想，当年2015级的同学们刚入校的时候好像也是这么认真。刚入学的时候，像一个幼童一样，小心翼翼地试探周围环境和人际的容忍度与界限。慢慢地，一旦发现自己的行为似乎并无不妥也不会受到任何处罚后，不仅强化了自身的行为，还影响了身边处于观望态度的人。也就是在这个时候，一个班级内部的氛围开始分层，班级内部的成员也开始有了不同的趋向：勤奋好学的、拖延应付的、得过且过的、自我放弃的……

而在今日作为毕业班的第一次班会上，看着这些同学们，竟觉得他们已有几分成熟了。原来看起来对什么都漠不关心的同学开始关心自己的加权成绩、学位补授，开始准备做简历，也开始知道心疼父母赚钱不易……我觉得这在一定程度上算是好事，但是希望为时不晚，能弥补此前已经落下的所有。

毕竟，时间与学业不会等人，并不像身体有一个渐变衰老的过程，让你在缓冲的时候还能感怀。它们只会狠狠地把你往身后甩，让你从此无法再企及。

毕业关头，辅导员为何会情绪失控

每年毕业季，伤感、兴奋的情绪夹杂。2019 年的毕业季，作为毕业班辅导员的我还多体验了一层失控的情绪。事情的缘由是我看到教务处下发的毕业资格初审最新结果。对照那份无法正常毕业或不能正常取得学位的名单，尽管通过前期交流已经悉数掌握，却依然无法摆脱心底深处久久盘旋的失落。这种失落和失望的情绪不断发酵、渐渐焦灼，并在得知一个学生要放弃毕业证的时候突然爆发，忍不住在电话里"咆哮"起来。

"毕业太麻烦"——我的内心接受不了这样的理由。

这是情绪短暂失控的一天。所以，我为什么会心有怒气？带着辅导员这一层身份，我对自己以及自己的工作进行了解析。

作为一名辅导员，如何建立融洽的师生关系，不与学生带着情绪"红脸"？从业几年来，我见过数千学生，真正理解并深交的其实不多，大部分只能算和谐、没有冲突，面谈时较为官方，不见面也不会彼此挂念。和学生在电话里高声"理论"，并不是良好情绪管理的表现。想要内心狂怒而不形于声色，没有多年深厚功力，难以操持。师生多年，没能在这最后一年守住和颜悦色的人设，细细想来还是内心存了一份不该有的期望：在毕业边缘挣扎的，能顺利毕业；能毕业但学位岌岌可危的，能顺利拿到学位……没有期望，自然不会失望；没有失望，自然不会奋力挣扎。在那"红脸"中仿佛看到了"毕业是我的事"的假象。

有本书中提及自恋幻觉在亲子关系中的投射，其中存在的逻辑是，我对你这么好（A），你必须听我的（B），否则你就不是好孩子（C）。如果把这关系套在这"红脸"的事上，前半部分似乎也能成立：我提醒、督促、跟进做了这么多（A），你必须好好学习、顺利毕业（B）。但这里不存在（C）：否则你就不是好学生。"好学生"的标准千千万万，能否顺利毕业在我这里并不是衡量学生好坏的标准。

再深究这"红脸"以及"毕业是我的事"的假象，其根源在于我认为做出了（A），相应地，某位同学必须得有（B）的回应；而事实上，（B）并不会如我所愿存在。所以这（C）倒像是针对我的一个情绪表现，所以实际上是如下的关系：我提醒、督促、跟进做了这么多（A）→你必须好好学习、顺利毕业（B）→不存在"好好学习"，期望落空（C）。

作为一名辅导员，如何将话说到学生心坎里，而又不与学生带着感情"红眼"？工作几年，见了许多学生，也见了许多家长。自己的身份也慢慢加了一层家长的角色。每每和家长沟通，多数家长存在"我说话不听"的无力感，进而寄希望于老师能够帮忙教育督促学生，让学生来个彻彻底底的改头换面。这实在是一项异常艰巨的任务。为了唤醒主观还在沉睡的人，对于学业困难的学生，逐一念叨各种规章制度、措施，收效甚微；帮着做好帮扶工作，哪怕把他提到办公室里坐着，也是不情不愿……后来想想，这是自己给自己套上了一层枷锁，也给学生绑上了负重。彼此都不轻松，甚至心生怨气。为什么？说给学生的话，太官方，而且还急功近利：你现在的问题是什么，你要怎么做……把学生的现实和前景都安排得明明白白，他一看就知前方有多少问题摆在那里。

那怎么解决呢？解决太麻烦了，现在又失了克服重重困难的意志。也罢，你说着，我听着，话就在脑子里过一遍，存没存住另说吧。

不论"红脸"还是"红眼"，这样的情绪都在快速消耗工作热情。成就感全无，挫败感倍增。所以思来想去，想了对策二三。第一，把握师生关系的界限。抛开师生关系，老师与学生之间最初始的状态是人与人的关系。是老师或者是朋友，而非家长。不包办，多引导。第二，说的话要入耳入心，说什么和如何说都很重要，切中对方当下的需要是首要的。第三，期望时常有，这次期望落空，不妨先笑一笑。

作为一名辅导员，在情感投入多年后，我作为老师最大的挫败，或许来自未能听到学生真实的声音。

横在家长与学生之间的无形心墙

一天上午，我接到一位家长的电话。她告诉我，她是某某同学的家长。我在脑海中仔细搜索了一圈，从我带的第一届学生到目前在带的学生中都没有这个名字。于是，我向家长了解这位学生的年级和姓名信息。

这位家长说：吴老师，我也不是很清楚，我们是2015级的。我们家孩子把您的电话给了我。

此时，我想起来能与这名字信息匹配上的一位同学。当时因为处理一起突发事件，我把自己的号码给了那位学生。事情处理结束后，由于他是另一个学院的，我们之间就没有多少交集。

学生毕业后，家长联系学校一般有两种情况：与毕业相关的证书领取、返校考，或者因工作岗位调整需要调档、政审等。这位家长属于前者。但是家长似乎并不是特别了解自己孩子的情况，只是大概知道学生考试已经通过了，但是还没有领到证书。我再仔细追问是何时通过考试等具体信息，家长就更加不清楚。

因为这个问题比较复杂，我听了半天发现家长也并不是全部情况都了解，就问她为何学生自己不联系，而是让家长联系。家长说，他很忙的，最近一直都在加班，年底了，他就更忙了……一番交谈后还是不清楚学生的具体情况。我有一点生气，倒不是对家长，而是对学生。于是和家长说：让他本人联系我吧。当然，这位同学到现在也没有联系过我。

一位已经回家的同学在微信上给我留言，说自己在家里太难受了，觉得自己和家长"无法沟通""三天吵五六次"，好像做什么都要被骂。我曾像一个中间人一样，和这位家长沟通过学生提到的问题，建议家长多听一听孩子的想法，和孩子一起去探索他想要做的事情和他想要的未来；我也建议学生积极去探索与家长沟通的合适的方式。但是看完这个学生发来的消息，我想我在他们两者之间的沟通似乎没有起到什么作用。

在和学生谈心谈话时，学生有时候会提到自己的父母，顺带说出对他们的一些看法。从其中，大概能够看到一个家庭的氛围、教养方式、亲子关系。而其中的一些相处模式、沟通方式却让学生和家长都深受困扰。这种困扰让家长和孩子之间形成一堵无形的墙，把两代人的世界生硬隔开，一边是孩子内心想要的世界，一边是家长所希望的世界。因为这堵墙，双方长久以来的交流无法做到同频共振。

每个学期期末考试成绩出来以后，对于挂科比较多或者需要和家长沟通情况的学生，我们都会做家校联系，一方面是确保家长知晓孩子在学校的表现，另一方面也是最主要的目的，就是探讨如何更好地促进学生的成长成才。

有的家长在接到我的电话时已经知道自己孩子在校的具体表现，包括具体挂科门数。有的家长尽管也知晓，但是了解到的并不是真实情况，因为有的孩子在与家长交流时，往往选择性告知自己的情况。比如，暑假的时候我给一位家长打电话，他们家孩子在学校挂科 4 门，但是孩子和家长说的是挂科 1 门。我还在了解学生论文成绩时，特地查看了几位同学的期末考试成绩。其中有一位同学挂科2门。就在我提醒他要充分利用假期时间好好复习准备补考时，他说"千万别告诉我妈"。

学生没有如实告知家长自己在学校里的真实情况，其中的原因是多方面的：有的是害怕家长担心自己，有的则是因为害怕被家长责骂。从步入大学校园那一刻开始，就意味着我们可以独立做更多的决定。但在家长的眼中，孩子终归是孩子。因为没有对等的沟通交流，当孩子从空间距离上远离父母视线，家长对于孩子的处境更多从经验角度去理解和建议，甚至是帮助做决定：回家发展更好、这个行业更好……在这种强势的要求或明确的建议背后，也有一份父母的小心翼翼，他们偶尔也会恐慌，不知道如何更好地切入孩子的世界。作为孩子，对于长大，天生带着一种无畏的冲劲和"我的世界我做主"的霸气。我们一边享受着家长的呵护，一边又渴望着能够尽早摆脱这份略带紧迫的压力；我们不甘于现状，但是我们又抱着习以为常的心态不曾尝试改变。工作的这些年，我所看到家长和孩子之间那堵无形的墙，就是在不想沟通、不愿沟通和不当沟通中慢慢形成的。

我曾看见一些家长对孩子无条件地接纳和爱护，并且因此选择性无视孩子的不良行为和错误；也看见过一些家长对孩子不分青红皂白地苛责和羞辱，孩子有家却成了最孤立无援的人……在一些学生的烦闷、困扰里，总能读到想要挣脱现实但又无力挣脱的无助……这些也是横亘于家长和孩子之间那一堵无形之墙所带来的。

作为学生人生成长过程中的重要角色，我想我们都有这个责任消除这堵墙。

我们因何与家长"势不两立"

最近，我的心情经历了忽而明媚、忽而沉重过山车式的起伏。因为接到了两位家长的电话，均是关于其孩子学习成绩的事情。

一位家长表示和自己的孩子关系亲密，孩子会将在校各类表现事无巨细与家长沟通。这位家长一边和我说着学生的情况，一边温柔地笑着，即便学生挂科了，家长也十分清楚其原因，并且对于如何引导学生将重心和精力重新放在学习上有其一套至少听起来科学又可行的方案。我能感觉到这位家长对于自己和孩子关系亲密度以及彼此信任感的自信。

另一位家长打来电话的时候，我正在梳理新学期工作思路。乍听对方弱弱的一声"请问是吴老师吗"，我的心里不由得咯噔一下。学生几乎不和家长谈论自己在校的表现，家长询问的时候，多半以"挺好""我都大学生了""别管这么多"敷衍了事。家长苦于无法突破与孩子之间的屏障，又眼看着孩子越来越懒散和颓废，心急如焚。这位家长说："吴老师，我们全家心情都很沉重。"家长焦急又带着哭腔的声音让我的心一再下沉。我先简单介绍了学生在校的表现，然后分析导致这些表现的原因，并建议家长从哪些方面入手和孩子加强沟通。

两位家长来电都是为了自己的孩子，出于对孩子的关心。但两种问题处理办法反映出他们不同的相处模式和由此形成的相处状态及亲子关系。

家长与孩子沟通产生矛盾时，往往暴露出来的问题症结是，家长与孩子之间有没有一个良好的相互信任的基础，即双方有没有建立起平等的沟通模式。在氛围融洽的家庭里，孩子出现问题，家长的第一反应不是问责而是倾听，随后帮助分析和解决问题，孩子相较而言更愿意坦陈自己内心的真实想法。有的父母忙于工作，平日疏于对孩子的关心和关注，等到出现问题的时候再想与孩子沟通，结果发现双方的思想观念早已不在一个维度，只能用"孩子大了，有逆反心"等进行无奈解释。也有的父母虽然愿意倾听，迫切想要了解孩子的想法，但是孩子避而不谈，甚至极其抵触，根本不愿意与父母进行沟通。一方面我们在探求如何建立和维系亲密又相互信任的亲子关系；另一方面随着孩子年龄渐长，亲子关系中的冲突犹如疾风暴雨让很多家长心寒和受伤。

为什么孩子不愿意和家长沟通，进而产生语言或行为上的冲突？有研究表明，亲子关系中，冲突发生的原因中，觉得家长啰唆和唠叨占据榜首。家长没有了解清楚情况即对孩子进行批评和指责，或者沟通时没有好好说话、语气很差，将个人的想法和主观意愿强加在孩子身上，都很容易激发双方的矛盾。一旦孩子觉得父母干涉了自己的自由，可能会产生抵触的心理，也可能用非常不友善的语气激怒家长，导致双方冲突加剧。

家长在与孩子沟通过程中采用的方式，尤其是双方当时的情绪，决定了冲突是否会产生。在亲子关系的沟通上，之所以会产生冲突，除了原因之外，我们还需要思考哪些方面的因素会激发或者加剧亲子冲突。

随着年龄的增长，孩子会将对自我的认识以及外界对于其社会角色的要求塑成一系列标准，在这些逐渐内化的标准里，有对尊重、信任以及平等的需求。在校园里，他们与同学关系平等，乐于与同学交流；但是在家里，与家长在亲子关系上的不对等会让他们更加迫切地寄希望于父母在言语沟通上的平等和尊重。所以他们在意家长与他们沟通了什么，也在意家长和他们沟通的方式，甚至还注重在何种情况和场合下沟通。

家长与孩子沟通的内容相对来说是稳定的，比如孩子挂科、在学校表现不好等作为一种客观现实，不管孩子或者家长接受与否，它都已经存在。然后家长与孩子对于在校表现的评价却受彼此成长的时代社会背景、受教育水平、价值观、社会阅历等主观因素影响。这也是亲子之间就同一事件会产生相左意见的重要原因。有的家长表示自己受教育水平低，也不懂孩子在学校里学什么，孩子自认为父母"还不如自己懂得多"而更加不愿意与父母沟通；有的家长清楚大学阶段孩子学业及身心可能有的变化，但是囿于个人对具体事件的看法和评价，比如觉得孩子成绩不好就是丢人，孩子偶尔考得不好似乎意味着天要塌了，家长未能真正换位思考孩子内心里的真实感受，因而双方心理距离逐渐拉大。到底有多少孩子在沟通中愿意接受来自父母对于其在校表现的评价，又取决于孩子对自身及亲子关系等的认识。一旦双方认识上的分歧没有得到妥善处理，那么极易产生冲突。

除了沟通的内容以外，如何沟通、何时何地沟通，以及沟通双方的性格及人格特征等都会对亲子冲突是否会产生有一定的影响。尽管现在少有家长一旦得知孩子在校表现不佳，就对孩子进行责骂，但是不用好语气、好态度进行沟通的现象依旧存在。如果孩子稍微敏感一些，来自家长的一些异于平常的神态、语气等都有可能被其知觉为家长的不认同和指责，势必会加强孩子在内心里的抗拒。有的家长性子比较急，一发现孩子出现什么问题，在没有了解清楚缘由的情况下，也不考虑时间、场合，就开始对孩子进行问责。这破坏了孩子对于尊重和信任的需要，进而侵蚀了亲子间的密切关系。当然，亲子间的沟通是双向的，沟通过程中双方的性格、脾气以及自我意识等不仅会影响其对于问题的判断，也主导了沟通的氛围。耐心细致、循循善诱的开导远比暴跳如雷的责骂要有效；认真倾听、帮助分析远比强加意愿更能拉近双方距离。

我们似乎对亲近的人更易发脾气，尤其是家长和孩子之间，因为即便发脾气也不用担心双方的关系会破裂，毕竟有一层血缘关系在维系着。所以我们没有费心思考什么话该说、什么话不该说，更没有刻意掩藏自己的情绪，"爱"是双方关系中不言自明的一种存在。尽管如此，每个人对于尊重、信任以及平等的需求其实都是存在的。一旦这种需求没有得到满足或者双方关系失衡，那么产生冲突也不足为奇。

看似简单的，仅仅因为学业成绩不理想，家长过问、孩子拒绝沟通或者反感家长"多管闲事"的现象，其实是长期的亲子互动中一点一滴累积起来的关系失衡，并由此导致家庭氛围的紧张。或许家长以及孩子双方都应认真去思考自己在这一亲子关系中存在的问题，以及如何去维系和修补。

✏ 家长与孩子之间的距离都是情有可原

　　那位家长看起来比实际年龄还要苍老，白发已无处掩藏。我们面对面坐着，看他用手扶着额头，将头深深地埋了下去。我不知道自己能说一些什么安慰的话语，对于他们来说，安慰在这个时候没有什么作用，反倒加重了他们的心痛。如果不是已为人母，即便我从理智上能够理解家长在面对孩子犯错时的痛心、无奈、恨铁不成钢，甚至绝望，也还是做不到在情感上的共情。

　　许多朋友都在羡慕校园环境的单纯，我却觉得校园中的百态是社会万象的缩影，面对数千学生，少不得历经百种千般的困惑，大醒大悟后也像是自己尝尽了一番苦楚悲喜。因为每个学生背后都站立着一个家庭，他们不仅代表了每个家庭的期望，还展现了这十几二十年来他们在家庭教养之下所受到的影响。当然，也有的学生身上还背着与年龄、学识、经历所不相称的成熟。

　　有家长来电，原因是他的孩子近几天都不接电话，想看看孩子在不在学校。考虑到这个学生的学业情况，我曾多次与学生本人和家长沟通，依旧没有什么效果，我建议家长是不是考虑近几天来一趟学校。家长立刻回复我"我最近比较忙"。在我再次强调学生目前状况的情况下，家长才答应会做安排。其实，家长此前已经应承会来一趟学校。

如果家长不来，其实我也理解。就像曾经有一位家长说，他们也要工作，也要生计，不可能随叫随到。还有的情况则是，连家长都对自己的孩子失去了信心，他们对于孩子糟糕的学习状况无计可施。"我也不知道该怎么办，老师你说应该怎么办吧"或者"老师，我们也不懂这些"，是我听了不下数十次的话。确实，自己的孩子在学校表现不够好，家长若说多了，被嫌啰唆；说少了，问题严重可能又会被孩子责怪当初怎么不管一管。这教育的度要拿捏得十分精准，还真是考验人。

我们总在强调"度"的重要性，又有多少的家长、老师受困于这教育子女、教育学生的"度"？真能拿捏得十分准确的，必然是个人才。只是，尽心尽力去劝导、督促以后依然没有效果，等到孩子犯了错，家长就该问一句：当初我们孩子交到学校可是好好的，现在成了这样，还不是学校没教育好吗？每次被问及这样的问题，我都在思忖，作为当事人的学生哪儿去了？

这位家长起身准备走的时候，回过身和我们说"孩子这样，作为家长也有责任"。这是他走进办公室后，第三遍说这句话。工作五年了，第一次听到家长在学生犯错时正面回应责任。却也正是因为为人母，我能理解当这位家长说出这句话时，内心是何等煎熬，既有怒其不争的愤恨，也有惧其前途的忧虑，还有觉得为人父母失责的悔意。

平日里和学生聊天，有的学生不经意间就会提起自己的父母。比如从小学乐器考级受了父母的督促，从一开始的不喜欢到现在也慢慢坚持了下来；或是高考选专业的时候，听从父母的意见选了现在的专业，最开始虽然也抗拒，但父母说这专业前景好，也逐渐适应且安稳下来；等等。有的同学的表情里虽一时闪现了对于父母帮忙做决定的不满，但终归还是回到了接受并已适应的现实。

"父母之爱子，则为之计深远"，所以家长们忙着给孩子们选择这个、选择那个，理由无外乎都是有前途。可是现实却给这美妙的前景泼了一盆冷水：数学不好的学生选了对数学要求极高的专业，擅长理工的学生选了文史类专业……有没有兴趣先不考虑，能不能学好、能否顺利毕业都成了一个问题。排除个人主观努力因素，这也是现在很多学业困难的学生们身上存在的一个根本原因。

寒假见了多年不见的一个哥哥，他的儿子今年要高考了。我们坐在饭桌前讨论高考后读大学应该选的专业。哥哥斩钉截铁地说了他意向的专业，而后问我对这个专业的看法。我反问他"我侄儿怎么看"。哥哥回得也轻快："这孩子没什么自己的想法，这个专业前景好……"后面的回话想必大家是很熟悉的，大概就是专业前景好、就业好、有发展等。

一边是家长抱怨自己的孩子不懂事，一边是家长觉得孩子没想法，绞尽脑汁帮忙做决定、解决问题。这样一来，自己的孩子内心真正的想法可能就被一个所谓的"有前途"给彻底打败了。如果这个孩子能坚持心中的想法，对家长进行反驳，或许还有争取说通的机会，偏偏我们大部分时候连想要说出自己想法的欲望都没有。这又该怪谁呢？

有一次和一位学生谈话，因之前他的家长提到自己前段时间脚受伤了，所以我提醒这个学生是不是可以多关心一下他的家长。结果学生抬高了声音："你想让我怎么关心？"我被这话呛住，无法应答。心下觉得，自己也真是多事了。再和这位家长联系的时候，我只字未提他孩子的反应，只怕伤了家长的心。

思考，

如月静谧

✎ "云班会"背景下辅导员做好学生工作应具备的三种思维

学生在期末考试结束后已陆续离校，并正式开启寒假生活。结合学院下发的寒假学生工作要点，我面向所带班级召开了一次"云班会"。

疫情期间的线上教学、线上办公为我们提供了一种全新的会议模式，打破了空间的阻隔，为全面及时传递消息创造了十分便利的条件。在发布了班会的预通知后，有已经在上班的同学提出了他的不便，但是这种顾虑很快便被消除了。因为虽然这是一次班会，但主要以通报重要事项为主，他只需要听，而无须发言。

尽管如此，要把这些工作要点讲到同学们的心坎里，实现班会应有的效果，还是需要提前认真做一些功课。所以，开好这次"云班会"成了学期末的一个考察项目。

本着需求侧、主体性和供给侧思维，我针对两场班会的不同对象事先设置了两个不同的调查问卷，题目各在 10 个以内。针对毕业年级的调查，主要围绕他们的毕业论文、实习就业以及职业目标；针对大三年级的调查，主要围绕假期安排、学期收获和新学期计划。两个调查中唯一相同的题目是"现阶段面临的困难和问题"。根据两个年级的调查结果以及工作要点，我分别制作了两个版本的班会 PPT。两场班会结束后，结合调查的结果，我有几点启发。

以需求侧的思维了解学生

线上班会不同于线下班会，互动比较生硬，而且屏幕另一端的听众的行为和听后的具体反应无法被掌握（除非全员视频，但是比较容易干扰注意力）。因此，班会的主题、内容能否吸引学生就十分重要。上课的时候，吸引学生的注意力很重要的一点就是要抓住学生的兴趣点。兴趣点一方面来源于与学生利益相关的事项，另一方面来源于当下亟须解决的问题。因此，在开展班会之前针对两个年级分别开展的调查，主要出于三个目的：了解目前的状态，了解现存的困难和问题，了解个人对未来的规划。

对于毕业班的同学们来说，现阶段的主要任务有四：论文、实习、毕业和工作。这四项任务环环相扣。根据调查结果，论文是其中最让他们焦虑的问题。对于非毕业班的同学们来说，其问题多与未来密切相关，迷茫是出现频率较多的状态。所以，在了解了这些现状以后，深入剖析同学们现在的需求，再以沟通、提供资源和信息、帮助分析可能性和挖掘能力等具体做法来实现需求的满足。从实际需求出发，这是这场班会效果发挥到最佳的基础。

以主体性的思维引导学生

调查结果比较直观地反映出不同阶段的学生所面临的问题有所不同。毕业班的同学反映的主要问题包括实习时间太短、论文思路不清晰、就业压力大、适应社会的压力大等，都是当下比较紧迫的；非毕业班的同学的问题主要集中在自主学习能力不强、意志力不足、不自律、懒散、学习动力不足等方面，这些问题可能由来已久。

尽管两者在现阶段面临的主要困难和问题上有所差异，但归根结底这些问题都回归到了个人发展、个人能力上来。这些问题的解决，没有学生个人主体的参与是无法实现的。两者之间当然还存在一些共性问题，比如：遇到问题先问别人怎么办，缺乏问题解决的独立思考和主动尝试；实践过程中，个人能力不足时无从下手……一言以蔽之，个人的主体作用在问题解决上发挥得并不是特别充分。所以这场班会还有一个重要的目的，就是让同学们明白自己是问题解决的主体，看到自己在问题解决中的能力和潜力，这是关键。毕竟，问题不会跳过他们自己自动解决。

我在开第一场班会的时候，一位同学连续给我打了两个电话。班会结束后，我给他回过去。电话那一头传来键盘噼里啪啦的声音。他有两门课程在期末考试中不及格，对自我也产生了怀疑，认为自己"可能毕不了业"。所以，我问他：那你现在在做什么呢？他说自己在玩游戏放松。我想他那个时候应该还没有看到自己在这场期末考试以及大学学习中的主体作用。

以供给侧的思维支持学生

我想这一思维的出发点应该是，我们能够给学生提供什么，我们怎么给。有了学生需求的探索和主动性的发挥以后，作为教育供给的主体，我们能够给什么、怎么给、在哪里给、什么时候给，这些问题也是需要深入思考的。

看到两份调查问卷的结果，根据具体的数据显示，除了同学们直接在"问题和困难"中提出的内容以外，还存在的问题包括：对现状不满意，但是没有主动去改变；面对问题不积极，回避问题。

围绕这些问题，我在思考，我能够为我的学生提供什么？目前我所能提供的内容主要包括事务处理、专业指导和情感支持方面。事务处理是目前面向学生做得最多的，比如开班会通知具体事项、信息上报等；专业角度，比如相应的生涯规划指导、心理疏导；情感方面则是倾听、情绪接纳以及无条件支持。

那要怎么给学生提供这些支持和指导呢？开班会是一种形式，一对一谈心谈话是一种形式。但这些供给的核心是能够敏锐觉察学生现在的困难和问题，能够让学生看到个人未来的愿景，能够帮助他们发现自己的能力，在一种信任、尊重和接纳的氛围中，提供给学生精神和成长方面的支持。

在开班会之前，论文答辩成绩出来了。我看了整体的成绩，结果在不及格的名单里发现了一位我曾带过的2015级学生。他自去年降级到了2017级，我就许久未曾和他联系。今天看到这个结果忍不住向他了解情况，因为担心他今年是不是又不能如期毕业。结果他告诉我，因为时间来不及，他准备下学期来办理退学手续，并且在积极谋划到澳大利亚去读研。

我对这位同学的印象一直是，他并不是那么热爱学习。想起我曾数次揪着他，和他谈学习、谈未来，似乎都失败了。兜兜转转他最终"另谋出路"了。仔细想想，主要的原因应该还是我在与他沟通的过程中，在需求侧、主体性和供给侧思维上做得还不够。

辅导员开好主题班会要把握的"三化一型"

期末考试结束，学生陆续离校。尽管各项工作已陆续进入收尾阶段，但一些临时性、事务性的通知还是需要及时有效传达给学生。放假前，结合寒假工作要点以及新学期的工作计划，学办的几位老师就如何开好学期末主题班会进行了讨论。

一般来说，学期末的主题班会即为诚信教育和安全教育主题班会，主要目的是加强期末考试的诚信教育和离校返家、假期出行的安全教育。此时开展主题班会面临这样的困境：在高强度、高密度的期末复习考试周，学生往往无暇顾及班会，教育引导效果受到一定影响；各专业、年级学生离校时间不一致，将全部学生集中到固定场所存在难度；如果仅通过班级群，以文字信息的线上形式传达消息，有的同学可能会因为关注不及时而错过重要信息。尤其对于专业、年级带班跨度比较大的老师来说，如何高效开展主题班会是一个问题。

主题班会作为开展思想政治教育的重要载体，在夯实班级日常管理、凝聚班级力量、加强思想引领等方面发挥着重要作用。尽管如此，除了前面所述因考试安排紧凑、人员难以集中等困境以外，主题班会在开展的现实中还存在一些比较普遍和突出的问题。

当前主题班会存在单向性、单一性、随意性或临时性等特点。单向性主要指主题班会的召开一般由辅导员或班主任发起，带班老师根据具体工作进度和近期工作会议精神，单向通过班干部或者直接在班级群中发布班会通知。学生作为班会的重要主体，较少参与到班会的发起中，更多处于被动接受班会安排的状态。单一性主要指班会的主题、内容和形式较为单一。从主题上来说，根据专项工作时间节点，一般包括诚信教育、入党推优、困难生认定、安全教育、专题学习等较为固定的主题；从内容上来说，更多的是口头传达的事务通知、文件传阅、会议精神传达等；从形式上来说，以老师讲、学生听的"说教式"为主，或者在新生入学时穿插一些带有娱乐性质的破冰班会，在中秋、元旦等节日开展庆祝类的班级娱乐活动。随意性或临时性的特点主要由需要传达给全体学生的事务的紧急程度来决定。如果需要在当天完成信息传达，那么可能会利用早晚自习或者课间开展简短的主题班会，时间 10—20 分钟不等。班会整体组织开展过程也没有标准化、严谨的流程，更像是老师的单口相声。

主题班会的这些特点影响其在大学生思想政治教育中的作用发挥。比如，学生主体意识缺乏、参与积极性不高、主体体验差、班会效果差。最直接的体现就是，老师在上面讲得唾沫横飞、声情并茂，学生仍然低头刷手机、玩游戏。会议结束后，那些要点和注意事项原应深深刻入学生脑海里，但并没有收到预期的效果。

那么我们如何更好地开展主题班会以达到预期的教育效果呢？我认为可以通过"三化一型"的思路来加强主题班会建设。"三化"指主体化、系统化、课程化，"一型"指开放型。

主题班会的主体化，要充分发挥学生在主题班会中的主体作用，将以老师为主的单向发起、单向主讲的单一主体转化为以学生为主体、老师为主导的主题班会形态。确定主体，就是明确班会为什么开、为谁开的问题，就是明确学生需求、厘清老师与学生相互关系的问题。主体化能够动员学生参与主题班会的积极性和热情，让学生以主人翁的意识和身份，主动参与到班级建设的方方面面之中，对于凝聚班级建设力量有着重要作用。

系统化意味着主题班会并不是一场主题班会那么简单。老师要走在学生的前头，在学期初或学年初结合常规工作要点，在发挥学生主体化的前提下，通过班干部会议、班级代表会议或者问卷调查，共同探讨做好班级学期/学年主题班会计划，架设起常规主题班会体系，比如学期初动员、学期中各类评优评先、学期末总结。在常规体系以外，还要结合班级建设的实际，列出班级特色主题班会计划：班级本学期打算开展哪些特色活动、打造哪些品牌。杭商院培育了首批 36 个样板班级作为特色班级建设的重要平台。许多班级结合申报特色和创新点，明确列出了班级在学期或者学年计划开展的主题活动。这属于常规基础之上的拓展，也是班级建设出成效的加分项。当然，除了架构班会的体系外，体系化还包括班会的流程化、制度化和规范化，把一些确定的东西以制度的形式规范起来，把一些程序的东西固定下来，这对于班级和班级之间、专业和专业之间的交流与借鉴，班级建设的纵深推进有着重要作用。

课程化是在主体化和系统化的基础上，着眼于班集体成员和班集体自身。一方面，充分挖掘班集体成员的特长，以主题班会的形式打造朋辈式互助交流课堂，比如新媒体平台的运营、专业技能交流、知识科普、趣味课堂等。这也是告别传统老师主讲班会形式的重要突破点。在这里，学生真正作为主体，座谈、报告、演讲、竞赛……各类丰富的形式都可以应用于其中。另一方面，以班级整体为单位，通过班级活动的开展，深挖班级特色、拓展班级内涵。主题班会成为班级特色的阶段性展示和交流平台。比如，结合班级同学在疫情期间担任志愿者的情况，以主题班会形式开展战"疫"思政课。

开放型主要指班级整体如何处理引进来和走出去以及过去、现在与未来的关系。一般情况下，主题班会都是以一个班级为单位，在固定的场所进行。在身边先进典型宣传选树的前提下，不妨以主题班会为主要形式，多开展"走出去"的交流和互助。结合班级校地合作、支部共建、志愿服务等活动，开展"行走"的班会，让同学们深入田野乡间、红色老区，零距离感受，更能激发出教育的共鸣和思想的启迪。开放型还包括我们的主题和平台要紧跟时代的发展。这对于老师和学生来说都是一次考验，总的来说还是要通过主动学习，做到思想和技术上的与时俱进。

有的老师在开班会前发愁：我到底要怎么开这个班会？结合这里所讲的"三化一型"，要开好主题班会，发挥好其教育作用，日常要做好理论与技术的与时俱进，平时要做好需求和问题的调查研究，过程要做好规范体系的建设和完善，总结则要聚焦突破创新与内涵提升。

由于疫情的原因，我们开展了许多"云班会"。线上平台确实给我们带来了许多的便利。但是线上主题班会是否也可以参照"三化一型"的思路，我想还需要我们共同去探索和实践。

辅导员做好谈心谈话需要把握的五个要点

　　谈心谈话是辅导员日常工作的重要组成部分，承担了解学生动态、回应学生困惑、开展思想引领等重要的职能。在与几位辅导员的交流中，我们找到了在开展谈心谈话实际工作中面临的一些共性难点。这些难点使得谈心谈话工作陷入了开展难、推进难、见效难的困境，影响了谈心谈话的实际效果。

　　在实际工作中，一般的谈心谈话主要在两种情况下进行：学生自觉有困惑或者困难，主动前来求助；老师通过各种渠道了解到学生近期表现不同于以往或者有突发情况，主动找学生进行谈心谈话，最常见的情况有学业困难谈话、违规违纪谈话等。尽管都是谈心谈话，但两者却有十分明显的不同：谈话双方主动性以及对问题的觉察程度都不一样，前者是自发自觉，后者是被动后觉。不论是哪种情况，我们都面临同样的问题：如何更好地开展谈心谈话？

　　谈心谈话，并不仅仅只有谈话的过程，还包括我们在开展谈心谈话前的状态准备、谈话过程的推进、谈话结束后的总结等。为了确保谈心谈话能够收获最佳效果，每个阶段都有需要特别注意的内容。

　　要开始谈心谈话，辅导员也需要完成个人状态的准备。在日常交流中，我们的谈话是比较散漫、不成体系的。但是就谈心谈话而言，我们需要应对的来访者可能是逻辑缜密、有条理的，也可能是毫无重点、思绪混乱的。所以在开展谈心谈话前，我们需要做一次情绪清空、思维清空和经验清空，以空杯的状态和心态进入谈话中。

空杯状态能够确保我们不将个人评价带入谈话中。这一点很重要。在平时的谈心谈话中，我们往往会以学校的规章制度或者某些条例作为评判的标准，自然而然地对学生的某些行为做出好或者不好、对或者不对的判断。比如，学生迟到了、早退了，我们是以"你今天怎么又迟到了"的问责切入，还是以"今天怎么了"的探索式询问切入？不做评判，将带来一种全新的信任、尊重以及平等的关系。

建立信任、尊重和平等的关系是一次好的谈心谈话的开端。试想一下，当学生小心翼翼地来询问"老师，您什么时候方便，我想和您聊一聊"这样的问题时，学生内心是带着不确定和不安来的。因为他不知道自己这样的求助能否得到他所期待的重视和回应。

他能否在谈话过程中完全敞开心扉，将自己的困惑陈述出来，与我们是否及时和肯定地回应他的求助有着密不可分的关系。但现实可能是，当学生求助时，我们忙于其他事务，无法及时回应。这个时候我们可以适当地做一些调整，首先明确告诉学生完全没有问题，然后确定一个能够尽快开展谈话的时间。只要有回应，就能够让学生感受到被重视、被关注，也就初步建立起了学生的安全感。学生相对而言更愿意在尊重、平等和安全的状态下开启自己的谈心之旅。

不做评判应该作为贯穿谈心谈话过程的一个关键点。每一个谈心谈话的对象都有自己特定的故事。我们常说对事不对人，但是在实际生活中真正做到很难。我们不时将个人主观的评价带入一些工作情境中，或者以自己的一些主观判断来取代或者试图以此影响对方的选择和判断。

在谈话中，学生可能会陈述一些他不愿意向他人提及的比较私密的话题，有的也许涉及价值观。如果从个人的价值判断出发，或者以个人的经验为基础进行评判，而不是围绕事实本身讨论，那么我们可能会失去对学生问题的整体把握。平时我们会问：这个学生表现好不好？这个好或者不好是我们评价标准里的好与不好，并不一定是学生认为的好与不好。

有一次，我在走访毕业班寝室的时候，遇到了我所带大三年级的一位同学上课早退。当了解到他早退时，我首先是以一种批评的口吻进行交流的——"你怎么能早退呢"。我没有及时将关注点放在对早退背后原因的探索上。学生有一些害怕，就躲在洗衣房里迟迟不肯走出来。如果我不以评判责问的状态切入这场谈话，我想应该能够收获更好的效果。

回到谈心谈话的过程中，我想问：谁是谈心谈话的主角？也许有人会说，辅导员自然是主角。因为辅导员要抽丝剥茧，引导学生解决问题。但实际上，我们应该让学生成为谈心谈话中的真正主角。这里的主角有两层含义。第一层，让学生成为这场谈话的中心、聚焦点。辅导员在谈话过程中要全身心投入，做好倾听，层层深入了解学生的真实问题。第二层，学生是表达困惑的主体，是发现问题、提出问题和解决问题的主体。我们要做的是通过谈话，积极引导他觉察自己真正的目标，帮助他找到自己在个人成长、问题解决中的主体意识和主体状态，而不是帮助学生做一些决定。

许多同学来找我咨询或者谈心谈话时，是抱着想要解决问题的心态而来的。但实际上，仅仅通过一次谈心谈话，我们可能并不能真正解决问题。我们需要通过谈话，进一步明确真正的问题，明确我们自身具备的问题解决的能力和资源，以及问题解决的方向。至于问题解决的行动则需要在谈话结束后进行。所以我们在谈心谈话过程中，不可全然奔着解决问题的目标去，以免操之过急而影响实际效果。

当然一个安静的谈话环境也是非常重要的。我们要尽可能确保谈心谈话过程不会受到外在干扰。记得有一次，我正在做心理咨询。由于咨询室的门坏了，维修师傅按约过来修理门锁。我们的咨询过程被迫中止。当时咨询进行到一半，所以我带着来访者走过大半个校园，重新换了一个咨询地点。原本挺顺利的咨询过程由于这样的一次中断，不得不花时间重新建立关系。这让咨询体验大打折扣。

一场谈心谈话结束了，我们的工作就结束了吗？我们还需要关注学生的反馈。此时，我们应该回到问题的根本：学生希望通过谈心谈话实现什么样的目的？我们希望实现什么样的目的？是一次聚焦一个问题、找到问题的解决思路，还是只是情感情绪的宣泄？

有的时候学生来咨询，虽然看起来好似带着一个十分明确的问题来，但事实上，他并没有真正明确自己的问题，需要我们在谈话过程中一再确认。当然，在谈话过程中，辅导员还需要动员全身心的资源，眼观六路、耳听八方，去倾听、去观察、去感受学生的情绪起伏，找准他的迟疑点、困惑点，找到谈心谈话的突破点，才能最终将点落在真问题上。

谈心谈话确实有一些技巧性的方法，以上只是其中的一部分。但是，要做好学生的思想引领和行为引导，我们开展谈心谈话并不能仅仅依靠技巧，最终还是要走脑、走心，入脑、入心。

辅导员破解事务性工作之困的两个着力点

触网方知网络力量，知网才明着力方向。在网络思政的探索和实践过程中，我认识了许多优秀的网络思政工作者。有一位辅导员在个人微信公众号上坚持每日更新，并且在抖音平台上拥有几十万粉丝，影响了数以万计的大学生。和这些老师相比，我觉得自己每周两三篇的推送数量实在不值一提。但也还是有不少朋友看到我写推文，会问一句："平时这么忙，怎么还有时间写东西？"

辅导员确实很忙，与学生相关的大事、小事都需要辅导员。许多辅导员在交流时都感叹自己每天沉浸在大量的事务性工作中，没有太多的时间去思考、提升。这不仅影响辅导员的获得感和幸福感，还影响辅导员的职业认同。辅导员如何从事务性工作中跳出来，更有效、更科学地开展思政育人工作，是我们需要深入思考的问题。

应然职责：化零为整、夯实基础

《普通高等学校辅导员队伍建设规定》明确了辅导员的九项主要工作职责。根据工作内容和工作对象，可将工作基础简单分为事务的基础和情感的基础。事务的基础主要指辅导员需要负责跟进和处理日常工作事务，比如信息上报、活动开展、评比交流等；情感的基础主要指与学生的日常交流和情感联结。辅导员平日忙的往往是事务性的工作，而无暇顾及与学生的深度交流、思想教育以及价值引领等精细化育人工作。主要矛盾是辅导员深入育人的强烈意愿与学生日益增长的成长成才需求和事务性工作大幅挤占精细化育人工作时间、精力的矛盾。面对千头万绪的工作，只有化零为整、夯实工作基础才能更好地承担工作职责、化解矛盾，实现全局突破，助推工作的长远发展。

学生工作的时间轴是比较明确的，比如迎新季、毕业季，学期初、学期末，涉及前期准备、过程跟进和后期总结等一些工作内容，具有一定的稳定性和可重复性。尤其是一些专项工作的时间点比较固定，比如奖助贷工作集中在每年 10 月份。在充分把握每一项工作时间节点的前提下，通过简化、合并的方式将分散的琐碎工作进行重新整合，提前做好工作准备，能够为工作创新和突发事件应对腾出时间。

有一次，我在路上遇见一位今年刚接手新生班的班主任。刚开完班会的他如是说："要想轻松带班，一定要在开始下功夫；前期工作做扎实了，后面才能省力。"我对这位班主任的说法深以为然。这里的下功夫用在我们与学生建立良好的感情基础上再恰当不过。作为学生成长成才的引路人，辅导员与学生之间的情感基础是否扎实直接影响育人的效果。所以，应该把感情基础的建立放在平时，通过走访寝室、谈心谈话、班级特色化活动等形式，与学生深入交流，关心、关注他们的需求并及时回应，真正走进学生内心。

化零为整还需要整合学生骨干力量。学生骨干不仅包括所带班级的班干部、学生组织的干部，还包括学生党员队伍。由于做了许多信息收集、数据核对等细节性的工作，有的辅导员自嘲也是学生干部。这里需要处理学生干部队伍建设和作用发挥之间的关系。辅导员要在自己所带的学生骨干队伍中建立健全工作职责传帮带的培训体系和干部素质提升的培养体系，有意识地将学生骨干队伍培养为开展工作的左膀右臂。让学生深入学生，让学生服务学生，实现学生的自我管理、自我教育、自我发展。

必然路径：立足发展、赋能提升

2014 年教育部颁布《高校辅导员职业能力标准（暂行）》，高校辅导员第一次以"职业"出现在大众的视野中。此后，教育主管部门和高校积极推进辅导员专业化、职业化、专家化。可以说，辅导员职业发展有了基本的方向。但无暇顾及个人提升、个人发展定位不明确也是当前许多辅导员的困惑。困于日常管理工作，缺少主动性、持续性和系统性的学习提升成为主要原因，慢慢就形成了"工作量大，缺特色""日常问题多，缺思考"等现状。如何提升自我，真正实现"三化"是我们需要进一步明确的问题。这里需要处理好"低头拉车"和"抬头看路"的关系。

低头拉车，着眼长远，厚积薄发。辅导员在实际工作中要注意积累。积累不是工作量的积累，是工作技能、工作方法的积累，这能够帮助我们以"巧"劲完成工作任务。积累还是思考的积累，要聚焦工作中的问题和个人面对的困惑，着眼长远、经常思考。在夯实常规工作的基础上逐渐形成完善的事务性工作体系，帮助自己从繁杂的日常管理事务中剥离出来。

抬头看路，着眼专业，因时而进。《高校辅导员职业能力标准（暂行）》明确了辅导员职业能力要求，为辅导员主动提升专业素养和职业能力指明路径和方向。时代发展有新要求，我们所面对的每一个学生都不同，学生具体的需求和问题也不同，辅导员工作需时刻保持"以变化应万变"的态度。我们不仅要在基础工作上把握宏观的共性问题，还要从创新的角度把握微观的个体问题。要把个人在工作中的困惑化成思考的动力，以能力提升为核心，赋能学生成长，成为辅导员职业的行家里手。辅导员事务性工作中有一些可以直接复制、粘贴的工作技巧和方式方法，从短期来看，确实可以减轻一些工作量；但从长远来看，要确保工作的质还是需要精深钻研，提升工作内涵。这里需要我们自身具备新时代辅导员应该具备的基本职业素养和专业素养，才能更好地赋能学生成长。

当我们讨论辅导员在事务性工作中的困境时，并不意味着辅导员可以完全脱离事务性工作。事务性工作是辅导员工作中非常常规的工作内容，只是由于主客观多方面的原因，我们将大部分的精力都投入其中，在重复性和稳定性中少了一些思考和提升。

一天下午，我们学院的全体辅导员先参加了学院会议，又赶着去参加另一场培训会。培训会结束后，又相约着一起去操场指导运动会方阵训练。一位辅导员在从座位上起身的时候，开玩笑道："这一个下午座位都没能坐热呢。"忙碌是辅导员工作的常态，但忙碌也要有所思、有所得。

辅导员工作千头万绪，回到根本还是育人工作。当我们在困惑中摸索前行时，若初心如磐，低头拉车不忘抬头看路，总能在纷繁的事务性工作中摸索出一条科学有效的工作路径，让自己的情感有所安放、困惑有所共鸣、思想有所碰撞、发展有所赋能。

辅导员工作述职要把握的三个内容

在杭商院 2020 年度全体辅导员述职大会上，共 15 位辅导员参加了现场述职。短短 5 分钟，约 1300 个字，要将个人一年所有工作涵盖其中，且做到所述有重点、有亮点、有燃点，这并不是一件简单的事情。如果平时没有认真思考积累、没有仔细梳理、没有精心打磨、没有认真演练的话，估计很难妙笔生花、妙语连珠。

写工作总结，尤其是年度总结是一件让许多人都头疼的事情。临近年末，又到了总结汇报的时候，仔细回想这一年自己确实做了很多工作，但要是再细细琢磨都做了哪些事情，仿佛失忆了一般，难以想起几件让自己特别走心的。所以我们在做工作总结时特别痛苦、抓耳挠腮，自问如何下笔。因此，一些老师包括我自己是害怕做总结的。

作为辅导员，在事务性工作盘综错杂、育人工作重要紧迫的基调下，如何将年度工作顺成一条线，将特色、亮点自然点缀其上，将成果实效自然延展？这确实非常考验基本功。听完 15 位辅导员的述职，对于如何做好辅导员年度工作述职，我有了几点启发。

辅导员述职述什么？主要围绕实、新、效三个方面来展开。

实，就是实事、实干、实际问题。简单地说，就是这一年我做了哪些事，是怎么做的，解决了哪些实际问题。这部分往往也是辅导员在述职时花最大篇幅来讲述的。以 2020 年述职为例，在 15 位老师的述职报告中，基本按照专项工作、带班工作、个人提升三段论格式进行阐述，具体从工作角色、工作内容、工作量和工作突破等角度切入。

刚开始总结的时候，我们的思路是比较混乱的：这么多事情，如何实现所完成工作任务的无缝连接、有机融合？要回答好这个问题，需先抛开实事和实干，回到实际问题中，即我们的工作到底解决了哪些问题？比如疫情背景下学生慢就业、难就业、不就业的局面如何打破，就业工作推进难的问题如何解决？再如，诚信教育一直在做，但是考试作弊时有发生，如何真正提升诚信教育实效？围绕这些问题，我们再去思考和梳理就有了目的性：聚焦问题，我们会有思考；思考带来新思路、新创意，也会带来新成果和新突破。但这个工作并不是做在总结之时，而是做在平时。我们发现了问题，思考问题解决对策，采取了哪些方法、做了哪些事情……这个思路下来之后，我们的问题也就找到了答案。

平时我们忙于事务性工作，是在做实事；我们踏踏实实苦干、巧干，那是实干。我们完成了许多规定性、程序化的工作任务，但这里面缺少了对于现实问题的思考。辅导员不是机器人，而是有思考、有情感的独立个体，因为忙于低头走路，鲜少抬头看路，我们虽沉浸在实事、实干中，忙得热火朝天，但从中收获的成就感并不多。但若能慧眼识得更多问题，做更多思考和探索，相信会带来更多惊喜。

当然，实事干得好，还要依托我们的专业。所以如何发挥和提升个人专业化水平也是十分重要的一项内容。

新，新在内容、思路、形式、体系和角色。这个"新"包括但并不局限于我们所说的特色和亮点。从工作内容上来说，每位辅导员的

常规带班工作都大同小异。在工作内容同质的情况下，我们如何实现
"新"？同样的工作内容，这一年是否针对问题进行了一些新的尝试和
探索，并因此形成了新的工作思路？同样的活动，是否对其内涵进行了
补充、对平台进行了拓展？原本处于碎片式、断裂式的工作，是否通过
各类探索和实践，逐渐形成了比较完善的工作体系？在 15 位辅导员的
述职中，同样作为就业导师，在推进就业工作上，有的老师将生涯育人
理念前端植入，从大一年级开始积极培养学生生涯规划意识，且逐渐搭
建起从大一到大四阶梯化的大学生职业素养培育模式。这相较于传统就
业工作更多关注大学终端就业情况的工作思路有了很大的转变，且在尝
试探索过程中，形成了较为完善的生涯育人体系，这就是一种新变式。

当然，绝大部分辅导员的工作内容存在重合的部分，有所不同的主
要是专项工作。从狭义层面来说，每个辅导员负责的专项工作有大有
小，比如面向的学生群体、工作覆盖面、工作是否集中在某个时间段内
开展。但从广义的层面来说，辅导员的专项工作并无大小轻重之分。以
奖助贷专项工作为例，每年奖学金评比时间主要集中在 9—10 月份，资
助工作主要集中在 10 月份；以诚信教育来说，常规诚信教育主要集中
在期末考试前或者期末考试周。这些是否意味着负责此类专项的老师只
要在这个时间段内将这些工作做好就可以呢？不尽然。这些时间段内
开展的工作主要是根据工作程序开展的事务性工作。但实际上，这些工
作的开展并不是阶段性的，而是长期性、贯穿性的。《高校思想政治工
作质量提升工程实施纲要》规划了课程、科研、实践、文化、网络、心
理、管理、服务、资助、组织"十大育人"体系。辅导员作为高校思政
工作者，应以此为工作抓手，在平时的工作中，充分挖掘其中相关的育
人元素，充分调动育人对象的主体性，并且找到各项工作的连接点，实

现育人工作的协同协作、同向同行、互联互通，构建育人主体、育人过程、育人环境等的一体化，拓展专项工作的育人内涵，提升育人工作的实效。这是立"新"的基础，也是深厚的保障。

此外，"新"对我们的理论更新也提出了要求。2019年5月，我参加学校辅导员理论宣讲比赛。在彩排预演时，一位老师指出其中的一位选手在自己的理论宣讲中没有提到最新的重要会议精神。辅导员作为思政工作者，作为引领青年学生的引路人，我们的思想观念和理论如果不能做到及时更新、走在学生前头，那么就难以发挥领路人的角色作用。所以，这个"新"，在于与时俱进的理论、政策文件、会议精神的学习领会。这是指导我们开展具体工作的指南针。有此"新"，我们才能做到"理"直气壮，才能实现有理论高度。

效，是工作的效率、效果、效益。15位辅导员的述职报告中无一例外都提到了与自己工作相关的数据，比如带班人数、完成的工作量、获奖数量等。这些内容是我们在"效"方面需要陈述的重要内容，也就是我们在一年的时间里所做的事情带来的结果。

工作结果包含4个层面。第一层是工作对象层面（比如学生或者专项工作），第二层是学校层面，第三层是社会层面，第四层是个人提升层面。我们要将这四个层面在这一年中取得的成效、成果说清楚，同时又要找到这四者之间的连接点。以团学工作为例，这一年完成的相关团学常规工作，比如入党积极分子推选、青年大学习等系列青年引领活动是面向学生层面的；深入推进"挑战杯"赛，在奖项上实现了新突破，这是学校层面的成果；指导学生开展暑期社会实践，走进街道乡村，助力乡村振兴等，是在社会效益上的成果；在这些活动中，作为辅导员个人在能力上有所提升、在个人奖项荣誉上有收获、有外出学习研讨和对个人科研的探索等，是属于个人能力提升层面的。

这四个层面看起来联系似乎不够紧密，但其实，我们只需要把握：坚持立德树人，这是核心和根本；做好常规事务性工作，这是基础，也是保障；遵循教育规律，这是增强育人实效的基本要求。以此，四个层面能够串联起来。"效"的收获绝非一朝一夕之力。我们还需要"刮骨疗毒式"的深入思考，"痛彻骨髓"的潜心钻研，并带着直面疑难杂症的勇气、坐得住冷板凳的坚持，脚踏实地地实干巧干，才能在朝向预期目标的路途上稳步前行。

我曾和其他辅导员讨论：什么样的述职稿才是好的述职稿？我的建议是，多读几遍自己的稿子，看看自己是不是真的认同这些文字，感受一下有没有把自己打动。一份述职稿、一次述职，如果没有把自己打动，没有让自己真正从心底里产生认同感，那么未必是一次好的述职。

对于辅导员而言，提炼总结分析也是非常重要的一项基本功。述职稿写得好不好，并不是单纯靠华丽的文字来堆砌的，更不是只靠干巴巴的数据来支撑的，功夫还是要花在平时。当我们没有特别好的想法时，可能会套用一些固有的模板和表述，导致述职风格趋同化、表述套路化。而且在述职稿中我们对于规律的总结以及思考的延展普遍偏少。这样，生动的工作反倒变得不够灵动，也难以在现场吸引人。

好的形式需要好的内容来支撑，真正适合自己的风格才能展现出自己的特色，达到无招胜有招的境界。核心要抓住、基础要夯实、亮点要突出、内涵要提升，这是一次述职的基本要求，也是我们思政工作者的工作要求。

一次述职，既是一次总结，也是一次梳理，更为下一阶段工作打下坚实的基础。2020年度的述职已结束，我们整装再出发。

辅导员开展网络思想政治教育工作的"一网情深"

我于 2016 年开始运营个人微信公众平台。在两三年的时间里，通过网络文章的形式与青年大学生对话，对在网络阵地开展思想政治教育工作进行了探索和实践，并逐渐积累了一些工作心得。在微信公众平台做好网络思想政治教育工作，我想离不开培育一种情感、找准一个阵地、形成一种思维、构建一个共同体这四个方面。

情：培育一种情感

如果我们去百度"辅导员是一种什么样的存在"，会发现五花八门的答案，很好笑但并不走心。搞笑与走心之间隔着的或许是我们对辅导员这个职业的认知与认同。作为这个职业的主体，我们对这个职业认同吗？组织行为学中用"职业承诺"的概念来描述个人对职业的认同和情感依赖、对职业的投入度等。

2015 年，我们以辅导员为研究对象，对这个群体的职业承诺现状和相关影响因素进行了调查研究。调查结果显示：辅导员职业承诺水平处于中等。高校相对单纯的工作环境及较为稳定的工作性质和薪资待遇在今天严峻的就业形势下，凸显了辅导员职业的优势，成为这一职业的一大吸引力。传统观念赋予教师这一职业较高的社会地位，来自育人的成就感强化了辅导员的自我实现及自我价值。这些因素都有助于提升辅导员的职业承诺水平。但辅导员工作任务重，应对突发情况需要付出极大精力，工作难以量化评价，相应的评聘、激励体系不完善，职业前景不明确，发展空间狭小等因素都影响了辅导员的工作满意度和职业认同感，进而影响其总体职业承诺水平。

　　一个高职业承诺水平的辅导员，必然对辅导员这个职业有着高度的职业认同，在工作中的责任感和投入度也会相应增加。我们身边曾有一位辅导员，一个晚上接连护送三位学生前往医院就诊，等他想要歇会时却发现该上班了，更不用提平时所谓的"5+2"、"白+黑"、24 小时开机、一年 12 个月在线……如果对辅导员这个职业没有深厚的感情和认同，未必能在各种"兵荒马乱"和"疲于奔命"中坚持下来。我们这个职业所需要培育的第一种情感就是职业情。对于我们的工作对象——学生群体，我们还有另外一种需要培育的情感——师生情。这是我们和学生在沟通交流中建立起来的感情，是工作得以顺利开展的重要基础。

　　在"师生情"这个问题上，我们需要把握三个关键词。第一个是"主体"。学生是学习的主体，辅导员是育人的主体，两者要明确，各司其职才有效能。第二个是"边界"。辅导员和学生之间感情再深，也应该有边界，该红脸批评绝不含糊敷衍，是非对错也该一一点明。第三个词是"责任"。要让学生在大学四年学会对自己、对自己的人生负责，辅导员就是一个活生生的样本，在工作中用自己的责任心影响和引领学生。《普通高等学校辅导员队伍建设规定》明确了辅导员应当努力成为学生成长成才的人生导师和健康生活的知心朋友。这里的人生导师和知心朋友的角色，正需要我们培育深度认同、尽职尽责的职业情和深入学生、尽心尽力的师生情。

网：找准一个阵地

做好高校思想政治工作，要因事而化、因时而进、因势而新。要运用新媒体、新技术使工作"活"起来，推动思想政治工作传统优势同信息技术高度融合，增强时代感和吸引力。面对当前广阔的网络平台以及其中孕育的育人契机，我们需要通过三个"充分"来发挥好辅导员在网络阵地中的育人作用。第一，充分利用好已有的平台。现在平台有很多，公众号、微博、抖音、简书、知乎等，我们也可以利用很多形式，比如音频、视频、漫画等来走入学生群体和学生交流，真正引领学生。这些平台为我们开展工作带来了无限的可能和便利，让我们能够用学生喜闻乐见的方式贴近和走近他们。第二，这还需要充分发挥好辅导员个人的优势和专长，输出有质量又有感情的内容。所谓的发挥优势，既有我们的能力优势，也有我们的专业优势。第三，我们还要充分运用好线上线下联动，在线下进一步补充线上平台的不足，并扩充线上的育人成果和影响力。

深：形成一种思维

通讯社的学生前来交流，提出了两个问题：辅导员和专任教师有什么区别？我们知道辅导员很忙，但辅导员到底在忙些什么？这两个问题直击辅导员灵魂。有了职业认同、感情投入，也有了平台阵地，还需要我们具备三种工作思维。

学生工作要具备用户思维。了解我们的工作对象是谁，了解我们的服务对象是谁，我们才能更有针对性、更有效地完成各项工作。我们作为学生工作的主体，要求围绕学生、关注学生、服务学生，这里面有

"小""真""大"三字法则。小，要求从细节着手、从小事入手，关心、关注学生，本着学生之事无小事，守好安全底线，走近学生、走进学生；真，我们的工作态度要真诚，我们的关爱要真情，我们的工作要真实，还要引导学生求真务实；大，则要求我们在做育人工作时能够以小见大，能够看到某个个体背后的一个群体，看到某件事背后的原因，深入挖掘。在公众号里写学生案例的时候，我更喜欢写写学生的小事，因为讲好身边人身边事更容易叫醒"装睡"的人。

第二种思维是研究思维。辅导员工作到一定的年限，可能会出现职业倦怠，感觉每天似乎都在做一些重复性的工作，找不到工作的价值和意义。但实际上，我们也会发现，尽管工作性质没有变化，但我们的工作对象，他们出生的年代、家庭背景是在变化的，也会出现不同的问题。如果我们能够充分把握问题、多加思考、多做调研，可以挖掘出某项工作背后具有的一些共性问题，那么这样的研究结果或者结论就具有推广性。

第三种思维是品牌思维。每一位辅导员都有自己独特的人格魅力，比如不同辅导员带出来的班级风格也是有差异的，有的活力四射，有的内敛沉稳。所以，不论在带班工作还是专项工作中，辅导员可以结合个人的实际和专长来打造个人品牌。这不仅需要我们将一件事情做到极致的工匠精神，也需要我们因时而进、因势而新的创新精神。

一：构建一个共同体

《高等学校辅导员职业能力标准》中论及的九项职业能力是我们在辅导员的工作实践中习得的，并随着时间的推进有了更深入的发展。在辅导员职业的道路上，我们与学生是不可分割的两个主体，这两个主体加上不同的平台和情感投入，逐渐形成了一个成长共同体。学生在这个共同体中的发展可能体现在读研、高质量就业上，也可能体现在他个人的综合能力和素质上；辅导员在其中的成长则遵循着专业化、职业化，乃至专家化的发展路径。我们要在这个共同体中完成三个主要任务：与学生共同认识和探索自我、未知与未来；帮助学生明确目标、找准定位，实现自己的人生价值和社会价值；完成辅导员的育人主责，提升个人专业技能，实现专业化、职业化发展。

我们其实还要思考：如何让更多的人了解辅导员这个职业，让更多学生亲近辅导员这个"知心朋友"，让辅导员有更多的自我提升和发展，仅仅依靠蜻蜓点水式的走访寝室、班级以及谈话，这些并不能够实现。那么我们要怎么做？每位辅导员都有自己的一部"血泪史"。而我们一"网"情深的育人故事还在继续。

辅导员提升工作能力的三个着力点

2018 级会计学专业举行了一场考研动员大会，并邀请负责考研工作的任老师进行现场动员指导。在一个多小时的动员里，任老师围绕专业院校选择、往年报考情况分析、复习用书推荐等进行指导，内容丰富、讲解专业。我想这离不开任老师花时间和精力去做准备。在其接地气又专业精准且妙语连珠的考研动员现场，我感受到了一名辅导员所应具备的工作能力。

"做好高校思想政治工作，要因事而化、因时而进、因势而新。要遵循思想政治工作规律，遵循教书育人规律，遵循学生成长规律，不断提高工作能力和水平。" 2016 年 12 月全国高校思想政治工作会议为高校思想政治教育的推进和创新指明了方向，也为辅导员提升工作能力和水平，更好地开展思想政治教育工作明确了方向。对于刚开启职业生涯的辅导员而言，如何走近学生、引领学生，如何开展工作、融入工作，是迫切需要解决的问题。高校辅导员作为学生思想政治教育工作的主力军，是否具备开展思想政治教育工作的能力和水平是关键，应该如何提高相应的能力和水平则是需要深入思考的问题。

因事而化

辅导员提升工作能力要把握工作规律和学生需求，因事而化。

因事而化，落脚点在"事"，着力点在"化"。需要把握的是学生工作内在的规律和学生群体的心理行为特点，需要化解的是具体学生事务中的疑难杂症以及学生困惑。可以说，因事而化的目的在于通过解疑释惑，在教育过程中充分提升学生的认同感、获得感，实现育人的目的。其中，事务性工作是抓手，学生需求是基础。

在一次小范围的辅导员交流会上，一位入职不久的辅导员提出了困惑：每天都忙得和打仗一样，如何更好应对让人应接不暇的事务性工作？忙，有两方面的原因。一方面是因为对工作事务不熟悉，另一方面是对工作对象不熟悉。对工作事务不熟悉，不了解具体的工作要求和时间节点，难以从全局对工作进行合理的安排部署，无法保质保量完成相应工作任务。对工作对象不熟悉，没有深入走进学生群体，就把握不了学生的需求和特点，难以为学生提供针对性的指导和建议，难以取得学生的信任、真正走进学生内心，反过来又影响了事务性工作的开展。

所以，因事而化，首先要具备处理事务性工作的业务能力，精深钻研工作任务，在"熟练工"的基础上提升个人的工作效能，在最短的时间内成长为"高级工"。同时，还要加强与学生的情感联结，在处理事务性工作的时候，要关注、关心学生，加强情感交流。

因时而进

辅导员提升工作能力要注重工作时效和实效，因时而进。

因时而进的落脚点在"时"，着力点在"进"。要求我们充分把握工作的关键时机，与时俱进。此"时"既是时代背景，也是开展工作的关键时间点。我们的工作对象已从 95 后转变为 00 后，而 90 后也开始进入辅导员队伍。00 后被称为互联网原住民。他们触网，却并不一定知网、懂网、会用网。所以，尽管从小通过互联网接触丰富多彩的世界开阔了视野，但不少学生容易迷失在网络中，失去人生方向和目标。如果没有把握这样的时代背景，我们开展工作就难以兼具时代感和吸引力，也欠缺亲和力和针对性。而学生出现迷茫、困惑，迫切需要鼓励、支持的时候，也是我们应该要把握的此"时"。如果我们不能敏锐捕捉并把握学生的需求，很有可能错失育人良机。

有一位同学给我留言表达了她的困惑："……是不是不正常。"我看到消息后才做了回复，并约了面谈。这位同学没有再回复我。我不确定她的疑问是否已经得到解答。但是我想，我一定已经错过了在她最困惑、最需要支持和帮助的时刻。事后再去开展相应的教育工作，效果将大打折扣。尤其是在一些突发危机事件中，如果不能很好地把握处理的时机，有可能会造成更大的隐患和问题。

所以要提升工作实效，一方面要抓住时机，另一方面也要把握新时代学生的新特点，更新工作观念、工作思路和工作方法，真正走近学生。

因势而新

辅导员提升工作能力要立足形势变化和环境特点，因势而新。

因势而新的落脚点在"势"，着力点在"新"。只有根据形势变化及时调整更新工作方式方法、创新工作内容和形式，思想政治教育工作才能具有生命力。如果我们不能紧跟形势，不能将道理讲到学生的心坎上，就难以发挥好辅导员群体在学生中的影响力和感召力。长此以往，开展工作时容易力不从心，更不用谈将思想价值引领做到入耳、入脑、入心、入行，最后将影响工作的实效性。

随着互联网技术的飞速发展，我们的工作对象也打上了互联网时代的烙印；伴随着信息多元化，辅导员的知识体系亟待扩充，辅导员要成为集教育、心理、管理等综合领域的多面手。最为重要的是，我们要根据现实情境推动工作内容和形式的同步创新。应势而变是我们适应新形势、新变化，提升育人实效的重要路径。网络时代，大学生自主意识增强，传统教育方式和教育场域发生转变。我们要主动探索网络思想政治教育的规律和方法，于润物细无声处提内涵、扩影响，提升工作实效，着力实现线上线下、显性隐性协同育人。

比如，在班级建设中，我们能否充分利用社群运营的知识，通过班级社群建设，进一步增强班级凝聚力，做好班级服务工作。现实中，我们有的辅导员紧跟互联网发展的步伐，从 QQ 空间、微博、微信公众号、短视频平台等多平台，以多形式开展思想政治教育，实现在思想上与学生同频共振，真正做到了因势而新，学生在哪儿，阵地就在哪儿。

辅导员工作能力和水平的提升，一方面离不开事务性工作所积累的实践经验，所以要主动融入事务性工作和学生群体，在把握规律和特点的基础上，因事而化；另一方面也离不开系统的工作思路和方法，需要在求实创新的基础上因时而进、因势而新、应势而变。这是一个漫长且艰难的过程。在工作实践的同时，我们还需要通过主动学习，增加学生工作各方面所需的宽口径知识储备；在实际工作中充分利用好新媒体技术，搭建与学生交流对话的平台。自我有提升、工作有平台、育人有实效，我们的职业幸福感和获得感才能有所提升，职业道路也才能走得更加坚定。

破解辅导员职业发展瓶颈的"五要"工作思路

2015 年，我休完产假，带着一个新的身份和角色重新回到辅导员的工作岗位。四年后，伴随辅导员暑期读书班的开班，我的辅导员生涯正式步入第八个年头。

许多人说：哪有什么岁月静好，不过是有人替你负重前行。在辅导员队伍里，哪有什么永远风轻云淡，糟心、伤心和寒心的事儿也少不了。无非是遇事大家相视一笑、轻描淡写一番，又继续埋头苦干。

当然，随着工作年限的增加，我的工作经验也在积累，但是工作状态和对于这份职业的热情也随着时间一点点被消磨，职业倦怠成为摆在我面前不得不面对的现实。我在一次与同事的交流中，向严老师请教他如何能在繁忙的工作中让自己时时刻刻神采奕奕、毫无倦容。严老师看起来永远精神饱满、不知疲倦，甚至在坐校车往返不同校区的路途上还在专心看论文。到底是什么支撑着他一路坚定前行？我在读书班报告会的现场找到了这个问题的答案。

辅导员暑期读书班的现场，我们有幸聆听了江西理工大学饶先发老师的专题报告。饶老师干货满满、金句频出的报告让我深有同感且深受启发，尤其是在职业倦怠的问题上，让我有了几点思考，并逐渐明晰了破解辅导员职业发展瓶颈的"五要"工作思路。

一是辅导员工作要有作为。饶老师在报告中的表述是"有为才有位"。辅导员很忙，忙到焦头烂额，吃饭、睡觉可能都没个正点。毕业工作、就业工作、新生工作、党建团学、学科竞赛、评奖评优……一项接着一项。传说中高校老师很幸福的寒暑假就像不存在一般。而在这千头万绪的忙乱过后，内心却有一种空洞感。我是谁？我在哪里？我做了什么？灵魂三追问也解释不清我们到底做了什么，成就感和获得感或许就更远了。要解决这种空洞和无力感的本源，还是要明确并回归到辅导员工作的主责主业：育人。

二是辅导员的工作要有思考。既然找到了问题的源头，回归到育人本职，那么如何育人就是需要思考的问题。我们的对象是谁，有什么特点？已有的工作方式方法有什么不足？我们应该如何因时而进、因势而新？当前的主要问题和矛盾是什么？可以通过什么路径解决？……这些问题或许来源于一次活动，也可能来自一次调查，更有可能来自我们与学生的一次交流。归根结底，问题来自我们育人的对象，我们的思考也应该依循这个群体的特点。

三是辅导员的工作要有交互。一方面是信息的流动，另一方面是感情的流动。信息的流动是我们发现痛点，思考和解决工作重点、难点的关键所在，它要求我们与学生充分交流、深入沟通，了解彼此的要求、需求。那么如何让信息流动？辅导员走访寝室、班级，谈心谈话是非常直接的线下方式，群投票、问卷调查或 QQ、微信对话等线上方式也是重要的途径。我们要在尽可能丰富和充分挖掘多种有效信息流动渠道的同时，及时提取有效信息。感情的流动是双向的，来自学生群体的感情流是我们职业认同感增强的重要动力，而从辅导员处发出的感情流则能让学生感受到暖心、贴心、用心和严慈并举的关爱。双向的感情流逐渐形成了一种情怀，支撑我们走得更坚定。

四是辅导员工作要有价值。一方面是让自己的职业有价值，另一方面是帮助学生更好地实现他们的价值。如何让琐碎的工作实践、经验和教训上升为理论？如何让辅导员职业的内涵更丰富？如何实现由"事务型"向"教育型"转变，由"工作型"向"专家型"转变？这些问题的解决需要我们充分挖掘辅导员职业的价值，而基础在于我们要做到育人先育己、育才先育心，这样才能走得更稳、更远。

五是辅导员工作要有心。这是敬业之心，认真投入；也是奋进之心，自我突破；是虚心，也是用心……有积累才有厚积薄发的可能。

"五要"是工作实践和工作思考的进一步延伸，是我在辅导员职业之路上继续前行的探索和实践，也是阶段性工作的总结和提炼。工作步入第八个年头，许多东西还是老样子，更多东西已变了样子。迷茫、疲惫甚至想要放弃的念头都曾在前七年的路途中出现过。但在"五要"的工作思路下，我进一步明确了：囿于迷茫的主体与突出重围、破除藩篱的主体，其实都是我们自己。

✎ 提升学生工作实效要在三个方面下功夫

中秋小长假如约而至，但留校统计显示很多同学都还在学校。趁着这个机会，我决定来个假日"突袭"，走访学生寝室，看看刚经历过第一次毕业班会的同学们都在忙什么。

尽管放假了，但大部分的同学并没有回家或者出游的打算，一是因为刚开学返校，二是因为国庆长假就在一周后。所以一个寝室四个人都在的情况比较普遍。在寝室的同学，看书的以考研的同学为主；其余有的在玩游戏，有的在睡觉，有的在吃晚饭……相比于女生宿舍，男生这边看剧和聊天的要少得多。可能是刚开学，寝室里整体还算干净。但是在一个宿舍里我发现了一个堆满了垃圾的垃圾桶，还没来得及清理，里面大部分是外卖的包装袋。

我们在一个宿舍里正聊着，走廊里听到声响的其他几位同学也循声过来，打开门一看是我，似乎有些傻眼，但是很快就热火朝天地聊起来。聊最多的，还是关于毕业和就业的话题：学期安排、毕业进度、论文还有学位补授。聊到个人规划，除了考研的同学目标明确外，其他大部分同学还没有非常明确的方向，不知道自己应该做什么和能做什么的占了相当大的比例。只有一位同学因为暑期有过实习的经历，通过实习进一步明确了个人的就业目标。尽管关于学位补授的事情从大一念叨到现在，但是在聊的时候还是发现了部分同学并没有真正听进去，对一些需要注意的细节问题，没有足够重视。可见班会的效果也是需要质疑的。

走出最后一间寝室，我开始反思走访发现的一些问题。其中重点对班会的效果以及与同学们沟通的有效性进行了反思。从走访的情况来看，并非所有的同学都接收到并消化了班会传达的信息，什么情况下他们会忽视信息，是兴趣导向、信息重要性还是个人利益导向？而且每个同学的情况都不一样，需求也有差异，具有普遍意义的说教和通知并不能真正有针对性地帮助他们吃透相关制度条例，也不能从根本上解决他们在学业困难、生涯规划、大学生活与个人成长等方面的困惑和问题。

针对上述问题，要更好地提升班会和沟通效果，需要在三个方面下功夫。

如果可能，应该尽可能增加与同学们一对一、面对面的沟通。平时基本上遇到大事、小事我们都会开班会，班会一对多的形式提高了信息传达的效率，也是通知传达、工作布置的主要方式，能够避免线上交流、信息查看有所遗漏的现象。但是随着年级升高，选课不同，在一个时间要将班级内所有同学集中起来也会比较困难，加之灌输式的信息传达较难产生深刻的教育和引导效果。而一对一、面对面的信息交流，不仅能够通过面部表情、肢体语言、口头语言表述习惯等了解个体的性格特征，及时捕捉对方的情绪反馈，也能适时调整沟通方式，增加教育引导的针对性和效果，同时还能够增进情感的交流。所以，不论进班级、串寝室还是约着聊聊天，都是非常必需的。

如果可能，班会主题、内容和形式要在最大程度上与不同年级学生的需求相适应。新生班会往往形式新颖、抓人眼球，通俗来讲就既是活跃了气氛又走心，能够帮助新生更好地融入集体、适应新环境。但是对于高年级而言，需求有所转变，沉淀下来、明确方向、有所启迪的班会形式能够在最大程度上引导他们深入思考个人规划，着手准备下一步工作。仅仅是一对多的灌输式说教简单粗暴，还未必能走心。正如人的心理发展，每个阶段有各自的特征一样，每一个年级的学生也有自己的需求和特点。若是能根据年级的变化，遵循其心理需求采取不同的形式和深化内容，应该能够收获更有效的教育引导效果，不仅入耳，还能入心。

如果可能，应该尽可能参与到学生学习和生活的方方面面之中，如有一段共同的学习或生活经历，更能够加强师生之间的情感联结。以前并不是特别理解，为何军训结束的时候，同学们会哭得稀里哗啦，甚至追着教官的车跑，后来终于明白过来，那是一群人为了一个目标，在一段时间里经历了共同的"苦难"，同时见证了彼此的成长，才在内心生出了对对方情感上的依赖，因为那些人参与了自己的生活，自然成为人生当中一个抹不去的烙印。

班会和沟通效果是学生工作实效的重要考查内容，在一定程度上反映了我们日常工作开展的有效性。因此，要在一对一沟通、需求适应度以及情感联结三个方面下功夫。

走出宿舍门的时候，我回过头提醒同学们不要忘记给自己的父母打个电话，毕竟是中秋节。

做好学生工作，要做到全面客观评价学生

工作几年，有一种感觉越来越强烈：要想真正了解学生，就一定要主动走进学生。

有一天晚自习，在各处走动的过程中，我看到并排坐着的几位男生动作整齐划一地玩手机，桌上空荡荡的，没有任何书本或者学习资料。"晚自习怎么能只是玩手机呢？"我这么想，随后与这几位同学逐一进行了谈话。

以往与同学们谈心谈话，有的同学在谈话之前总会"小心翼翼"地问一句："老师，你找我干啥？是不是我最近犯啥事儿了？"因此，一方面，我反思自己平时主动走进学生的次数太少，以至一有谈心谈话就让学生产生"谈话必无好事"的错觉；另一方面，我也养成了谈话前先打预防针的习惯，提前告知只是简单聊聊天，缓解同学们的谈话恐慌，确保大家能够在沟通过程中保持松弛的状态。

在晚自习的这场谈话中，我最初希望通过谈心谈话实现的目的有三：适度"批评"没有充分利用晚自习学习时间的行为，了解同学们进入学校以后的适应情况以及现在面临的困难或者问题，了解同学们个人学业与生涯发展的规划。当然，这几场谈心谈话基本上按照预定目标进行，而且最后我所设想希望能够掌握的信息基本能够掌握，对三位同学

的了解也更进一步。

然而，在这个过程中我犯了一个错。

第一位谈心谈话的同学打算考研，但是打算从下学期开始准备。专升本的同学入学相当于大三上学期，原本学习基础相对较为薄弱。虽然没有做过科学的调研，但从经验角度来说，如果等到大三下学期再开始准备考研，有很大的可能是来不及的。所以，我的内心给这位同学贴上了"学习不积极、不主动"这样一层标签，并且"劈头盖脸"、苦口婆心，批评加引导，积极动员其现在就开始着手准备。看到这位同学谈话过程中逐渐熄灭下去的热情的小火苗，我暗自忖度：一定是说到点上了，他自觉行为不妥。此时我的内心还颇有几分自信。

谈心谈话的后面两位同学和第一位同学是室友。在与他们的谈话过程中，也聊到了寝室氛围以及和室友之间的相处。其中一位同学提到了第一位同学，并表示，第一位同学在他看来很认真，学习比较自觉，平时睡前还会学习英语。听完这样的一番评价，我的内心有了一些波澜：我似乎在评价的问题上犯了一个明显的错误——我以晚自习玩手机的单一行为对我的学生做出了评价，而且这样的评价影响到我在与他谈心谈话过程中的一些判断和交流。

我错在哪里？我想主要是有三个方面的问题没有明确。首先，这三位同学在晚自习玩手机，那么其他同学呢？第二，这三位同学是每一次晚自习时间都在玩手机吗？第三，这三位同学是否只在今天的晚自习上玩手机，在其他时间和场合并不会如此？

以一时一事就形成对他人的评价，其实是一个很普遍的问题。我们的评价来源于我们对他人信息的掌握。在日常的交往中，我们获取他人的信息主要有两种渠道，一种是直接，一种是间接。直接获取是从我们与他人的直接交往过程中获得的，比如和他人聊天、工作中的交流合作等；间接获取的信息有相当一部分来源于第三方，也就是我们常说的"道听途说"，还有可能是自己主动获得的第一手有关他人的信息，比如对方的工作成果等。我们通过对获取到的信息进行分析，逐渐形成自我对他人的一个主观看法，并且在此基础之上产生"他是一个什么样的人""他这个人如何"等涉及他人能力、品德、性格等方面的一些观点和看法。

对他人的评价在一定程度上影响了我们在交往过程中对他人的态度。比如"道听途书"，A是一个自私自利之人，下次与A有合作机会时，内心可能会提前设防，也会降低对他人的信任度；或者，自己主观判断A是随和之人，交往行动上主动亲近的概率会更高一些。但是，评价本身是有主观成分的，是我们对某些接收到的信息进行了加工，这个加工又是在我们个人的生活经验、价值观等基础上进行的，所以难免存在一定的狭隘性和偏差。在日常生活中，我们在给某人、某事下定义、做评价时，未必能时刻意识到自己对他人的评价的主观性或者评价中存在的偏差。

所以，再回到我与学生谈心谈话的过程中。我从晚自习玩手机的单一行为中初步形成了对学生的一个评价，并且将这个评价带到了我在谈心谈话过程中对学生的教育引导上——我没有完全从直接渠道的谈话信息中更加客观地看到学生全貌。直到通过间接渠道获取间接信息了解其他同学的评价，再来反思我个人的评价过程：我并不了解我的学生，所掌握的信息太少以至做出的评价存在偏差。

也许有人会说，这看起来并不是一个多么严重的问题。当然，这样的问题并不是致命的错误，只是若意识到了却没有及时改正，后续还是会形成不良的影响。最直接的，比如影响谈心谈话效果以及师生关系；从长远来考虑，则可能在对学生的教育引导，乃至学生个人成长上难以真正发挥作为一名师者应有的作用。

评价是相互的。当我们评价他人的时候，别人也会拿着他的标尺衡量我们。我们一方面要考虑自己如何对待他人的评价，另一方面也要考虑自己应该如何去评价他人。由于评价自带的主观色彩，我们或许难以做到绝对客观。但是，在不了解事情全貌、信息掌握有限的情况下，还是要对评价持更加谨慎的态度。评价，并不是一项速效、短期的行为，而是随着个体的发展成为细水长流、影响深远的发展过程。

作为一名学生工作者，在陪伴、引领学生成长的道路上，要全面评价学生，首先要足够了解学生，包括他的成长过程。要全面了解学生，则离不开真正走进学生，参与学生的成长、觉察学生的困惑，引导学生自我发现和自我成长。不够全面的评价或许就阻断了真正走进学生内心的路。

如何帮助学生戴好"心理口罩"

疫情之下，作为学工人，我们也在做着自己的贡献：微信、钉钉、企业微信健康上报，排查，电话督促，联系家长……

生理需要和安全需要是人最基本的需要。当人们外在的安全感受到威胁时，内心的安全感会被动摇，变得更加脆弱、无助，进入应激状态。

有些人会有低落、抑郁的情绪反应；有些人会变得麻木，却又自我怀疑、内疚；有些人会愤怒易激；有些人的应激体现在情绪上，情绪波动大，或疲惫感增加；有些人的变化体现在认知上，比如大量查看社交媒体上的消息，做负性归因；有些人会有行为上的改变，比如反复检查卫生、体温；有些人会产生对身体状况的担忧，感到躯体不适。这些都是正常反应，但可能增加心理的痛苦感，更可能导致更严重的心理应激，甚至是 PTSD（创伤后应激障碍）；而当一个人感到得到理解、获得情感的陪伴时，会更有勇气与力量克服困难、渡过难关。

那么辅导员如何更好地与学生，特别是在排查中发现的"异常情况"学生沟通？可以从三个步骤着手，帮助学生戴好"心理口罩"。

准备状态，开展良好的沟通。要坚持的基本原则是尊重、真诚、不评判。微信语音、拨打电话时，自身状态要稳定，表现在谈话语气沉着、稳定、自然，这可以给学生安全感和被尊重感。应激状态下表现出的情绪与行为反应都是正常的，无关对错。积极主动地倾听学生，不仅要听明白对方表达的真实含义，还要听到对方的情绪感受以及内心的需要。

综合评估学生的基本状况，主要包括三个方面。一是学生的居家生活情况。以关爱的态度了解学生目前的生活状况，包括饮食、睡眠等生活状况，居家学习、生活状态，与父母的关系，与同学的线上沟通及支持情况，所在地的疫情状况，等等。二是学生的身心状况。了解目前学生的情绪和身体状况如何，并给予情绪反馈。比如，毕业班的同学可能会说：马上要毕业了，也没法找工作面试……我们可以问：你想找工作，但是现在出不去，是不是有些担心、着急？三是学生状态的可能诱发原因。如果学生有过强的恐惧、焦虑等负面情绪感受，了解产生这些感受的原因（如家庭关系，特别是亲子矛盾）。

提供支持是辅导员需要开展的关键步骤，应着眼于三个方面。一是进行心理教育。让学生知道，当遇到重大压力时，身心会发生如感到焦虑、恐惧、愤怒等系列反应，这是肌体面对压力的适应性本能反应，为应对威胁和挑战做好准备。将学生体验到的身心反应正常化，可以缓解学生的过度紧张焦虑情绪。二是了解应对策略。学生采取了哪些方法帮助自己？欣赏学生自助过程中体现出来的能力或勇气等，提升学生解决问题的自信。启发学生思考多种可能和应对方式，建立合理认知，消除不合理认知，考虑每一种应对的影响，并帮助学生选择适合自己的积极应对方式，鼓励学生尝试实施，提升学生的应对能力和控制感。三是明确社会支持系统，帮助学生看到自己的资源。

学生具备的资源包括内在、外在和推荐资源。内在资源是指从学生的讲述中，帮助学生看到自己的资源，包括：积极寻找办法，自我关爱，有面对问题的勇气，愿意求助，真诚、善良、热心等品质。外在资源的发现和挖掘可以通过询问的方式进行。如询问学生还可以做些什么让自己感觉好一点，读书、听音乐、陪伴家人或宠物等；询问学生能够从哪里得到帮助，如家人、朋友、同学、老师等相关资源，并明确每个资源能给学生提供哪些具体的帮助，如情感支持、建议或信息、物质方面等，增强学生的安全感和归属感。推荐资源是指如果学生的身心健康状况受到疫情的影响较大，可以推荐学生关注当地政府或卫健委的官方信息发布渠道，关注班级群、学院发布的动态消息，接受专业心理热线和医疗热线支持。

作为高校思想政治教育的骨干力量，辅导员与学生的距离是最近的。共同帮助学生戴好"心理口罩"，我们义不容辞。

先将孩子还原为一个"人"，然后再谈教育

体育竞技在很多国家是一件很纯粹的事情，是经过奋斗后，个人价值的实现，无关于其他，所以我们会看到在奥运会上有的运动员拿了奖牌后，还得赶着回老家收庄稼。而对于另一些国家，奥运会则有着不同的意义，金牌事关国家与民族的荣辱，所以人们更多是关注金牌与其他奖牌的数量、奖牌榜的名次，而忽视了运动员作为一个人的存在。

对于我而言，我更看重的是里面有没有"人"的存在，因为这终究是由无数人共同参与的体育活动。其实忽略"人"的场所又何止奥运赛场，我们的教育何尝不是如此。

都说父母是孩子的第一任老师，可见人们或多或少地看到了家庭教育对于个人发展的重要作用。然而，我们是否反思过，作为孩子的第一任老师，身为人父、人母的我们是否合格呢？亦或者说我们的家庭教育质量如何？

镜头一：大约四年前，一个七岁的小朋友因为前一天晚上吃了凉西瓜（从冰箱里拿出来没多久），第二天早上闹肚子，便在了裤子里。其父亲推了小孩子一把，大声责骂。小男孩眼圈红着，泪水几近夺眶而出。

镜头二：前几日去超市，我在收银台处付款。排在队伍后面的一个

看起来三四岁的小孩子爬通道边上的栏杆，结果掉下来了，其母亲一把将其抓起，喊着"你怎么这么不听话，我一点都不喜欢你，真是很讨厌"，还顺手打了小男孩几下。

镜头三："我养你算是白养了，你个白眼狼。"——这话想必大家不会陌生。一个新闻专业的学生前几日发了一篇关于家庭教育的文章，惹恼了一众妈妈们，其家长也对她说过此话。

父母与孩子的互动就是家庭教育的主要表现形式，上述三个镜头在我们平日生活中并不少见。作为中国式家庭教育的非典型事例，甚至可能曾经发生在我们自己身上，并正在我们抚养下一代的过程中继续发生着。上一代的不快乐，似乎也传递给了后来人。

究其缘由，或许是孩子的"私有财产"属性。在很多父母眼里，孩子是我生的，就是自己的私有财产，而非一个完整的"人"。既然是自己的财产，那么就可以"随意处置"。比如孩子应该开心地服从爸爸妈妈的要求，否则就是不孝、大逆不道。将孩子物化后，接下来就是要给爸爸妈妈脸上"贴金"，于是会要求孩子要这样、不准那样。"你还小，不能谈恋爱"，"你老大不小了，该找对象了"，"我托你二姨家的表姐给你介绍了个对象，你去见见"……若得到了一个"不"的回答，接下来就是"反了你了，翅膀硬了是吧"。

父母对孩子的物化至少源于两个方面：一是道德绑架，二是家庭内界限感的模糊状态。

道德绑架。因为中国父母的传统思维习惯是把亲情和服从捆绑在一起的：我生你、养你付出了这么多，你吃的、穿的、用的都靠我，你就是欠我的。所以在很多父母看来，孩子天然理亏。孩子应该服从父母的期望和要求，否则就是叛逆。更甚者，孩子很难有自己独立的思想和人格，因为很多选择和安排父母替孩子决定了，并且是以爱的名义。

新闻专业的一位学生写了一篇反思中国家庭教育的文章，即被其母、曾经的师长视为大不敬。而在我看来，其文言之切切，虽有言辞激烈之处，但不至于被口诛笔伐，作为新闻专业的学生，其敏锐地捕捉到并成功制造出热点话题、引发讨论，也真的是学有小成。

界限感。"清官难断家务事，家家有本难念的经。"家本应是每个社会成员体验温暖与安全感的场所，反而成为其自身压力的来源和矛盾累积的场所。人之为人，应该有自己的空间和相对独立性，家庭中，父母以及各种所谓的亲戚，往往会用亲情或者爱的名义窥视孩子的隐私，甚至干涉其人生决定，比如"你该找对象了""你的这个对象不怎么样啊"。在做心理咨询的这几年里，遇到了很多同学谈及父母，没有感恩，只说"老师，一想到我的爸爸妈妈，我的压力就好大"，同时泪如雨下。

家庭教育的初始不应是"让孩子赢在起跑线上"和各种培训辅导班，而是平等的理念与自我决定意识的培养。首先将孩子还原为一个"人"，然后我们再谈教育。

心语，

如月融融

✎ 致国际 14 甲全体学生：赠别国际 14 甲诸君

国际 14 甲诸君，我是你们的宾哥。

与往常一样，我坐在办公室里开启了新一天的忙碌。异于以往的是，今天诸君即将离校，若干天后，将飞赴远隔万里的异国他乡，继续求学。经此一别，唯有他年或可再相遇了。

还记得诸位初入杭商院时的情形：嘉宜入学初即拉肚子，其母打电话给我，希望多多关心，言辞切切；龙天的父母送其至寝室，整理床铺，与之交换名片，嘱托我多多照顾。如此事例多如牛毛，却历历在目。虽然国际班几十人各有志向，今天也有自己的选择，然而彼时却是懵懂、青涩的。

故诸君甫至桐庐，求学杭商院之际，诸父母言辞切切，希望给予诸君多多关心和帮助。其中既有舐犊情深和牵挂，也有对诸君的不放心。

昨日与梦婷在办公室里交流颇多，我感慨亦多。在杭商院两年，从一个遇事就哭的小姑娘，成长到尽管脸上还会挂着眼泪，但内心已经渐渐强大起来的大人。张晨，是诸位最应感谢的同窗，在大家烦心于各种出国事务与期末考试之际，她还同时认真履行班长职责，往返于各部门沟通，事无巨细、不胜其烦，唯恐贻误诸多杂事。还记得美庐奖学金评选前，张晨到我的办公室求教个人展示思路，交流甚多。她说："素来害怕演讲，这次不求结果，只当历练。"后经修改、演练，终一举成名，亦属实至名归。诸如此类，诸君种种逸事，不胜枚举。谓之曰成长。

近几日，我得知诸君困于闪讯与空调诸事，就与同事沟通，协调诸多部门师长协同处理，终得以"妥善"解决。临别之际，诸君亦当向前述诸师长致谢。历数两年诸师的教诲，临别之际，亦当有所为。谓之曰感恩。

诸君，今次一别，他年或可相见。骐骥一跃，不能十步，驽马十驾，功在不舍。异国求学，子去亲远，亦有不易，不可以不慎。千锤百炼，勇于面对，勤奋求学，不可以不独。谓之曰人生。

末了，借用心协露莎的诗，赠予诸君："世虑固难消，芊羽又绵微，识君鸿鹄志，同心覆尘嚣。"

✎ 致我的 2019 级学生：纵使前方道路坎坷，看准走稳、不要害怕

　　一位同学身体不适，医生要求住院治疗。联系我的时候，她还没有办理手续。电话里我听到她的哭声。她带着哭腔把基本情况告诉我，那一刻我能感受到她的无助和恐惧。挂了电话，我用微信给她发了消息，安抚她的情绪。工作这些年，还是第一次遇见有同学因为生病住院而落泪。而这位同学下周一还要参加某单位的差额体检。

　　一位同学在微信上给我留言"有点东西想请教下您"。随后他发过来论文导师对于他毕业论文某个英文表述的修改意见。"就是像这种该怎么改呢？我有点迷茫……"我看了看，其中一个错误是因为拼写时没注意，字母间留空了。那一刻我能感受到他的小心翼翼。

　　对于毕业班的同学们来说，进入大四以后遇见上述类似的情况还有很多。这些问题就像约定好了一样集中在他们大学最后一年爆发了：原本以为自己什么都会、什么都懂，现在却不得不在现实面前放下曾经的"什么都无所谓"的洒脱和随性，像是一个谨慎、虔诚的初学者一般，在现实的暗夜里深一脚浅一脚慌乱地摸索着。

　　所以，我想和毕业班的同学们聊一聊，除了要认真完成规定的专业学习任务，比如毕业论文以外，我们在毕业前还有一堂非常重要的人生

课程需要补习，那就是，面对人生中"铺天盖地"的问题和困难，我们应该如何应对？总结起来就是"看准走稳、不要害怕"八个字。

看准自己目前的处境和问题。我们现在面临哪些问题？这些问题产生的原因是什么？哪些问题是我们现在就能解决的？哪些可能需要寻求他人帮助？回答好这几个问题，基本就能明白自己目前的处境了。

导致问题产生的原因是多方面的。对于毕业班的同学们来说，现阶段面临的问题主要分为两种。一种是可预见的，比如学习不够认真、自身不够努力导致不及格学分太多，或者加权平均分过低而无法顺利获得学位；毕业论文写得不认真、敷衍了事，可能无法通过答辩，进而不能顺利毕业；等等。这个可预见是已经有非常明确的规章制度或者行为规范提前为我们的行为结果做了预判的，只要我们循着既定方向踏实地走，一般不会出现这类问题。另一种问题是突发不可预见的，比如像上述因住院落泪的同学，这种问题可归结为意外。意外问题往往考验我们平时能力的积累，考验我们是否具备独立解决或者寻求力量帮助解决问题的能力。

不论是哪一类问题，最终都要回归到我们个人的状态：对于可预见的问题，如果我们一开始就足够重视，可能就不会成为问题；但假设某一天一不小心成了真的问题，我们应该且只能选择勇敢面对。

走稳当下每一步。人生是单行道，无法再回头将大学重新走一遍。所以对于毕业班的同学们来说，不论现在处于什么样的境遇，都已经没有退路了。那么走稳现在的每一步，明确问题以后逐一解决问题就是最关键的。

生活中，我们有时候对自己和现实一无所知，就像一个"醒着的睡着的人"：有时候对自己太过自信，不相信前面所说的可预见的后果和困难最后竟会发生在自己身上；或者对于自己的能力太自信，或者低估了外在的要求，导致在面对问题的时候匆忙迎战、乱了阵脚。

仅凭空洞的自信，美好的生活并不会如约而至。往往焦虑、挣扎、呐喊过后，我们的生活还是和原来一样，并没有什么实质性的改变。这样我们只是在走而已，走得却并不稳，终有一天会跌倒，甚至头破血流。所以，我们还是要积极行动，认真对待现在在做的每一件事，踏踏实实走好每一步。不会的东西，比如写论文查文献，就虚心求学；懂个大概的东西，比如求职面试，就深入钻研。勤奋精进、努力提升，克服懒惰和低效，提高自己的问题解决能力，帮助自己积蓄一些力量。当问题出现时，有能力应对和化解难题，我们也会随之变得愈加自信。

直面自己的担心和害怕，接受并用行动消除它。生活中我们之所以会害怕和慌乱，是因为发现以一己之力难以应对出现的问题。当然，害怕和慌乱很正常，给自己害怕的时间，接受它，然后消除它。

因住院失声落泪的同学，我想她在人生的前二十年当中应该一直被家人小心呵护，没有经历过大风大浪，更不太有自己一人独自面对问题的机会。所以在只有一个人面对困难的情况下，难以寻求到身边人的帮助和支持，害怕在所难免。

我们要有面对困难的勇气和准备，也要有战胜困难的信心。走出学校以后，在社会上接触的人和事远比校园中要复杂和多变，我们很难事事准备妥当，也不能像只鸵鸟那样把自己的头埋起来无视现实的困难。所以接受自己的害怕，珍惜眼下任何一个独自面对艰难困苦的机会，积极地寻找问题解决的方式方法，学会积累解决问题的经验。

学着拥有远见。一位同学找到我，咨询人生中第一个就业的抉择。她已经拿到了入职通知，等着签约。但是摆在她眼前的有两条路：留在杭州工作，以后的生活将远离父母，自己一个人独自面对许多困难；回家，从事一份自己并不是那么喜欢的工作，人生未来几十年的生活似乎可以一眼望到头。

她不知如何做抉择，但是她内心却是有一个声音的：她想趁着年轻留在外面再闯一闯，体验一下外面的世界。是选择家人温暖又坚定的支持，还是选择独自一人面对成长？其实，这个问题并没有绝对的答案。我们人生的第一份工作或多或少对我们的职业生涯产生了一些影响。但实际上，如果仅仅将眼光放在眼前，我们只能看到现在的问题，不能看到长远的解决方案。

家和工作地的距离有多远？自己还有没有其他途径在未来回到家乡？也许未来一两年我们是在这个地方，但是未来十年乃至二十年我们还会一直待在同一家单位吗？谁都说不好，变化太多、太快，我们自己本身也在不停成长和发展。

所以，不妨把眼光放到个人未来五年甚至十年的规划上，再问一问自己：我想要什么样的生活？想要的东西有点多，是不是可以一次只选择一项，慢慢来？切忌捡了芝麻丢了西瓜。

有一位同学问起这个学期末离校是不是就可以把行李搬走了。我笑言：有一种孩子养大了要马上离开家的感觉。她则安慰我不要伤心。尽管只是短短不到两年的相处，但因为看着你们从懵懂到坚定、从无措到成长，我感觉自己也和你们一样重走了一遍成长之路。

所以，我亲爱的学生们，当生活看起来一团糟、未来似乎很遥远时，不要害怕。立足长远，踏踏实实走好现在的每一步；保持耐心，与时间做朋友。我们总能感受到自己的成长，体验到收获。我想光明的那一天应该不会太远了。

致我的 2020 级学生：莫问来路，但看前程

一位 2020 级的同学来请假，我请她坐了一会儿简单聊了几句。我在班级中注意到她，是因为在走访早晚自习的时候，留意到她一般都是在前排就座。在被问及目前的困难和问题时，她肯定地表示"没有问题"。因为基本能跟上老师的节奏，正在按部就班地学习，生活也比较充实，所以对自己目前的状态整体比较满意。

学期初与不少同学交流时，我发现专升本似乎成了限制同学们伸展拳脚的桎梏。大部分同学都表示专科阶段所学专业与本科阶段不一致、基础薄弱，加上现在的课程对理论要求较高，要跟上课程存在一定难度。但是，半个多学期过去了，大部分同学通过主动适应、努力学习逐步打破这层桎梏，步入正轨。但是，我们也发现还有一些同学，从入学那一刻开始，就是奔着享受大学、暂缓就业的目的来的，状态非常松弛：上课戴着耳机，早退，早晚自习只玩手机，开学到现在从来没有去过图书馆，没有课的时候就在宿舍睡觉、打游戏……再追问，基础差、时间短、只要文凭、没有追求成了主要原因。

两年时间要学完其他同学四年的课程，听起来很有挑战性。紧凑的课程安排对同学们的学习能力也提出了新的要求。尽管如此，我们依然能够通过充分利用时间，在两年的时间里完成许多目标。在时间长度有

限的情况下，我们不妨以翻山越岭的努力、白纸空杯的谦卑、严谨有效的行动来拓展成长的宽度，让自我的成长收获更多的惊喜与意义。

找到人生中除了生存、物质需要以外的其他大山，并且努力翻越。如果把人生各阶段的需求比喻成人生要翻越的大山，那么高考是一座大山、专升本是一座大山，本科毕业以后还会面临许多人生的大山。这些大山可能是我们想要达到的目标、想要得到的东西，也可能是在通往目标路途中出现的各种困难，以及我们每个人应该实现的成长。所以，我们要有翻山越岭的能力准备和精神准备。

对于同学们而言，目前的困难有哪些？比如：听不懂老师上课讲的内容，没有追求和目标，没有含金量高、拿得出手的优势，不清楚自己的核心竞争力到底在哪里……那么我们如何翻越这一座座看起来无尽的大山呢？这里我想和同学们分享一位大一同学的作业，在他的作业里，我们或许能找到这个问题的答案。

"第一次上课的时候，我一头雾水，完全不知道老师在讲什么。我不知道我在课堂上该做什么、该怎么做笔记。老师讲课的速度是不会因为学生听不懂而减慢的。接下来的一段时间，都是持续这样的状态。我觉得这样子是不行的。我得想办法适应。首先第一步是认真听老师讲课，无论我能否听得懂。我觉得当我做到第一步时，我发现其实我可以跟上老师讲课的速度，而且老师讲的内容并没有那么难以理解。接下来，是去记录、去理解，然后把它变成自己的。我觉得只要努力，就一定会有所收获。"

所以，你看，面对这么多的大山，我们应该认真地面对并积极主动地想办法克服它。当然，面对人生如此多的大山，最关键的是我们要找到人生中最重要的那座大山，跨过去后实现自我的成长。许多同学希望通过专升本实现学历的提升，能让自己在职场上更加有竞争力，随之带来更高的收入以及更加优渥的物质条件。而我们的人生仅止于此吗？不尽然。

人生更高的山峰是对自我的超越、对意义和价值的追寻。所以，当我们只看到眼前的困难时，不妨抬头再往前看看，找一找真正的意义所在。

以白纸空杯的谦卑心态和踏实的努力开启人生新阶段。对于大一新生而言，从入学那一刻开始，在他们面前展开的是一张白纸。虽然你们从年龄上来说已经是"老生"，但从环境和精力而言，你们依然是新生。在你们的面前展开的也是一张白纸，所以请抱着全新开始的心态学习。你们相比于大一新生有更大的优势。你们能够更快速地适应新环境，也能够很好地适应相较于高中阶段更加疏远的人际关系。但是，我们的起点是新的，新阶段对我们的个性发展和能力培养提出了新的要求。我们适应了环境，能适应这些新要求吗？适应以后，我们能够真正去做一些有意义的事情吗？我们又该如何去书写这短暂的两年时间？两年以后我们要成为一个什么样的人？年龄的优势带给我们更加成熟的思维。但是我们依然要有规划生活和学业的意识和行动，因为今时今日的努力和行动会造就两年后一个全新的自己。

在学习中学会自我管理，在自我管理中提升个人。走访早晚自习的时候，我发现了一个很大的变化。和同学们刚入学那段时间相比，这段时间早晚自习认真看书学习的同学多了起来。但是，当我和一些同学一对一谈话的时候，发现有的同学从不去图书馆、自习室。他们更喜欢宅在宿舍里。做什么呢？睡觉、玩游戏。原本可以在这个学期完成的"阳光毅跑"一定要拖到第二学期；从来没有关注文献查阅，也不会使用图书馆的数字资源，等到写毕业论文时一问三不知；不懂专业术语，只会向百度求助……对比身边那些每日出入图书馆自习的同学来说，有一些同学给了自己充足的空闲时间，并且把大部分的时间给了休闲娱乐。但是，一时余闲，下一刻就忙得焦头烂额。

我们往往在余闲时忽略了那些重要但不紧要的事情，等到面临紧急状态时，我们可能只会眉毛胡子一把抓、难以区分重点和主次，可能会忽略问题的核心、做出误判，影响了事情最终的走向。比如，有的同学大二就知道自己无法正常取得学位，却到大四才想起补授学位的事情，结果是不堪重负、心态崩溃；再如，当我们站在大学的开端时，我们总觉得自己的大学还有大把的时间可以挥霍……这和临近期末突击复习、临近毕业突击成长是一个道理。

我们讨厌那种马不停蹄、压抑的紧迫感，但是忘记了其实是我们自己造成那样紧迫的局面的。所以，我们要学会管理自己。不仅仅是合理安排和管理自己的时间，还要管理自己的学习、能力培养、人际交往等。学会打理自己的生活和学习，才能真正开始掌握自己的人生。

所以，亲爱的同学们，找一找你想要翻越的人生大山，看一看你成长的宽度，问一问自己到底有没有真正地努力。有时候，我们之所以找不到生活、学习和工作的意义，是因为我们没能将自己的努力与这个世界、与他人形成有效联结。如果能在成长前进的道路上找到这层联结，那么我们一定可以翻越人生高山，最终实现自我。而这些和我们是否是专升本学生并无绝对的关系。

致我的 2017 届毕业生：希望似夏日骄阳灼热滚烫

6月，毕业季。2017 年 6 月 8 日，2017 届毕业典礼。

人生到底有多匆忙，多经历几次毕业以后似乎能有更多层次的体会。这个 6 月，我完整带完的第一届学生毕业了，尽管只有两年的时间。

我对自己几年前的本科毕业典礼所剩不多的印象里，最深刻的就是帮无法亲临现场的同学邮寄学位证和毕业证。而这次，从论文查重的焦灼到答辩通过的放松，从材料收集的紧迫到任务完成的暗喜，从毕业典礼的筹备到毕业聚餐的落幕……几乎事事与你们捆绑在一起。

前几天一直在群里再三核实最终会到现场参加毕业典礼的同学名单。不经意间蹦出一个"无法到场"的名字，群里就开始"群起攻之"：人生如此重要的时刻怎么能错过？我对着屏幕淡淡一笑。从年龄的角度来说，青春离我远了，和专升本的同学们也有了分寸的距离，但已经经历过一次毕业典礼的你们似乎热血不减。

6 月 8 日，带着你们乘校车到教工路校区参加毕业典礼。入场前，接到了国贸班的同学们送来的一束鲜花。捧着花站在人群边上似乎很扎眼，引得路人频频回首。我自是不知别人能从我的表情里捕捉到多少我因你们能顺利毕业而产生的喜悦和幸福之情，但是从另外一位站在附近手捧鲜花的老师眼中，大抵估摸到了自己幸福的样子。

典礼现场大家穿好学士服，依次上台从院长手中接过毕业证书。事先做好的纪念视频尽管是循环播放的，但似乎因为在角落的缘故，又是一个班一个班接着，异常紧凑，少有人能仔细观看、注意细节。

我在后排站了许久，静静看你们相互整理服装、扮鬼脸拍照、彼此戏谑谈笑、在朋友圈里发状态。细碎的说笑声让这场毕业典礼更有一个结束蕴含一个新开始的希望之感。楼上楼下奔波领证书、从单位请假来参加典礼、办理各种离校前的手续里面满是匆忙，可你们是实实在在的开心和欢腾，因为顺利毕业了。

毕业聚餐就是毕业这道大餐上必上的餐品。没有一醉解千愁，没有抱头痛哭，说了一些压心底的"狠话"，发泄了一些怨气，送出了自己的祝福，感谢了教导过自己的老师们。张扬又节制，没有极尽渲染毕业的伤感。

在与你们接触以前一直在想象许多种"你们是什么样的存在"的可能性，毕竟上过大学的你们已经在自己人生的纸张上涂抹了许多种色彩。如何在你们人生的草图里添加笔画色调，这个问题让我有点忐忑不安。"专升本"三个字给你们身上贴了更多"应该"的标签，"应该更自律""应该更懂事""应该更有规划""应该目标更明确"等，自然对你们的期望也随之水涨船高。

从接你们入学到你们毕业散场，从头再细数一遍点滴：你们妆容得体、自信；你们更加懂得如何利用手头的资源来达成自己的目标；你们有着仿似看透世俗社会的不屑，却也能在关键时刻不掉链子；你们会在环境际遇不如意时焦虑、自嘲、手足无措，却也能为自己的目标继续努力；你们有着对专业知识更深刻的领悟，也会在与老师意见相左时坚持自己的看法，甚至在学业上要求尽善尽美……同时，早晚自习、晨练缺勤，未经请假旷课未归，人际关系受挫，遭遇学业瓶颈……你们又和其他大一新生没什么两样，还得跟在你们后面紧盯着你们。

毕业聚餐的时候有同学举杯，称呼自己是"老油条"，说这两年没少让我操心。为你们笑过、哭过，还骂过你们，我也觉得自己真是没少为你们操心，有那么几次对你们还生出了几许失望。但你们依然像是春日里和煦的暖阳，不时传递暖心、贴心的小感动。在失望难过的时候，我还在坚守：你们还在学校，"学生"依然是你们目前最重要的身份。就算经历再多波折，最后你们还是顺利毕业了，你们或许才是自己最应该感谢的人。

6月8日是晴好天气，6月9日一早却下起大雨。天很黑，蹚着地上的积水，你们已经毕业将离去的现实成为一团黑压压的云笼罩住我。原来你们这就毕业了，恍惚间前几天还在和你们说拍毕业照的事情。

9日的大雨挡住了好些同学离校的脚步。所以我也得了机会能与几位同学再坐在办公室里闲聊一阵。不再和你们谈学习，却谈起了各种招考，谈起了实打实的工作。吴同学有一次回学校，在食堂里买了一份饭，我们面对面坐着，边吃边聊。有了工作现实与校园生活的对比，才发现在学校里生活真是一种莫大的幸福，即便你们无数次抱怨食堂的菜多么不好吃，即便晨练、早晚自习在你们看来多么无趣，即便条条框框似乎显得有些不那么近人情……但是在你们毕业以后，这些都不会有了。你们曾经厌恶的和能让你们心生欢喜的都一并不会再有了。

当听说有同学自学去了与专业完全不相关的行业，有同学给自己最后期限争取大单子，有同学依然准备考研"二战"，有同学还在为明确目标继续努力……我就知道，离开了校园的庇护，你们慢慢与现实相融，最后你们生活的景象一定都不会太糟糕。

故事似乎总要有一个终结，毕业为你们的求学生涯画上圆满句点。而你们的生活又是开放式的，没有人能断言你的明天会如何，你们却能自己决定明天所能到达的高度。

我们说常联系吧，只是疏离在所难免。

希望似夏日骄阳灼热滚烫，你们总能在时间的潮流里载回深秋丰硕的收获，抵御住生活凛冬严寒的侵袭。

致我的 2019 届毕业生：愿你们此去勤谨和缓、心怀希望

亲爱的同学们，今天是 2019 年 8 月 25 日，距离你们毕业已经过去 68 天。这是我第九次打开文档，想写下还未对你们说出口的心里话。

四年前你们初来杭商院时，天气晴朗，校园里锣鼓喧天。而你们离校的那天，桐庐大雨。我们对于重逢或相聚总会有许多期待，而对于离别则显得有些慌乱和不知所措。日后的回忆里，离别总会带有些许遗憾的色彩。比如有同学不能参加毕业典礼，有同学未能亲自到场说再见，有同学没能如期拿到毕业证书……钟同学在我办公室中说起有同学得知他不能返校参加毕业典礼时，真情流露"我想你了"。在离别的关口，哪怕是铮铮汉子听到这番话，没有流泪，也会心酸一把吧。

在过去的 68 天里，我的朋友圈里有许多生动的变化。从毕业季的伤感到回忆新生入学时的兴奋，从晒毕业照到晒四年往返家与学校的车票，从毕业典礼现场到工作培训现场，从"曾经我们一起走"到"最终我一人独行"……

在我们彼此陪伴的 1376 天时间里，经历了许多事，开心的、失落的、纠结的、痛苦的……作为见证你们成长与蜕变的人，我想借着这次机会，最后再唠叨你们一次。

胡适先生曾以"勤谨和缓"四字为良好的治学习惯。在你们跨出大学之门，步入社会以后，除了选择读研继续深造的同学以外，治学渐渐离你们远去。但我以为胡适先生的"勤谨和缓"四字不仅可作为做学问的要诀，也不失为我们进入社会后做人、做事可参鉴的良好习惯。

勤，是勤劳、勤奋。学生时代，家长督促、老师教导要好好学习、天天向上，"书山有路勤为径"。为何勤？为考试合格，为顺利毕业，为奖学金，为某项荣誉和某次表彰，也为一种认可、一种内在获得感……勤更多体现在专业学习与社会实践中。告别校园，随着身份的转变，你们的肩上多了几重责任，来自家庭、来自岗位、来自成长……勤就更为具体和具有烟火气。为何勤？为常人眼中还算丰厚的薪资待遇，为工作中不错的发展前景，为给爱人一个安稳的承诺，为给孩子一个更好的成长环境，为实现自我的价值，也为家国情怀……勤的体现就更为立体。一是工作之勤，立足岗位踏实勤干，守好安身立命之根本、服务奉献之窗口；二是持续学习之勤，要求我们常学常新，因时而进、因势而新；三是思考之勤，"学而不思则罔"，思考破局，方能顶天立地；四是运动之勤，身体是革命的本钱，保持健康的体魄，才能走得更加长远。

谨，是严谨、恭敬。毕业典礼前我将具体着装要求通知给大家，好几位同学联系我确认自己已有的服装是否符合要求。其中一位同学问我，学士服内搭服装的领子是否一定要衬衫领，黑色皮鞋有什么具体要求。她特地根据要求去商场采购服装，还逐一附上自己每个款式的照片。末了她说："谢谢红姐，找你问这种有点不好意思。"我当时并不觉得烦，反而觉得十分感动。毕业典礼对于毕业生而言不普通，但是对这个仪式的敬畏和恭敬表现如此真切的，为数不多。在大学四年的时间里，许多活动、仪式，我们只当走个形式，凑个人头，做过就好了，做得好不好和我们并没有很大关系。而步入社会，漫不经心、不负责任地随意应对，只怕是新开启的人生阶段还未出行，胜负早就定下了。对事严谨细致、对人真诚恭敬，人生体验将有所不同，人生也才能更加厚重。

和，是虚心、包容。胡适先生在谈及"和"字时曾言，"不但不正当的火气不能动，就是正义的火气也要慎动"，"动了肝火，是非就看不清楚"。在这四年时间里，我有时会受到一些同学的质问，甚至会收到家长电话里劈头盖脸一顿责怪，而我这一头还不清楚对方如此暴躁所为何事。等到对方冷静下来，详细了解，原来都是"想当然"与"凭什么"在作祟。同学们在学校时，有不愉快或有恼怒，实在不吐不快。在没有了解事情全貌的情况下发声，不仅自己恼怒，也容易伤害与对方之间的感情。有理有据地解决问题，自然是最理想的状态。校园里是一室四人、一班数十人的交往规模，告别校园之后，不论是否喜欢，同学们都要与更多不同的人打交道，彼此脾气秉性差异更大。事实不会因为哪边嗓门大就站在哪边。要想全方位融入环境、高效解决问题，保持心境平和、沉着镇静、虚心求教、兼容并包或许是更理想的做法。这镇静里的底气都来自前面所述"勤谨"二字，有勤谨才会有对全局的把控。

缓，是和缓、从容。在你们还未毕业之时，对一些拿不到学位证的同学，我从大一、大二就开始念叨，希望他们早做补授学位的准备。很遗憾，到了临近毕业依然有同学未能达到相应的条件。这自然不在我们此"缓"之列。我们常说"心急吃不了热豆腐"，此"缓"可以提醒我们万事都不能一蹴而就，不要急于求成。大学期末考试的临考抱佛脚，我们急了；大学英语四、六级考试前刷真题，我们急了；临近毕业才意识到无法顺利毕业，我们急了……乱了阵脚、失了分寸，哪还有从容之风？殊不知今时今日之窘迫是往日不勤不谨不和之果；而今时今日之功成，都是往日勤谨努力、一步一步从容稳步而来的。同学们今日走上工作岗位，来日发展方向多样，而不论哪个岗位，工作都不是毕其功于一役的，只有精准发力、有所沉淀，日后才有厚积薄发的可能。

勤谨和缓，治学要诀，"有了好习惯，当然就有好的方法，有好的结果"。人生亦如治学。同学们此去，人生有无限可能。丽君同学在离校时留给我一封信，信里说："人生不会一直一帆风顺，也不是随口祝福就能成真。但总有一些力量和祝福，会一直推着我们往前走。"

我其实还有很多话没有说，也不知道应该从何说起。当我微信发消息给一些同学被拒收，显示我不是你们的好友的时候，我是难过的；当我电话、微信消息都没有接到任何回复时，我是难过的……因为师生一场，关系结束得并不是很体面。

我在朋友圈里看到一位同学的状态："或许只有亲辅导员才会以闪电的速度帮已经毕业的我把材料办好，或许只有亲辅导员才会偷偷地把快递费都帮忙付好，已经毕业两个月的我在家里默默感动。"我不知道毕业一年、两年、数年后，你们会如何回忆我，但感谢过去这四年你们成就了一个更加坚强的我。

丽君把"未来远大、前程似锦"的美好祝福送给我。今日我把这八个字再送给你们，亦希望你们此去，能勤谨和缓、心怀希望、从容自由。

致心协全体成员

各位同学，我就是传说中的宾哥。首先祝贺34位2018级新成员通过层层考验，成为心协的一员，欢迎你们的加入。

心协已经有十余年的历史了，在杭商院算得上是一个老社团，但对于桐庐校区，她经历了一个从无到有的过程。从一个名不见经传的小社团，转型为归属学院心理健康教育中心直接管理的学生组织。但今天不想讲那些加入一个组织的所谓好处，因为加入任何一个学生组织都有类似的所谓"好处"。我想谈另外几个你们应该更加看重的问题。

你的坐标与组织对标。每个人都是一个独立的个体，对于大学生活和未来亦有着或迷茫或清晰的规划，但都不妨碍我们确认当前自己的坐标——我们是心协的一员。目前的知识积累、技能储备是否已经达到组织对你的期许？打铁还需自身硬，你已经学习了吗？准备好迎接挑战了吗？

埋头做事与抬头看路。各部门应该做什么，能做什么，正在做什么，已经取得了什么样的进展？作为一名新进干事，是否已经熟悉了自己的新同事，是否已经熟知了所属部门的相关事务，并能够独当一面？作为一名干部，是否能够有效凝聚部门成员，带好自己的队伍，完成好部门内的工作？如果以上做到了，那么是否对活动创新或者内部工作有思考，是否对组织的持续发展有着自己的思考？

自我管理与成长。心协自从在桐庐校区重新发展壮大伊始，就明确了一个基本定位：这是一个真的学生组织，自我管理、自我教育、自我服务。

首先请各位牢记：基于人人平等的互相尊重是顺利实现这一定位的基础。请用心构筑沟通的桥梁，用情搭建联结的纽带。在心协大家庭里，官僚习气、地痞匪气坚决要不得！

你们眼中沉稳持重、能独当一面的学长学姐，最初亦是大一青涩的"小白"。他们的成长与成绩深深植根于与同学的交流互动过程中，并在务实沉稳的实践中逐渐成长起来。

上学期心协的组织架构进行了一些调整，更加适应当前的组织发展环境。上学期我们进行了新一届干部竞聘，让组织发展有了新的骨干。本学期我们进行了新一届干事的纳新，让组织发展有了新的血液。但我认为这不是组织发展的终点，而是新的起点，我相信坚持包容开放的思想发展组织，积极挖掘、吸纳新的优质成员不断加入，是一个组织长期健康发展的有力保障。从这个意义上讲，纳新永远在路上，创新永远在路上。

我相信加入心协的每一位同学都对心理学心怀热情，本人也是如此。这是我学习心理学的第 14 个年头，喜欢并热爱着这个学科、这个专业，也期待着与你的交流。

心协这个平台足够大，只要你敢想、能做、会做。希望大家能在这个平台上锻炼能力、结交朋友、完善自我。

祝愿心协的未来更美好！

✎ 写给党员之家的第一封信：成为更好的我们

就像一阵风，一个学期忽地就过去了。每年临近火红的五月末，都是各大学生组织干部竞聘的日子，这意味着每个学生组织的一次重新洗牌：学长学姐退出干部队伍、学弟学妹继任，而到九月新生报到季，又会注入新的血液。组织的活力和生命力就在这两季人员的流转中被点燃且旺盛。

党员之家自然也不例外。只不过本学期因为工作的调整，党员之家的干部竞聘未能如期举行。但是学期末工作述职仍依照惯例举行。述职述什么呢？述这个学期你的所为、所想、所思。

我坐在下面，听几十位同学，从中心主任到部长、副部长，再到干事，一一讲述他们在这个学期里的故事。可是画风却慢慢地发生了变化，从工作说到了感谢，从笑颜到哽咽。这显然是一场别离的预演。我一边听，一边开始记笔记。

"收获""成长"是其中出现频率最高的词语。你们在一年、两年的时间里习惯了为新接到的任务熬夜到凌晨，习惯了为一个策划讨论几经易稿而不放弃，习惯了在活动现场扛着相机不停地拍，习惯了与一堆又一堆看似无底洞的档案材料相伴，习惯了听完老师的批评心里带着委屈却依然保质保量完成工作任务……与这些习惯形影不离的，是你们的收获与成长。你们的 PS 技术越来越好，海报堪称完美；新闻稿甚至可以一稿定稿；你们能够独当一面，稳妥地与老师、其他组织的同学、校外人员沟通交流；你们通过集体智慧，总能迸出许多闪光的思维点；你们在党员之家里找到了归属，也慢慢寻求到了自己真正想要达到的目标……

从接手党员之家开始到 2017 年不到两年，也是我们共同成长的两年。我还记得，第一次举办大型活动时大家的忙乱，却也尽可能将最完美的一面展现给所有人。成果报告会是党员之家成长的一个非常重要的契机。尽管所有工作人员都任劳任怨、提前数周开始做前期筹备，活动现场通力合作确保活动的顺利开展，但是活动结束以后我和叶老师还是将所有工作人员都集中起来，细数了活动中暴露出来的问题，对党员之家后续的工作提出更高的要求。

我们似乎更多站在老师的角度来考虑问题，说多了批评，苛求大家更好的表现，却吝于对大家的付出和努力给予适时的肯定，一时之间气馁和失望的情绪开始蔓延。直到一位平日里直言直语的同学私下里给我写信，指出我们的做法打击了大家好不容易堆积起来的信心，我才意识到：我做得挺糟糕的。你们的成长与收获是下一次进步与成功的基石，自然不会因为我们的只言片语而逝去，但是丢失的信心和好不容易聚合起来的凝聚力却有可能会分崩离析。

当然，你们没有这么娇弱，你们提醒自己"不忘初心，善始善终，坚持自己的梦想走下去"；你们珍惜自己为党员之家付出的点滴，告诉自己"既然已经付出了这么多，我有什么理由不留下来继续为组织贡献自己的力量"；有分歧和争执的时候，你们知道"不推卸责任"；做一些重复又烦琐，看起来没有什么意义却至关重要的基础性工作时，你们摸索"如何高效地工作"；为策划和数据统计、文案整理等牺牲周末或者熬夜的时候，你们激励自己"没有什么是一帆风顺的，坚持到最后，值得"。你们在学期末举办的最后一次活动，从人员组织、现场效果、道具安排、场景布置、流程衔接，都让人惊艳，让我们看到了在同学们的努力下越发成熟的党员之家。

尽管有的同学没能坚持到最后，限于个人兴趣、时间、精力，早早告别了党员之家，但是这并没有妨碍我们剩下的成员尽心竭力、辛劳付出，只为党员之家的发展和壮大。述职大会的最后，刘老师用"党员之家"的"家"字作为结语，我们欣喜于在党员之家与诸位相遇共事，欣喜于看到每一位成员在这个组织中找到了自己的归属感，也欣喜于你们从中收获的成长与友情，还欣喜于党员之家因你们而出现的成长。

有的同学曾经服务于党员之家，现在已经离开了；有的同学还将继续坚守。我希望每位同学都能在党员之家的工作中成长为更好的自己。在党员之家，希望你们能做到如下几条内容。

学业为重

许多人都认为生活与工作要完全分开很难，因为有的时候这不取决于主观努力，而囿于客观因素，比如工作性质。对于你们而言，如何保质保量完成组织工作又不影响个人学业则是首要问题。每次看到有同学因为活动而熬夜或通宵，发状态表达疲惫，却依然相互鼓励、维持打了鸡血一样的奋斗状态，我不由得感叹年轻与青春是何等珍贵和无穷的力量；而当听说有同学困于组织日常事务，无法兼顾学业和工作，上课缺勤、成绩下滑甚至挂科时，我不由得气急又心焦。这与组织成立的最初目的和同学们美好的憧憬一定是相背离的。因为工作而影响学业，显得有些本末倒置了。"学业为重"就像是老生常谈，在这个平台和新鲜事物纷繁嘈杂的时代，有人嘲笑它的刻板，但希望聪明的你在高效地两者兼顾或者在放弃工作、选择退出的选项中做出适合自己的选择。

兴趣导向

不时有同学会来找我，说想退出组织。精力有限、无法兼顾，与自己内心的憧憬不相符，个人性格与工作岗位不匹配，或者看不到职务晋升的希望，与组织的成员交往有困难等都是其中的理由。在你决定加入某一个组织或者开始做某一件事之前，你应该会通过不同的方式和途径或多或少对这些内容做更详细的了解——不论是否了解到核心。在我们经历一段时间后，不合适、不匹配、不喜欢等让我们做出不再继续的决定。所以可能有的同学在好几个组织之间跳来跳去，或者因为未定下心来而错失了原本唾手可得的合适的机会。如果可以的话，多问一句自己喜欢的是什么、想要做的是什么，或许可以在一定程度上少走弯路。

尊重和珍惜付出

每当在看一个策划的时候，不难发现策划的细节问题可以反映出这份策划的水准和用心程度，比如排版、错别字、标点符号、基本的语句逻辑、前后顺序、标题、顺序等。不管你是熬夜苦战数日精心准备，还是信手拈来随意应付，都有可能因为成果的最终质量而受到质疑，比如策划推翻重做，你眼中的万无一失而临场因为出了纰漏受到批评，你一人的辛劳付出却成了一群人的共同成果……你付出多少，不一定会在当时就与你的收获成正比，也许需要时间沉淀，也许需要进一步雕琢。你或许会因一时的不如意否定自己的付出，如果再等等你会发现其实付出所换来的希望就在那夹缝中冒出了新芽。

学会沟通

作为一个组织，分工和合作是一项非常重要的内容。有人会因觉得别人做得少、自己做得多而唠叨满腹；有人在团队中大包大揽，却没能充分发挥团队的合作能力；有人心里打着利己小算盘，谋私利……到了最后，小团体慢慢形成，部门与部门之间充满怨气，成员与成员之间也不能好好沟通，都用自己个人惯有的思维忖度别人的言行。这些自然就影响了团队整体的氛围和组织工作的开展。但凡有人在的地方，就有沟通。学会沟通，不仅要适当表达个人意见——不论不满还是赞赏，还应学会聆听别人的异同之声。一个组织意见上的求同存异、目标上的一致性、行为上的协同性都能确保这个组织走得更长更远，也能确保你在这个组织中收获更多。

明晰目标是过程，不是最终目的

许多同学在加入一个组织之前，有很多的憧憬：积累人脉、大小也算是个干部、评奖评优可以加分、似乎可以享受很多"内部优惠"……这些憧憬一方面源于对组织的了解不够全面，另一方面源于对自己目标的认识不够清晰。在加入组织之前也可能存在一些顾虑：我的能力能否胜任，组织的人是否好相处，等等。所以，一旦你决定加入某一个学生组织，并过关斩将最终进入，那么你先要明确的是自己加入这个组织的原因。也许你因为众多憧憬而迷惑，但是给自己机会和时间，在工作的过程中通过分工合作逐渐明确自己真正想要的东西是什么。哪怕你将评奖评优、加分作为最终目的，但其加分等级尚且有三六九等，不妨再多问问自己加了一分、加了三分或者加了六分，对自己实际意义上的区别是什么？我在这个组织中的工作让我收获了什么，我成长了吗？

"一日党员之家，一生党员之家。"一位同学在述职时发出如是感言。这也是党员之家作为一个学生组织一直以来的精神所在。

写给党员之家的第二封信：作为一名学生干部应具备五"心"

学生组织工作例会是发现问题、交流问题和解决问题的重要渠道。党员之家作为学院重要的学生组织之一，每次的工作例会都会针对近期出现的问题展开讨论。相关部门的负责人在逐次的会议中表现出了相较以往较大的改变和进步。

金秋十月已过，秋收的喜悦似乎也能在校园各大学生组织的纳新中细品得出。纳新、动员大会、活动开展，这是每年9月到11月学生组织的必选动作。在奋发向上的氛围中，得知近来有同学申请退出组织，有一理由是"与预期不符"。我很想知道这位同学对这个组织的预期是什么，又是何处让她得出"不符"而最终做出退出的决定。因为我们总能从每一个当事人或者旁观者的建议和意见中，或多或少提炼出对这个组织发展有所助益的东西。

和组织里的同学们聊得多了，彼此熟识后，慢慢就会扩大交流的内容，从工作到生活，从组织到个人。我把这看作非常珍贵的信任，知无不言言无不尽大概也就是这样。这种信任里饱含对这个组织现存问题以及未来发展真诚又犀利的见解。相对于我这个指导老师而言，他们才是真正贴近并了解这个组织的人。

某大学学生与赞助商对话"耍官威"的报道又把学生干部这个群体和学生组织再次推上了风口浪尖。学生干部与学生组织受到了来自不同渠道的声讨。而我所见大部分学生组织里的同学们都是满腔热血、尽心尽职、怀揣理想又甘于奉献的。如果说干部和干事之间有所不同，或许就在于干部更早也更加深刻体会身为组织人，自己身上的责任与担当。

所有学生组织里的同学，结合成一个组织是一个群体，分别看待又是普通的个体，学生的身份就是他们最大的相同点。如何更好地实现与组织的共融和共同成长？作为个体，我们要具备五个"心"。

一心是真心赋予。什么样的团队更有凝聚力和向心力？管理心理学中著名的霍桑实验表明，员工并非孤立的个体，比工资福利更能影响他们的是工作中的人际关系。在学生组织中，组织中的每一个成员都会产生交互的人际关系。除了物质、精神方面的需要外，我们在人际交往中的需要也是非常重要的心理需要。这种需要的满足与否，一定程度上体现在我们在一个团队中的融入度、归属感。我们平时会以"存在感"来形容一个人在集体中的影响力，它也能够反映个体的融入度。在亲密关系中，稳定又安全的关系是我们能够自信、不忙乱的坚定基础。如果把组织比作恋爱的对象，能否和它建立起稳定的关系就是我们是否能够顺利融入组织的一大门槛。而如何快速又顺利融入？怕是没有付出一点真心，难以立足。真心赋予谁？组织中的他人、组织本身都是可以交付真心的对象，真正将自己作为这个组织的主体，才能找到与这个组织共生共融的不竭动力。

二心是爱心相护。有一位干部和我说："老师，可能我还不够坚强。"之所以觉得自己不够坚强，是因为有位干事提出要退出组织，她觉得对此自己似乎无能为力。干事退出的原因是，工作单一枯燥，和自己预想不同。这位干部说自己最初加入组织的时候，工作做得也很慢，赶不上其他人。可是后来，随着和其他成员一起合作完成任务，慢慢有了默契，竟然不觉得枯燥，反倒觉得有趣并且开始喜欢上了这样的感觉。对于现在工作中的一些不如意，通过找人聊聊就能快速调整自己的状态。通过个人努力培养起来的对组织的爱、成员之间相互扶持的关爱，帮助她更快融入，同时克服工作中的不顺利，并且在看起来烦琐无趣的工作中开辟了一条找寻趣味和意义的通道。一个有爱的集体，成员相互友爱，共同爱护组织成长，对外提到自己的组织，就像是恋爱时提及自己的男女朋友一般，内心是充满底气的自豪。

三心是虚心求教。越是和同学们接触，越是能够发现他们当中多的是深藏不露的高手，每一场活动的策划和组织中总会有几位同学的表现让人眼前一亮。平时也能在谈天说地之间发现他们口中的一些"矛盾"，比如干部之间对于谁"管理"谁的问题，有新上任的负责人对自己要管理同年级的同学心有惴惴，担心难以服众，还有的对干部的处事方式不服。外人听起来就像是组织起了内讧。每个人都有优缺点，在某一方面擅长，不代表能够面面俱到。带着真心、怀着爱心，放大一个人的优点，虚心向别人求教，弥补自己的短处，这不是一件特别容易的事情，却能够让自己更好地成长。

四心是恒心协作。王同学曾提到，在组织中选择去留是对自己负责，也是对组织负责。确实不适合组织的环境或者能力、精力有限，无法兼顾学习和工作者，确实应当及早退出、及时"止损"。然而现实中的许多困难并不是退出了组织就能够消除的，相反有的时候我们并没有太多选择的机会，只能硬着头皮上。这个时候我们或许需要一颗恒心，能够让我们在组织中团结协作、共克时艰或者抵御艰难困苦，以实现目标。

五心是初心不改。加入学生组织也好，独善其身也罢，道虽不同，殊途同归，最终都是指向个人的成长与提升。组织是为我们提供展现自我、蓄势待发的平台。抛开眼下校园里的学生组织平台，以及未来走上社会后所需要经历的各种工作平台，回归到学生或者个体这样的身份，要做好自我管理、自我服务，最后实现自我成长，还要保持好那份决定开始时的初心。每当想要放弃的时候，问问自己：最初想要开始的原因是什么？

遇到问题的时候，不妨脱去那些烦冗累赘的东西，轻装简行，或许会有不一样的收获。

愿你有爱，也友爱。

愿你有新，也有心。

愿你有萌，也有梦。

✏ 写给党员之家的第三封信：以实立纲、以实做事、以实待人

党员之家每年新干部上任、老干部退任时都会举行一个简单的授牌仪式。本学年也正常进行，我们为全体新任干部和干事举行了简单的授牌仪式。但由于 2019 年时间相较于往年已较晚，有同学心存疑虑：时间已经不早，仪式是否还有必要。还有同学在想：搞这么麻烦做什么，一张工作牌而已，有没有无所谓……

仪式虽然简单，意义却不小。每位拿到这块小又轻的工作牌的党员之家新成员，从此多了一个身份，也多了一份责任：共同致力于做好各类服务工作，共同致力于将党员之家建设成为一个更加完善的学生组织，共同致力于营造一个团结向上、奋发有为、友爱温馨的团队。这份责任将落在每一位成员的身上。在仪式的现场，我将"实"字送给党员之家全体成员。

说实话。我希望每一位党员之家的成员都能说实话。曾有同学私底下和我沟通，觉得有同学的某种处事方式不够得当，已经引起异议或者产生了不良的影响；也有同学在某项活动中发现因为某些成员的原因，导致某项工作细节处理不到位、某场活动效果不佳……这些意见或者看法仅仅停留在自己知晓的层面，并没有与当事人进行有效沟通。不沟

通的原因也有很多：觉得不好意思，觉得自己不擅长沟通，也有的怕得罪人。事情后续的发展就是原本该改进的工作方式照旧，原本能够做得更好的活动依旧不尽人意，原本应该团结互通的成员之间心生嫌隙。所以，我希望同学们能够说实话，有问题能够及时有效沟通。如果摸不准沟通门道、担心沟通不畅，可以借助他人的力量通过间接的形式实现沟通的目的。大家都是一个组织的人，是一个团队的人，有问题不遮不掩、不贬低，"家丑"要在家中解决。

干实事。我希望每一位党员之家的成员都能干实事。党员之家有五个中心，从服务品牌活动、党员档案规整、工时申报审核到网络平台维护、日常事务统筹。如果各中心之间完全不交流，"隔行如隔山"，即便大家都是一个组织的，也未必很清楚其他中心的工作职责。那么干实事有什么具体要求？

一是要有扎实的工作技能。负责工时申报汇总的同学要熟练掌握如何将数据录入平台、引导同学们查询工时、把握工时申报标准，负责宣传工作的同学要熟练掌握摄影、文稿撰写、排版推送、宣传等工作技能，负责活动实施的同学要熟悉活动策划、分工、筹备和控场等。每一个中心的成员都需要具备相应的工作技能，关键时刻也能够合作完成大型活动的承办。扎实的工作技能不仅是顺利完成工作任务的基本要求，也是提升组织服务能力、推进组织建设的重要基础。

二是要有求实的工作态度。我希望党员之家的每一位同学能够在实事求是的基础上，勇担当、善作为。结合组织发展的目标，每位成员都能勇挑重担。当组织需要的时候，希望每位同学都能抛开中心之别、部门之别、岗位之别，不推诿、不退缩，主动担当。

三是要有务实的服务。在实际工作中，不同中心的同学会面对不同的工作对象，有的是直接与人打交道，有的是与沉默的档案材料打交道。不论是哪一类工作对象，在具备工作技能的基础上，都需要务实的服务。务实的服务体现在让递交材料的同学"最多跑一次"，让疑问困惑能在第一时间得到合理的解答，让实践活动能够尽可能贴近大家的需求……有时候我们听到的抱怨和吐槽就是对现存问题的反映，我们更应该重视，有针对性地解决。

四是要有踏实的工作作风。希望我们全体同学都能勤于思考，认认真真学好技能，踏踏实实做好本职。就像我们的学习一样，无所谓的人可以三天打鱼两天晒网，想学习的天天都是拼命三郎。党员之家不养闲人，也不是你们从一个组织到另一个组织的跳板，既然你选择了党员之家，就请踏实努力，做好服务工作。

做真实的人。我还希望党员之家的每一位同学都能做真实的人。我们都是彼此的战友，不论来自哪个中心、哪个部门，最终都归属于党员之家，致力于同一个目标。希望我们每位同学都能坦诚相待、真心相护。

此外，我也希望每位同学都能够保持学习的热情，学会学习、持续学习。尽早明确自己的目标和方向，权衡好工作和学习，不让组织工作成为拖累你学习、让你挂科的"正当理由"，而是成为促使你高效学习工作、督促你努力前行的强大动力。

以上，是我为党员之家全体同学立下的"实"之规矩，希望全体同学能够以实立纲、以实做事、以实待人。

最后，我希望每位同学在党员之家都能开心工作、开心生活，不仅把事情做对，还把事情做好；也希望我们每一位同学，不论你未来会在党员之家多长时间，党员之家都能成为大家记忆中独一无二的美好。

不要刻意掩藏

你的眉梢眼角都在诉说

你的幸福与不幸

生活啊

如果它一直朝着好的方向去

现在不好的状态

何必太在意

它总有一天会过去